中国特色现代大学制度
文件辑要
（2013年版）

ZHONGGUO TESE XIANDAI DAXUE ZHIDU
WENJIAN JIYAO

教育部政策法规司　教育部高等教育司　编

教育科学出版社
·北 京·

编 写 说 明

　　建设中国特色现代大学制度是《国家中长期教育改革和发展规划纲要（2010—2020 年）》提出的明确要求，也是高等教育管理体制改革的核心内容。为总结《教育规划纲要》制订和颁布实施以来，在法律、法规、规章及政策层面，推进中国特色现代大学制度建设、落实高校办学自主权、规范高校治理结构和管理方式的制度成果，帮助高校、教育行政部门和社会了解中国特色现代大学制度的进程与现状，我们在教育部相关司局的支持下，编辑了本书。

　　本书收录了与建设中国特色现代大学制度密切相关的现行教育法律、法规和部门规章，以及教育部 2009 年以来制定发布的相关规范性文件。内容包括高等教育宏观管理、高等学校内部治理和决策机制、综合管理、质量建设与教学评估、财务管理与基本建设、教师与学生管理、专业与学科设置、学位管理、对外交流与合作等各个方面，还包括教育部在历次行政审批制度改革中下放或者取消的与高校相关的行政审批权等，涉及了政府对高校的管理权限、管理方式、管理内容、支持政策等，以及对高校内部管理体制机制提出的规范性要求，全面涵盖了现代大学制度建设的各个方面。

　　教育部相关司局共同参与了本书的编写，提供了本部门发布的最新政策文件，我们又进行了认真的筛选，选编了其中规范性、针对性较强的法规和政策文件，力图使本书全面呈现中国特色现代大学制度建设的已有成果和最新进展，成为能够诠释和勾勒现代大学制度框架的权威读本，成为高等学校管理者、教育行政部门公务员实践现代大学制度的实用手册，并为高等教育研究者了解、研究中国特色现代大学制度的理论与实践提供参考。

编　者
2013 年 7 月 12 日

目 录

附录

■法律法规

中华人民共和国教育法

(1995 年 3 月 18 日第八届全国人民代表大会第三次会议通过
1995 年 3 月 18 日中华人民共和国主席令第 45 号公布
自 1995 年 9 月 1 日起施行
根据 2009 年 8 月 27 日第十一届全国人民代表大会常务委员会
第十次会议《关于修改部分法律的决定》修正)

第一章 总 则

第一条 为了发展教育事业，提高全民族的素质，促进社会主义物质文明和精神文明建设，根据宪法，制定本法。

第二条 在中华人民共和国境内的各级各类教育，适用本法。

第三条 国家坚持以马克思列宁主义、毛泽东思想和建设有中国特色社会主义理论为指导，遵循宪法确定的基本原则，发展社会主义的教育事业。

第四条 教育是社会主义现代化建设的基础，国家保障教育事业优先发展。

全社会应当关心和支持教育事业的发展。

全社会应当尊重教师。

第五条 教育必须为社会主义现代化建设服务，必须与生产劳动相结合，培养德、智、体等方面全面发展的社会主义事业的建设者和接班人。

第六条 国家在受教育者中进行爱国主义、集体主义、社会主义的教育，进行理想、道德、纪律、法制、国防和民族团结的教育。

第七条 教育应当继承和弘扬中华民族优秀的历史文化传统，吸收人类文明发展的一切优秀成果。

第八条 教育活动必须符合国家和社会公共利益。

国家实行教育与宗教相分离。任何组织和个人不得利用宗教进行妨碍国家教育制度的活动。

第九条 中华人民共和国公民有受教育的权利和义务。

公民不分民族、种族、性别、职业、财产状况、宗教信仰等，依法享有平等的受教育机会。

第十条 国家根据各少数民族的特点和需要，帮助各少数民族地区发展教育事业。

国家扶持边远贫困地区发展教育事业。

国家扶持和发展残疾人教育事业。

第十一条 国家适应社会主义市场经济发展和社会进步的需要，推进教育改革，促进各级各类教育协调发展，建立和完善终身教育体系。

国家支持、鼓励和组织教育科学研究，推广教育科学研究成果，促进教育质量提高。

第十二条 汉语言文字为学校及其他教育机构的基本教学语言文字。少数民族学生为主的学校及其他教育机构，可以使用本民族或者当地民族通用的语言文字进行教学。

学校及其他教育机构进行教学，应当推广使用全国通用的普通话和规范字。

第十三条 国家对发展教育事业做出突出贡献的组织和个人，给予奖励。

第十四条 国务院和地方各级人民政府根据分级管理、分工负责的原则，领导和管理教育工作。

中等及中等以下教育在国务院领导下，由地方人民政府管理。

高等教育由国务院和省、自治区、直辖市人民政府管理。

第十五条 国务院教育行政部门主管全国教育工作，统筹规划、协调管理全国的教育事业。

县级以上地方各级人民政府教育行政部门主管本行政区域内的教育工作。

县级以上各级人民政府其他有关部门在各自的职责范围内，负责有关的教育工作。

第十六条 国务院和县级以上地方各级人民政府应当向本级人民代表大会或者其常务委员会报告教育工作和教育经费预算、决算情况，接受监督。

第二章　教育基本制度

第十七条 国家实行学前教育、初等教育、中等教育、高等教育的学校教育制度。

国家建立科学的学制系统。学制系统内的学校和其他教育机构的设置、教育形式、修业年限、招生对象、培养目标等，由国务院或者由国务院授权教育行政部门规定。

第十八条 国家实行九年制义务教育制度。

各级人民政府采取各种措施保障适龄儿童、少年就学。

适龄儿童、少年的父母或者其他监护人以及有关社会组织和个人有义务使适龄儿童、少年接受并完成规定年限的义务教育。

第十九条 国家实行职业教育制度和成人教育制度。

各级人民政府、有关行政部门以及企业事业组织应当采取措施，发展并保障公民接受职业学校教育或者各种形式的职业培训。

国家鼓励发展多种形式的成人教育，使公民接受适当形式的政治、经济、文化、科学、技术、业务教育和终身教育。

第二十条 国家实行国家教育考试制度。

国家教育考试由国务院教育行政部门确定种类，并由国家批准的实施教育考试的机构承办。

第二十一条 国家实行学业证书制度。

经国家批准设立或者认可的学校及其他教育机构按照国家有关规定，颁发学历证书或者其他学业证书。

第二十二条 国家实行学位制度。

学位授予单位依法对达到一定学术水平或者专业技术水平的人员授予相应的学位，颁发学位证书。

第二十三条 各级人民政府、基层群众性自治组织和企业事业组织应当采取各种措施，开展扫除文盲的教育工作。

按照国家规定具有接受扫除文盲教育能力的公民，应当接受扫除文盲的教育。

第二十四条 国家实行教育督导制度和学校及其他教育机构教育评估制度。

第三章　学校及其他教育机构

第二十五条 国家制定教育发展规划，并举办学校及其他教育机构。

国家鼓励企业事业组织、社会团体、其他社会组织及公民个人依法举办学校及其他教育机构。

任何组织和个人不得以营利为目的举办学校及其他教育机构。

第二十六条 设立学校及其他教育机构，必须具备下列基本条件：

（一）有组织机构和章程；

（二）有合格的教师；

（三）有符合规定标准的教学场所及设施、设备等；

（四）有必备的办学资金和稳定的经费来源。

第二十七条 学校及其他教育机构的设立、变更和终止，应当按照国家有关规定办理审核、批准、注册或者备案手续。

第二十八条 学校及其他教育机构行使下列权利：

（一）按照章程自主管理；

（二）组织实施教育教学活动；

（三）招收学生或者其他受教育者；

（四）对受教育者进行学籍管理，实施奖励或者处分；

（五）对受教育者颁发相应的学业证书；

（六）聘任教师及其他职工，实施奖励或者处分；

（七）管理、使用本单位的设施和经费；

（八）拒绝任何组织和个人对教育教学活动的非法干涉；

（九）法律、法规规定的其他权利。

国家保护学校及其他教育机构的合法权益不受侵犯。

第二十九条 学校及其他教育机构应当履行下列义务：

（一）遵守法律、法规；

（二）贯彻国家的教育方针，执行国家教育教学标准，保证教育教学质量；

（三）维护受教育者、教师及其他职工的合法权益；

（四）以适当方式为受教育者及其监护人了解受教育者的学业成绩及其他有关情况提供便利；

（五）遵照国家有关规定收取费用并公开收费项目；

（六）依法接受监督。

第三十条 学校及其他教育机构的举办者按照国家有关规定，确定其所举办的学校或者其他教育机构的管理体制。

学校及其他教育机构的校长或者主要行政负责人必须由具有中华人

民共和国国籍、在中国境内定居、并具备国家规定任职条件的公民担任，其任免按照国家有关规定办理。学校的教学及其他行政管理，由校长负责。

学校及其他教育机构应当按照国家有关规定，通过以教师为主体的教职工代表大会等组织形式，保障教职工参与民主管理和监督。

第三十一条　学校及其他教育机构具备法人条件的，自批准设立或者登记注册之日起取得法人资格。

学校及其他教育机构在民事活动中依法享有民事权利，承担民事责任。

学校及其他教育机构中的国有资产属于国家所有。

学校及其他教育机构兴办的校办产业独立承担民事责任。

第四章　教师和其他教育工作者

第三十二条　教师享有法律规定的权利，履行法律规定的义务，忠诚于人民的教育事业。

第三十三条　国家保护教师的合法权益，改善教师的工作条件和生活条件，提高教师的社会地位。

教师的工资报酬、福利待遇，依照法律、法规的规定办理。

第三十四条　国家实行教师资格、职务、聘任制度，通过考核、奖励、培养和培训，提高教师素质，加强教师队伍建设。

第三十五条　学校及其他教育机构中的管理人员，实行教育职员制度。

学校及其他教育机构中的教学辅助人员和其他专业技术人员，实行专业技术职务聘任制度。

第五章　受教育者

第三十六条　受教育者在入学、升学、就业等方面依法享有平等权利。

学校和有关行政部门应当按照国家有关规定，保障女子在入学、升学、就业、授予学位、派出留学等方面享有同男子平等的权利。

第三十七条 国家、社会对符合入学条件、家庭经济困难的儿童、少年、青年，提供各种形式的资助。

第三十八条 国家、社会、学校及其他教育机构应当根据残疾人身心特性和需要实施教育，并为其提供帮助和便利。

第三十九条 国家、社会、家庭、学校及其他教育机构应当为有违法犯罪行为的未成年人接受教育创造条件。

第四十条 从业人员有依法接受职业培训和继续教育的权利和义务。

国家机关、企业事业组织和其他社会组织，应当为本单位职工的学习和培训提供条件和便利。

第四十一条 国家鼓励学校及其他教育机构、社会组织采取措施，为公民接受终身教育创造条件。

第四十二条 受教育者享有下列权利：

（一）参加教育教学计划安排的各种活动，使用教育教学设施、设备、图书资料；

（二）按照国家有关规定获得奖学金、贷学金、助学金；

（三）在学业成绩和品行上获得公正评价，完成规定的学业后获得相应的学业证书、学位证书；

（四）对学校给予的处分不服向有关部门提出申诉，对学校、教师侵犯其人身权、财产权等合法权益，提出申诉或者依法提起诉讼；

（五）法律、法规规定的其他权利。

第四十三条 受教育者应当履行下列义务：

（一）遵守法律、法规；

（二）遵守学生行为规范，尊敬师长，养成良好的思想品德和行为习惯；

（三）努力学习，完成规定的学习任务；

（四）遵守所在学校或者其他教育机构的管理制度。

第四十四条　教育、体育、卫生行政部门和学校及其他教育机构应当完善体育、卫生保健设施，保护学生的身心健康。

第六章　教育与社会

第四十五条　国家机关、军队、企业事业组织、社会团体及其他社会组织和个人，应当依法为儿童、少年、青年学生的身心健康成长创造良好的社会环境。

第四十六条　国家鼓励企业事业组织、社会团体及其他社会组织同高等学校、中等职业学校在教学、科研、技术开发和推广等方面进行多种形式的合作。

企业事业组织、社会团体及其他社会组织和个人，可以通过适当形式，支持学校的建设，参与学校管理。

第四十七条　国家机关、军队、企业事业组织及其他社会组织应当为学校组织的学生实习、社会实践活动提供帮助和便利。

第四十八条　学校及其他教育机构在不影响正常教育教学活动的前提下，应当积极参加当地的社会公益活动。

第四十九条　未成年人的父母或者其他监护人应当为其未成年子女或者其他被监护人受教育提供必要条件。

未成年人的父母或者其他监护人应当配合学校及其他教育机构，对其未成年子女或者其他被监护人进行教育。

学校、教师可以对学生家长提供家庭教育指导。

第五十条　图书馆、博物馆、科技馆、文化馆、美术馆、体育馆（场）等社会公共文化体育设施，以及历史文化古迹和革命纪念馆（地），应当对教师、学生实行优待，为受教育者接受教育提供便利。

广播、电视台（站）应当开设教育节目，促进受教育者思想品德、文化和科学技术素质的提高。

第五十一条 国家、社会建立和发展对未成年人进行校外教育的设施。

学校及其他教育机构应当同基层群众性自治组织、企业事业组织、社会团体相互配合，加强对未成年人的校外教育工作。

第五十二条 国家鼓励社会团体、社会文化机构及其他社会组织和个人开展有益于受教育者身心健康的社会文化教育活动。

第七章 教育投入与条件保障

第五十三条 国家建立以财政拨款为主、其他多种渠道筹措教育经费为辅的体制，逐步增加对教育的投入，保证国家举办的学校教育经费的稳定来源。

企业事业组织、社会团体及其他社会组织和个人依法举办的学校及其他教育机构，办学经费由举办者负责筹措，各级人民政府可以给予适当支持。

第五十四条 国家财政性教育经费支出占国民生产总值的比例应当随着国民经济的发展和财政收入的增长逐步提高。具体比例和实施步骤由国务院规定。

全国各级财政支出总额中教育经费所占比例应当随着国民经济的发展逐步提高。

第五十五条 各级人民政府的教育经费支出，按照事权和财权相统一的原则，在财政预算中单独列项。

各级人民政府教育财政拨款的增长应当高于财政经常性收入的增长，并使按在校学生人数平均的教育费用逐步增长，保证教师工资和学生人均公用经费逐步增长。

第五十六条 国务院及县级以上地方各级人民政府应当设立教育专项资金，重点扶持边远贫困地区、少数民族地区实施义务教育。

第五十七条 税务机关依法足额征收教育费附加，由教育行政部门统筹管理，主要用于实施义务教育。

省、自治区、直辖市人民政府根据国务院的有关规定，可以决定开征用于教育的地方附加费，专款专用。

农村乡统筹中的教育费附加，由乡人民政府组织收取，由县级人民政府教育行政部门代为管理或者由乡人民政府管理，用于本乡范围内乡、村两级教育事业。农村教育费附加在乡统筹中所占具体比例和具体管理办法，由省、自治区、直辖市人民政府规定。（根据 2009 年 8 月 27 日第十一届全国人民代表大会常务委员会第十次会议《关于修改部分法律的决定》，本款已删去）

第五十八条 国家采取优惠措施，鼓励和扶持学校在不影响正常教育教学的前提下开展勤工俭学和社会服务，兴办校办产业。

第五十九条 经县级人民政府批准，乡、民族乡、镇的人民政府根据自愿、量力的原则，可以在本行政区域内集资办学，用于实施义务教育学校的危房改造和修缮、新建校舍，不得挪作他用。（根据 2009 年 8 月 27 日第十一届全国人民代表大会常务委员会第十次会议《关于修改部分法律的决定》，本条已删去）

第六十条 国家鼓励境内、境外社会组织和个人捐资助学。

第六十一条 国家财政性教育经费、社会组织和个人对教育的捐赠，必须用于教育，不得挪用、克扣。

第六十二条 国家鼓励运用金融、信贷手段，支持教育事业的发展。

第六十三条 各级人民政府及其教育行政部门应当加强对学校及其他教育机构教育经费的监督管理，提高教育投资效益。

第六十四条 地方各级人民政府及其有关行政部门必须把学校的基本建设纳入城乡建设规划，统筹安排学校的基本建设用地及所需物资，按照国家有关规定实行优先、优惠政策。

第六十五条 各级人民政府对教科书及教学用图书资料的出版发行，对教学仪器、设备的生产和供应，对用于学校教育教学和科学研究的图书资料、教学仪器、设备的进口，按照国家有关规定实行优先、优惠政策。

第六十六条 县级以上人民政府应当发展卫星电视教育和其他现代化教学手段，有关行政部门应当优先安排，给予扶持。

国家鼓励学校及其他教育机构推广运用现代化教学手段。

第八章 教育对外交流与合作

第六十七条 国家鼓励开展教育对外交流与合作。

教育对外交流与合作坚持独立自主、平等互利、相互尊重的原则，不得违反中国法律，不得损害国家主权、安全和社会公共利益。

第六十八条 中国境内公民出国留学、研究、进行学术交流或者任教，依照国家有关规定办理。

第六十九条 中国境外个人符合国家规定的条件并办理有关手续后，可以进入中国境内学校及其他教育机构学习、研究、进行学术交流或者任教，其合法权益受国家保护。

第七十条 中国对境外教育机构颁发的学位证书、学历证书及其他学业证书的承认，依照中华人民共和国缔结或者加入的国际条约办理，或者按照国家有关规定办理。

第九章 法律责任

第七十一条 违反国家有关规定，不按照预算核拨教育经费的，由同级人民政府限期核拨；情节严重的，对直接负责的主管人员和其他直接责任人员，依法给予行政处分。

违反国家财政制度、财务制度，挪用、克扣教育经费的，由上级机关责令限期归还被挪用、克扣的经费，并对直接负责的主管人员和其他直接责任人员，依法给予行政处分；构成犯罪的，依法追究刑事责任。

第七十二条 结伙斗殴，寻衅滋事，扰乱学校及其他教育机构教育教学秩序或者破坏校舍、场地及其他财产的，由公安机关给予治安管理处罚；构成犯罪的，依法追究刑事责任。

侵占学校及其他教育机构的校舍、场地及其他财产的，依法承担民事责任。

第七十三条 明知校舍或者教育教学设施有危险，而不采取措施，造成人员伤亡或者重大财产损失的，对直接负责的主管人员和其他直接责任人员，依法追究刑事责任。

第七十四条 违反国家有关规定，向学校或者其他教育机构收取费用的，由政府责令退还所收费用；对直接负责的主管人员和其他直接责任人员，依法给予行政处分。

第七十五条 违反国家有关规定，举办学校或者其他教育机构的，由教育行政部门予以撤销；有违法所得的，没收违法所得；对直接负责的主管人员和其他直接责任人员，依法给予行政处分。

第七十六条 违反国家有关规定招收学员的，由教育行政部门责令退回招收的学员，退还所收费用；对直接负责的主管人员和其他直接责任人员，依法给予行政处分。

第七十七条 在招收学生工作中徇私舞弊的，由教育行政部门责令退回招收的人员；对直接负责的主管人员和其他直接责任人员，依法给予行政处分；构成犯罪的，依法追究刑事责任。

第七十八条 学校及其他教育机构违反国家有关规定向受教育者收取费用的，由教育行政部门责令退还所收费用；对直接负责的主管人员和其他直接责任人员，依法给予行政处分。

第七十九条 在国家教育考试中作弊的，由教育行政部门宣布考试无效，对直接负责的主管人员和其他直接责任人员，依法给予行政处分。

非法举办国家教育考试的，由教育行政部门宣布考试无效；有违法所得的，没收违法所得；对直接负责的主管人员和其他直接责任人员，依法给予行政处分。

第八十条 违反本法规定，颁发学位证书、学历证书或者其他学业证书的，由教育行政部门宣布证书无效，责令收回或者予以没收；有违法所得的，没收违法所得；情节严重的，取消其颁发证书的资格。

第八十一条　违反本法规定，侵犯教师、受教育者、学校或者其他教育机构的合法权益，造成损失、损害的，应当依法承担民事责任。

第十章　附　　则

第八十二条　军事学校教育由中央军事委员会根据本法的原则规定。宗教学校教育由国务院另行规定。

第八十三条　境外的组织和个人在中国境内办学和合作办学的办法，由国务院规定。

第八十四条　本法自 1995 年 9 月 1 日起施行。

中华人民共和国高等教育法

(1998 年 8 月 29 日第九届全国人民代表大会常务委员会第四次会议通过
1998 年 8 月 29 日中华人民共和国主席令第 7 号公布
自 1999 年 1 月 1 日起施行)

第一章　总　　则

第一条　为了发展高等教育事业，实施科教兴国战略，促进社会主义物质文明和精神文明建设，根据宪法和教育法，制定本法。

第二条　在中华人民共和国境内从事高等教育活动，适用本法。

本法所称高等教育，是指在完成高级中等教育基础上实施的教育。

第三条　国家坚持以马克思列宁主义、毛泽东思想、邓小平理论为指导，遵循宪法确定的基本原则，发展社会主义的高等教育事业。

第四条　高等教育必须贯彻国家的教育方针，为社会主义现代化建设服务，与生产劳动相结合，使受教育者成为德、智、体等方面全面发展的社会主义事业的建设者和接班人。

第五条　高等教育的任务是培养具有创新精神和实践能力的高级专门人才，发展科学技术文化，促进社会主义现代化建设。

第六条　国家根据经济建设和社会发展的需要，制定高等教育发展规划，举办高等学校，并采取多种形式积极发展高等教育事业。

国家鼓励企业事业组织、社会团体及其他社会组织和公民等社会力量依法举办高等学校，参与和支持高等教育事业的改革和发展。

第七条　国家按照社会主义现代化建设和发展社会主义市场经济的

需要，根据不同类型、不同层次高等学校的实际，推进高等教育体制改革和高等教育教学改革，优化高等教育结构和资源配置，提高高等教育的质量和效益。

第八条　国家根据少数民族的特点和需要，帮助和支持少数民族地区发展高等教育事业，为少数民族培养高级专门人才。

第九条　公民依法享有接受高等教育的权利。

国家采取措施，帮助少数民族学生和经济困难的学生接受高等教育。

高等学校必须招收符合国家规定的录取标准的残疾学生入学，不得因其残疾而拒绝招收。

第十条　国家依法保障高等学校中的科学研究、文学艺术创作和其他文化活动的自由。

在高等学校中从事科学研究、文学艺术创作和其他文化活动，应当遵守法律。

第十一条　高等学校应当面向社会，依法自主办学，实行民主管理。

第十二条　国家鼓励高等学校之间、高等学校与科学研究机构以及企业事业组织之间开展协作，实行优势互补，提高教育资源的使用效益。

国家鼓励和支持高等教育事业的国际交流与合作。

第十三条　国务院统一领导和管理全国高等教育事业。

省、自治区、直辖市人民政府统筹协调本行政区域内的高等教育事业，管理主要为地方培养人才和国务院授权管理的高等学校。

第十四条　国务院教育行政部门主管全国高等教育工作，管理由国务院确定的主要为全国培养人才的高等学校。国务院其他有关部门在国务院规定的职责范围内，负责有关的高等教育工作。

第二章　高等教育基本制度

第十五条　高等教育包括学历教育和非学历教育。

高等教育采用全日制和非全日制教育形式。

国家支持采用广播、电视、函授及其他远程教育方式实施高等教育。

第十六条 高等学历教育分为专科教育、本科教育和研究生教育。

高等学历教育应当符合下列学业标准：

（一）专科教育应当使学生掌握本专业必备的基础理论、专门知识，具有从事本专业实际工作的基本技能和初步能力；

（二）本科教育应当使学生比较系统地掌握本学科、专业必需的基础理论、基本知识，掌握本专业必要的基本技能、方法和相关知识，具有从事本专业实际工作和研究工作的初步能力；

（三）硕士研究生教育应当使学生掌握本学科坚实的基础理论、系统的专业知识，掌握相应的技能、方法和相关知识，具有从事本专业实际工作和科学研究工作的能力。博士研究生教育应当使学生掌握本学科坚实宽广的基础理论、系统深入的专业知识、相应的技能和方法，具有独立从事本学科创造性科学研究工作和实际工作的能力。

第十七条 专科教育的基本修业年限为二至三年，本科教育的基本修业年限为四至五年，硕士研究生教育的基本修业年限为二至三年，博士研究生教育的基本修业年限为三至四年。非全日制高等学历教育的修业年限应当适当延长。高等学校根据实际需要，报主管的教育行政部门批准，可以对本学校的修业年限作出调整。

第十八条 高等教育由高等学校和其他高等教育机构实施。

大学、独立设置的学院主要实施本科及本科以上教育。高等专科学校实施专科教育。经国务院教育行政部门批准，科学研究机构可以承担研究生教育的任务。

其他高等教育机构实施非学历高等教育。

第十九条 高级中等教育毕业或者具有同等学力的，经考试合格，由实施相应学历教育的高等学校录取，取得专科生或者本科生入学资格。

本科毕业或者具有同等学力的，经考试合格，由实施相应学历教育的高等学校或者经批准承担研究生教育任务的科学研究机构录取，取得硕士研究生入学资格。

硕士研究生或者具有同等学力的，经考试合格，由实施相应学历教育的高等学校或者经批准承担研究生教育任务的科学研究机构录取，取得博士研究生入学资格。

允许特定学科和专业的本科毕业生直接取得博士研究生入学资格，具体办法由国务院教育行政部门规定。

第二十条 接受高等学历教育的学生，由所在高等学校或者经批准承担研究生教育任务的科学研究机构根据其修业年限、学业成绩等，按照国家有关规定，发给相应的学历证书或者其他学业证书。

接受非学历高等教育的学生，由所在高等学校或者其他高等教育机构发给相应的结业证书。结业证书应当载明修业年限和学业内容。

第二十一条 国家实行高等教育自学考试制度，经考试合格的，发给相应的学历证书或者其他学业证书。

第二十二条 国家实行学位制度。学位分为学士、硕士和博士。

公民通过接受高等教育或者自学，其学业水平达到国家规定的学位标准，可以向学位授予单位申请授予相应的学位。

第二十三条 高等学校和其他高等教育机构应当根据社会需要和自身办学条件，承担实施继续教育的工作。

第三章　高等学校的设立

第二十四条 设立高等学校，应当符合国家高等教育发展规划，符合国家利益和社会公共利益，不得以营利为目的。

第二十五条 设立高等学校，应当具备教育法规定的基本条件。

大学或者独立设置的学院还应当具有较强的教学、科学研究力量，较高的教学、科学研究水平和相应规模，能够实施本科及本科以上教育。大学还必须设有三个以上国家规定的学科门类为主要学科。设立高等学校的具体标准由国务院制定。

设立其他高等教育机构的具体标准，由国务院授权的有关部门或者省、自治区、直辖市人民政府根据国务院规定的原则制定。

第二十六条 设立高等学校，应当根据其层次、类型、所设学科类别、规模、教学和科学研究水平，使用相应的名称。

第二十七条 申请设立高等学校的，应当向审批机关提交下列材料：

（一）申办报告；

（二）可行性论证材料；

（三）章程；

（四）审批机关依照本法规定要求提供的其他材料。

第二十八条 高等学校的章程应当规定以下事项：

（一）学校名称、校址；

（二）办学宗旨；

（三）办学规模；

（四）学科门类的设置；

（五）教育形式；

（六）内部管理体制；

（七）经费来源、财产和财务制度；

（八）举办者与学校之间的权利、义务；

（九）章程修改程序；

（十）其他必须由章程规定的事项。

第二十九条 设立高等学校由国务院教育行政部门审批，其中设立实施专科教育的高等学校，经国务院授权，也可以由省、自治区、直辖市人民政府审批；设立其他高等教育机构，由国务院授权的有关部门或者省、自治区、直辖市人民政府审批。对不符合规定条件审批设立的高等学校和其他高等教育机构，国务院教育行政部门有权予以撤销。

审批高等学校的设立，应当聘请由专家组成的评议机构评议。

高等学校和其他高等教育机构分立、合并、终止，变更名称、类别和其他重要事项，由原审批机关审批；章程的修改，应当报原审批机关核准。

第四章　高等学校的组织和活动

第三十条　高等学校自批准设立之日起取得法人资格。高等学校的校长为高等学校的法定代表人。

高等学校在民事活动中依法享有民事权利，承担民事责任。

第三十一条　高等学校应当以培养人才为中心，开展教学、科学研究和社会服务，保证教育教学质量达到国家规定的标准。

第三十二条　高等学校根据社会需求、办学条件和国家核定的办学规模，制定招生方案，自主调节系科招生比例。

第三十三条　高等学校依法自主设置和调整学科、专业。

第三十四条　高等学校根据教学需要，自主制定教学计划、选编教材、组织实施教学活动。

第三十五条　高等学校根据自身条件，自主开展科学研究、技术开发和社会服务。

国家鼓励高等学校同企业事业组织、社会团体及其他社会组织在科学研究、技术开发和推广等方面进行多种形式的合作。

国家支持具备条件的高等学校成为国家科学研究基地。

第三十六条　高等学校按照国家有关规定，自主开展与境外高等学校之间的科学技术文化交流与合作。

第三十七条　高等学校根据实际需要和精简、效能的原则，自主确定教学、科学研究、行政职能部门等内部组织机构的设置和人员配备；按照国家有关规定，评聘教师和其他专业技术人员的职务，调整津贴及工资分配。

第三十八条　高等学校对举办者提供的财产、国家财政性资助、受捐赠财产依法自主管理和使用。

高等学校不得将用于教学和科学研究活动的财产挪作他用。

第三十九条　国家举办的高等学校实行中国共产党高等学校基层委

员会领导下的校长负责制。中国共产党高等学校基层委员会按照中国共产党章程和有关规定，统一领导学校工作，支持校长独立负责地行使职权，其领导职责主要是：执行中国共产党的路线、方针、政策，坚持社会主义办学方向，领导学校的思想政治工作和德育工作，讨论决定学校内部组织机构的设置和内部组织机构负责人的人选，讨论决定学校的改革、发展和基本管理制度等重大事项，保证以培养人才为中心的各项任务的完成。

社会力量举办的高等学校的内部管理体制按照国家有关社会力量办学的规定确定。

第四十条 高等学校的校长，由符合教育法规定的任职条件的公民担任。

高等学校的校长、副校长按照国家有关规定任免。

第四十一条 高等学校的校长全面负责本学校的教学、科学研究和其他行政管理工作，行使下列职权：

（一）拟订发展规划，制定具体规章制度和年度工作计划并组织实施；

（二）组织教学活动、科学研究和思想品德教育；

（三）拟订内部组织机构的设置方案，推荐副校长人选，任免内部组织机构的负责人；

（四）聘任与解聘教师以及内部其他工作人员，对学生进行学籍管理并实施奖励或者处分；

（五）拟订和执行年度经费预算方案，保护和管理校产，维护学校的合法权益；

（六）章程规定的其他职权。

高等学校的校长主持校长办公会议或者校务会议，处理前款规定的有关事项。

第四十二条 高等学校设立学术委员会，审议学科、专业的设置，教学、科学研究计划方案，评定教学、科学研究成果等有关学术事项。

第四十三条　高等学校通过以教师为主体的教职工代表大会等组织形式，依法保障教职工参与民主管理和监督，维护教职工合法权益。

第四十四条　高等学校的办学水平、教育质量，接受教育行政部门的监督和由其组织的评估。

第五章　高等学校教师和其他教育工作者

第四十五条　高等学校的教师及其他教育工作者享有法律规定的权利，履行法律规定的义务，忠诚于人民的教育事业。

第四十六条　高等学校实行教师资格制度。中国公民凡遵守宪法和法律，热爱教育事业，具有良好的思想品德，具备研究生或者大学本科毕业学历，有相应的教育教学能力，经认定合格，可以取得高等学校教师资格。不具备研究生或者大学本科毕业学历的公民，学有所长，通过国家教师资格考试，经认定合格，也可以取得高等学校教师资格。

第四十七条　高等学校实行教师职务制度。高等学校教师职务根据学校所承担的教学、科学研究等任务的需要设置。教师职务设助教、讲师、副教授、教授。

高等学校的教师取得前款规定的职务应当具备下列基本条件：

（一）取得高等学校教师资格；

（二）系统地掌握本学科的基础理论；

（三）具备相应职务的教育教学能力和科学研究能力；

（四）承担相应职务的课程和规定课时的教学任务。

教授、副教授除应当具备以上基本任职条件外，还应当对本学科具有系统而坚实的基础理论和比较丰富的教学、科学研究经验，教学成绩显著，论文或者著作达到较高水平或者有突出的教学、科学研究成果。

高等学校教师职务的具体任职条件由国务院规定。

第四十八条　高等学校实行教师聘任制。教师经评定具备任职条件的，由高等学校按照教师职务的职责、条件和任期聘任。

高等学校的教师的聘任，应当遵循双方平等自愿的原则，由高等学校校长与受聘教师签订聘任合同。

第四十九条 高等学校的管理人员，实行教育职员制度。高等学校的教学辅助人员及其他专业技术人员，实行专业技术职务聘任制度。

第五十条 国家保护高等学校教师及其他教育工作者的合法权益，采取措施改善高等学校教师及其他教育工作者的工作条件和生活条件。

第五十一条 高等学校应当为教师参加培训、开展科学研究和进行学术交流提供便利条件。

高等学校应当对教师、管理人员和教学辅助人员及其他专业技术人员的思想政治表现、职业道德、业务水平和工作实绩进行考核，考核结果作为聘任或者解聘、晋升、奖励或者处分的依据。

第五十二条 高等学校的教师、管理人员和教学辅助人员及其他专业技术人员，应当以教学和培养人才为中心做好本职工作。

第六章　高等学校的学生

第五十三条 高等学校的学生应当遵守法律、法规，遵守学生行为规范和学校的各项管理制度，尊敬师长，刻苦学习，增强体质，树立爱国主义、集体主义和社会主义思想，努力学习马克思列宁主义、毛泽东思想、邓小平理论，具有良好的思想品德，掌握较高的科学文化知识和专业技能。

高等学校学生的合法权益，受法律保护。

第五十四条 高等学校的学生应当按照国家规定缴纳学费。

家庭经济困难的学生，可以申请补助或者减免学费。

第五十五条 国家设立奖学金，并鼓励高等学校、企业事业组织、社会团体以及其他社会组织和个人按照国家有关规定设立各种形式的奖学金，对品学兼优的学生、国家规定的专业的学生以及到国家规定的地区工作的学生给予奖励。

国家设立高等学校学生勤工助学基金和贷学金，并鼓励高等学校、企业事业组织、社会团体以及其他社会组织和个人设立各种形式的助学金，对家庭经济困难的学生提供帮助。

获得贷学金及助学金的学生，应当履行相应的义务。

第五十六条　高等学校的学生在课余时间可以参加社会服务和勤工助学活动，但不得影响学业任务的完成。

高等学校应当对学生的社会服务和勤工助学活动给予鼓励和支持，并进行引导和管理。

第五十七条　高等学校的学生，可以在校内组织学生团体。学生团体在法律、法规规定的范围内活动，服从学校的领导和管理。

第五十八条　高等学校的学生思想品德合格，在规定的修业年限内学完规定的课程，成绩合格或者修满相应的学分，准予毕业。

第五十九条　高等学校应当为毕业生、结业生提供就业指导和服务。

国家鼓励高等学校毕业生到边远、艰苦地区工作。

第七章　高等教育投入和条件保障

第六十条　国家建立以财政拨款为主、其他多种渠道筹措高等教育经费为辅的体制，使高等教育事业的发展同经济、社会发展的水平相适应。

国务院和省、自治区、直辖市人民政府依照教育法第五十五条的规定，保证国家举办的高等教育的经费逐步增长。

国家鼓励企业事业组织、社会团体及其他社会组织和个人向高等教育投入。

第六十一条　高等学校的举办者应当保证稳定的办学经费来源，不得抽回其投入的办学资金。

第六十二条　国务院教育行政部门会同国务院其他有关部门根据在校学生年人均教育成本，规定高等学校年经费开支标准和筹措的基本原则；省、自治区、直辖市人民政府教育行政部门会同有关部门制订本行政区域内高等学校年经费开支标准和筹措办法，作为举办者和高等学校筹措办学经费的基本依据。

第六十三条 国家对高等学校进口图书资料、教学科研设备以及校办产业实行优惠政策。高等学校所办产业或者转让知识产权以及其他科学技术成果获得的收益，用于高等学校办学。

第六十四条 高等学校收取的学费应当按照国家有关规定管理和使用，其他任何组织和个人不得挪用。

第六十五条 高等学校应当依法建立、健全财务管理制度，合理使用、严格管理教育经费，提高教育投资效益。

高等学校的财务活动应当依法接受监督。

第八章 附 则

第六十六条 对高等教育活动中违反教育法规定的，依照教育法的有关规定给予处罚。

第六十七条 中国境外个人符合国家规定的条件并办理有关手续后，可以进入中国境内高等学校学习、研究、进行学术交流或者任教，其合法权益受国家保护。

第六十八条 本法所称高等学校是指大学、独立设置的学院和高等专科学校，其中包括高等职业学校和成人高等学校。

本法所称其他高等教育机构是指除高等学校和经批准承担研究生教育任务的科学研究机构以外的从事高等教育活动的组织。

本法有关高等学校的规定适用于其他高等教育机构和经批准承担研究生教育任务的科学研究机构，但是对高等学校专门适用的规定除外。

第六十九条 本法自 1999 年 1 月 1 日起施行。

中华人民共和国学位条例

(1980 年 2 月 12 日第五届全国人民代表大会常务委员会第十三次会议通过
根据 2004 年 8 月 28 日第十届全国人民代表大会常务委员会第十一次会议
《关于修改〈中华人民共和国学位条例〉的决定》修正)

第一条 为了促进我国科学专门人才的成长，促进各门学科学术水平的提高和教育、科学事业的发展，以适应社会主义现代化建设的需要，特制定本条例。

第二条 凡是拥护中国共产党的领导、拥护社会主义制度，具有一定学术水平的公民，都可以按照本条例的规定申请相应的学位。

第三条 学位分学士、硕士、博士三级。

第四条 高等学校本科毕业生，成绩优良，达到下述学术水平者，授予学士学位：

（一）较好地掌握本门学科的基础理论、专门知识和基本技能；

（二）具有从事科学研究工作或担负专门技术工作的初步能力。

第五条 高等学校和科学研究机构的研究生，或具有研究生毕业同等学力的人员，通过硕士学位的课程考试和论文答辩，成绩合格，达到下述学术水平者，授予硕士学位：

（一）在本门学科上掌握坚实的基础理论和系统的专门知识；

（二）具有从事科学研究工作或独立担负专门技术工作的能力。

第六条 高等学校和科学研究机构的研究生，或具有研究生毕业同等学力的人员，通过博士学位的课程考试和论文答辩，成绩合格，达到下述学术水平者，授予博士学位：

（一）在本门学科上掌握坚实宽广的基础理论和系统深入的专门

知识；

（二）具有独立从事科学研究工作的能力；

（三）在科学或专门技术上做出创造性的成果。

第七条　国务院设立学位委员会，负责领导全国学位授予工作。学位委员会设主任委员一人，副主任委员和委员若干人。主任委员、副主任委员和委员由国务院任免。

第八条　学士学位，由国务院授权的高等学校授予；硕士学位、博士学位，由国务院授权的高等学校和科学研究机构授予。

授予学位的高等学校和科学研究机构（以下简称学位授予单位）及其可以授予学位的学科名单，由国务院学位委员会提出，经国务院批准公布。

第九条　学位授予单位，应当设立学位评定委员会，并组织有关学科的学位论文答辩委员会。

学位论文答辩委员会必须有外单位的有关专家参加，其组成人员由学位授予单位遴选决定。学位评定委员会组成人员名单由学位授予单位确定，报国务院有关部门和国务院学位委员会备案。

第十条　学位论文答辩委员会负责审查硕士和博士学位论文、组织答辩，就是否授予硕士学位或博士学位作出决议。决议以不记名投票方式，经全体成员三分之二以上通过，报学位评定委员会。

学位评定委员会负责审查通过学士学位获得者的名单；负责对学位论文答辩委员会报请授予硕士学位或博士学位的决议，作出是否批准的决定。决定以不记名投票方式，经全体成员过半数通过。决定授予硕士学位或博士学位的名单，报国务院学位委员会备案。

第十一条　学位授予单位，在学位评定委员会作出授予学位的决议后，发给学位获得者相应的学位证书。

第十二条　非学位授予单位应届毕业的研究生，由原单位推荐，可以就近向学位授予单位申请学位。经学位授予单位审查同意，通过论文答辩，达到本条例规定的学术水平者，授予相应的学位。

第十三条　对于在科学或专门技术上有重要的著作、发明、发现或发展者，经有关专家推荐，学位授予单位同意，可以免除考试，直接参加博士学位论文答辩。对于通过论文答辩者，授予博士学位。

第十四条　对于国内外卓越的学者或著名的社会活动家，经学位授予单位提名，国务院学位委员会批准，可以授予名誉博士学位。

第十五条　在我国学习的外国留学生和从事研究工作的外国学者，可以向学位授予单位申请学位。对于具有本条例规定的学术水平者，授予相应的学位。

第十六条　非学位授予单位和学术团体对于授予学位的决议和决定持有不同意见时，可以向学位授予单位或国务院学位委员会提出异议。学位授予单位和国务院学位委员会应当对提出的异议进行研究和处理。

第十七条　学位授予单位对于已经授予的学位，如发现有舞弊作伪等严重违反本条例规定的情况，经学位评定委员会复议，可以撤销。

第十八条　国务院对于已经批准授予学位的单位，在确认其不能保证所授学位的学术水平时，可以停止或撤销其授予学位的资格。

第十九条　本条例的实施办法，由国务院学位委员会制定，报国务院批准。

第二十条　本条例自 1981 年 1 月 1 日起施行。

中华人民共和国教师法

(1993 年 10 月 31 日第八届全国人民代表大会常务委员会第四次会议通过
1993 年 10 月 31 日中华人民共和国主席令第 15 号公布
自 1994 年 1 月 1 日起施行
根据 2009 年 8 月 27 日第十一届全国人民代表大会常务委员会第十次会议
《关于修改部分法律的决定》修正)

第一章 总 则

第一条 为了保障教师的合法权益，建设具有良好思想品德修养和业务素质的教师队伍，促进社会主义教育事业的发展，制定本法。

第二条 本法适用于在各级各类学校和其他教育机构中专门从事教育教学工作的教师。

第三条 教师是履行教育教学职责的专业人员，承担教书育人，培养社会主义事业建设者和接班人、提高民族素质的使命。教师应当忠诚于人民的教育事业。

第四条 各级人民政府应当采取措施，加强教师的思想政治教育和业务培训，改善教师的工作条件和生活条件，保障教师的合法权益，提高教师的社会地位。

全社会都应当尊重教师。

第五条 国务院教育行政部门主管全国的教师工作。

国务院有关部门在各自职权范围内负责有关的教师工作。

学校和其他教育机构根据国家规定，自主进行教师管理工作。

第六条 每年九月十日为教师节。

第二章　权利和义务

第七条 教师享有下列权利：

（一）进行教育教学活动，开展教育教学改革和实验；

（二）从事科学研究、学术交流，参加专业的学术团体，在学术活动中充分发表意见；

（三）指导学生的学习和发展，评定学生的品行和学业成绩；

（四）按时获取工资报酬，享受国家规定的福利待遇以及寒暑假期的带薪休假；

（五）对学校教育教学、管理工作和教育行政部门的工作提出意见和建议，通过教职工代表大会或者其他形式，参与学校的民主管理；

（六）参加进修或者其他方式的培训。

第八条 教师应当履行下列义务：

（一）遵守宪法、法律和职业道德，为人师表；

（二）贯彻国家的教育方针，遵守规章制度，执行学校的教学计划，履行教师聘约，完成教育教学工作任务；

（三）对学生进行宪法所确定的基本原则的教育和爱国主义、民族团结的教育，法制教育以及思想品德、文化、科学技术教育，组织、带领学生开展有益的社会活动；

（四）关心、爱护全体学生，尊重学生人格，促进学生在品德、智力、体质等方面全面发展；

（五）制止有害于学生的行为或者其他侵犯学生合法权益的行为，批评和抵制有害于学生健康成长的现象；

（六）不断提高思想政治觉悟和教育教学业务水平。

第九条 为保障教师完成教育教学任务，各级人民政府、教育行政部门、有关部门、学校和其他教育机构应当履行下列职责：

（一）提供符合国家安全标准的教育教学设施和设备；

（二）提供必需的图书、资料及其他教育教学用品；

（三）对教师在教育教学、科学研究中的创造性工作给以鼓励和帮助；

（四）支持教师制止有害于学生的行为或者其他侵犯学生合法权益的行为。

第三章　资格和任用

第十条　国家实行教师资格制度。

中国公民凡遵守宪法和法律，热爱教育事业，具有良好的思想品德，具备本法规定的学历或者经国家教师资格考试合格，有教育教学能力，经认定合格的，可以取得教师资格。

第十一条　取得教师资格应当具备的相应学历是：

（一）取得幼儿园教师资格，应当具备幼儿师范学校毕业及其以上学历；

（二）取得小学教师资格，应当具备中等师范学校毕业及其以上学历；

（三）取得初级中学教师、初级职业学校文化、专业课教师资格，应当具备高等师范专科学校或者其他大学专科毕业及其以上学历；

（四）取得高级中学教师资格和中等专业学校、技工学校、职业高中文化课、专业课教师资格，应当具备高等师范院校本科或者其他大学本科毕业及其以上学历；取得中等专业学校、技工学校和职业高中学生实习指导教师资格应当具备的学历，由国务院教育行政部门规定；

（五）取得高等学校教师资格，应当具备研究生或者大学本科毕业学历；

（六）取得成人教育教师资格，应当按照成人教育的层次、类别，分别具备高等、中等学校毕业及其以上学历。

不具备本法规定的教师资格学历的公民，申请获取教师资格，必须通过国家教师资格考试。国家教师资格考试制度由国务院规定。

第十二条　本法实施前已经在学校或者其他教育机构中任教的教师，未具备本法规定学历的，由国务院教育行政部门规定教师资格过渡办法。

第十三条　中小学教师资格由县级以上地方人民政府教育行政部门认定。中等专业学校、技工学校的教师资格由县级以上地方人民政府教育行政部门组织有关主管部门认定。普通高等学校的教师资格由国务院或者省、自治区、直辖市教育行政部门或者由其委托的学校认定。

具备本法规定的学历或者经国家教师资格考试合格的公民，要求有关部门认定其教师资格的，有关部门应当依照本法规定的条件予以认定。

取得教师资格的人员首次任教时，应当有试用期。

第十四条　受到剥夺政治权利或者故意犯罪受到有期徒刑以上刑事处罚的，不能取得教师资格；已经取得教师资格的，丧失教师资格。

第十五条　各级师范学校毕业生，应当按照国家有关规定从事教育教学工作。

国家鼓励非师范高等学校毕业生到中小学或者职业学校任教。

第十六条　国家实行教师职务制度，具体办法由国务院规定。

第十七条　学校和其他教育机构应当逐步实行教师聘任制。教师的聘任应当遵循双方地位平等的原则，由学校和教师签订聘任合同，明确规定双方的权利、义务和责任。

实施教师聘任制的步骤、办法由国务院教育行政部门规定。

第四章　培养和培训

第十八条　各级人民政府和有关部门应当办好师范教育，并采取措施，鼓励优秀青年进入各级师范学校学习。各级教师进修学校承担培训中小学教师的任务。

非师范学校应当承担培养和培训中小学教师的任务。

各级师范学校学生享受专业奖学金。

第十九条　各级人民政府教育行政部门、学校主管部门和学校应当制定教师培训规划，对教师进行多种形式的思想政治、业务培训。

第二十条　国家机关、企业事业单位和其他社会组织应当为教师的社会调查和社会实践提供方便，给予协助。

第二十一条　各级人民政府应当采取措施，为少数民族地区和边远贫困地区培养、培训教师。

第五章　考　核

第二十二条　学校或者其他教育机构应当对教师的政治思想、业务水平、工作态度和工作成绩进行考核。

教育行政部门对教师的考核工作进行指导、监督。

第二十三条　考核应当客观、公正、准确，充分听取教师本人、其他教师以及学生的意见。

第二十四条　教师考核结果是受聘任教、晋升工资、实施奖惩的依据。

第六章　待　遇

第二十五条　教师的平均工资水平应当不低于或者高于国家公务员的平均工资水平，并逐步提高。建立正常晋级增薪制度，具体办法由国务院规定。

第二十六条　中小学教师和职业学校教师享受教龄津贴和其他津贴，具体办法由国务院教育行政部门会同有关部门制定。

第二十七条　地方各级人民政府对教师以及具有中专以上学历的毕业生到少数民族地区和边远贫困地区从事教育教学工作的，应当予以补贴。

第二十八条　地方各级人民政府和国务院有关部门，对城市教师住房的建设、租赁、出售实行优先、优惠。

县、乡两级人民政府应当为农村中小学教师解决住房提供方便。

第二十九条　教师的医疗同当地国家公务员享受同等的待遇；定期对教师进行身体健康检查，并因地制宜安排教师进行休养。

医疗机构应当对当地教师的医疗提供方便。

第三十条　教师退休或者退职后，享受国家规定的退休或者退职待遇。

县级以上地方人民政府可以适当提高长期从事教育教学工作的中小学退休教师的退休金比例。

第三十一条　各级人民政府应当采取措施，改善国家补助、集体支付工资的中小学教师的待遇，逐步做到在工资收入上与国家支付工资的教师同工同酬，具体办法由地方各级人民政府根据本地区的实际情况规定。

第三十二条　社会力量所办学校的教师的待遇，由举办者自行确定并予以保障。

第七章　奖　　励

第三十三条　教师在教育教学、培养人才、科学研究、教学改革、学校建设、社会服务、勤工俭学等方面成绩优异的，由所在学校予以表彰、奖励。

国务院和地方各级人民政府及其有关部门对有突出贡献的教师，应当予以表彰、奖励。

对有重大贡献的教师，依照国家有关规定授予荣誉称号。

第三十四条　国家支持和鼓励社会组织或者个人向依法成立的奖励教师的基金组织捐助资金，对教师进行奖励。

第八章 法律责任

第三十五条 侮辱、殴打教师的，根据不同情况，分别给予行政处分或者行政处罚；造成损害的，责令赔偿损失；情节严重，构成犯罪的，依法追究刑事责任。

第三十六条 对依法提出申诉、控告、检举的教师进行打击报复的，由其所在单位或者上级机关责令改正；情节严重的，可以根据具体情况给予行政处分。

国家工作人员对教师打击报复构成犯罪的，依照刑法有关规定追究刑事责任。

第三十七条 教师有下列情形之一的，由所在学校、其他教育机构或者教育行政部门给予行政处分或者解聘。

（一）故意不完成教育教学任务给教育教学工作造成损失的；

（二）体罚学生，经教育不改的；

（三）品行不良、侮辱学生，影响恶劣的。

教师有前款第（二）项、第（三）项所列情形之一，情节严重，构成犯罪的，依法追究刑事责任。

第三十八条 地方人民政府对违反本法规定，拖欠教师工资或者侵犯教师其他合法权益的，应当责令其限期改正。

违反国家财政制度、财务制度，挪用国家财政用于教育的经费，严重妨碍教育教学工作，拖欠教师工资，损害教师合法权益的，由上级机关责令限期归还被挪用的经费，并对直接责任人员给予行政处分；情节严重，构成犯罪的，依法追究刑事责任。

第三十九条 教师对学校或者其他教育机构侵犯其合法权益的，或者对学校或者其他教育机构作出的处理不服的，可以向教育行政部门提出申诉，教育行政部门应当在接到申诉的三十日内，作出处理。

教师认为当地人民政府有关行政部门侵犯其根据本法规定享有的权

利的，可以向同级人民政府或者上一级人民政府有关部门提出申诉，同级人民政府或者上一级人民政府有关部门应当作出处理。

第九章 附　则

第四十条　本法下列用语的含义是：

（一）各级各类学校，是指实施学前教育、普通初等教育、普通中等教育、职业教育、普通高等教育以及特殊教育、成人教育的学校。

（二）其他教育机构，是指少年宫以及地方教研室、电化教育机构等。

（三）中小学教师，是指幼儿园、特殊教育机构、普通中小学、成人初等中等教育机构、职业中学以及其他教育机构的教师。

第四十一条　学校和其他教育机构中的教育教学辅助人员，其他类型的学校的教师和教育教学辅助人员，可以根据实际情况参照本法的有关规定执行。

军队所属院校的教师和教育教学辅助人员，由中央军事委员会依照本法制定有关规定。

第四十二条　外籍教师的聘任办法由国务院教育行政部门规定。

第四十三条　本法自 1994 年 1 月 1 日起施行。

中华人民共和国学位条例
暂行实施办法

（国务院学位委员会制定

1981 年 5 月 20 日国务院批准实施）

第一条 根据中华人民共和国学位条例，制定本暂行实施办法。

第二条 学位按下列学科的门类授予：哲学、经济学、法学、教育学、文学、历史学、理学、工学、农学、医学。

学 士 学 位

第三条 学士学位由国务院授权的高等学校授予。

高等学校本科学生完成教学计划的各项要求，经审核准予毕业，其课程学习和毕业论文（毕业设计或其他毕业实践环节）的成绩，表明确已较好地掌握本门学科的基础理论、专门知识和基本技能，并且有从事科学研究工作或担负专门技术工作的初步能力的，授予学士学位。

第四条 授予学士学位的高等学校，应当由系逐个审核本科毕业生的成绩和毕业鉴定等材料，对符合本暂行办法第三条及有关规定的，可向学校学位评定委员会提名，列入学士学位获得者的名单。

非授予学士学位的高等学校，对达到学士学术水平的本科毕业生，应当由系向学校提出名单，经学校同意后，由学校就近向本系统、本地区的授予学士学位的高等学校推荐。授予学士学位的高等学校有关的系，对非授予学士学位的高等学校推荐的本科毕业生进行审查考核，认为符合本暂行办法第三条及有关规定的，可向学校学位评定委员会提名，列入学士学位获得者的名单。

第五条　学士学位获得者的名单，经授予学士学位的高等学校学位评定委员会审查通过，由授予学士学位的高等学校授予学士学位。

硕 士 学 位

第六条　硕士学位由国务院授权的高等学校和科学研究机构授予。

申请硕士学位人员应当在学位授予单位规定的期限内，向学位授予单位提交申请书和申请硕士学位的学术论文等材料。学位授予单位应当在申请日期截止后两个月内进行审查，决定是否同意申请，并将结果通知申请人及其所在单位。

非学位授予单位应届毕业的研究生申请时，应当送交本单位关于申请硕士学位的推荐书。

同等学力人员申请时，应当送交两位副教授、教授或相当职称的专家的推荐书。学位授予单位对未具有大学毕业学历的申请人员，可以在接受申请前，采取适当方式，考核其某些大学课程。

申请人员不得同时向两个学位授予单位提出申请。

第七条　硕士学位的考试课程和要求：1. 马克思主义理论课。要求掌握马克思主义的基本理论。2. 基础理论课和专业课，一般为三至四门。要求掌握坚实的基础理论和系统的专门知识。3. 一门外国语。要求比较熟练地阅读本专业的外文资料。

学位授予单位研究生的硕士学位课程考试，可按上述的课程要求，结合培养计划安排进行。

非学位授予单位研究生的硕士学位课程考试，由学位授予单位组织进行。凡经学位授予单位审核，认为其在原单位的课程考试内容和成绩合格的，可以免除部分或全部课程考试。

同等学力人员的硕士学位课程考试，由学位授予单位组织进行。

申请硕士学位人员必须通过规定的课程考试，成绩合格，方可参加论文答辩。规定考试的课程中，如有一门不及格，可在半年内申请补考一次，补考不及格的，不能参加论文答辩。

试行学分制的学位授予单位，应当按上述的课程要求，规定授予硕士学位所应取得的课程学分。申请硕士学位人员必须取得规定的学分后，方可参加论文答辩。

第八条 硕士学位论文对所研究的课题应当有新的见解，表明作者具有从事科学研究工作或独立担负专门技术工作的能力。

学位授予单位应当聘请一至二位与论文有关学科的专家评阅论文。评阅人应当对论文写出详细的学术评语，供论文答辩委员会参考。

硕士学位论文答辩委员会由三至五人组成。成员中一般应当有外单位的专家。论文答辩委员会主席由副教授、教授或相当职称的专家担任。

论文答辩委员会根据答辩的情况，就是否授予硕士学位作出决议。决议采取不记名投票方式，经全体成员三分之二以上同意，方得通过。决议经论文答辩委员会主席签字后，报送学位评定委员会。会议应当有记录。

硕士学位论文答辩不合格的，经论文答辩委员会同意，可在一年内修改论文，重新答辩一次。

第九条 硕士学位论文答辩委员会多数成员如认为申请人的论文已相当于博士学位的学术水平，除作出授予硕士学位的决议外，可向授予博士学位的单位提出建议，由授予博士学位的单位按本暂行办法博士学位部分中有关规定办理。

博 士 学 位

第十条 博士学位由国务院授权的高等学校和科学研究机构授予。

申请博士学位人员应当在学位授予单位规定的期限内，向学位授予单位提交申请书和申请博士学位的学术论文等材料。学位授予单位应当在申请日期截止后两个月内进行审查，决定是否同意申请，并将结果通知申请人及其所在单位。

同等学力人员申请时，应当送交两位教授或相当职称的专家的推荐书。学位授予单位对未获得硕士学位的申请人员，可以在接受申请前，采取适当方式，考核其某些硕士学位的基础理论课和专业课。

申请人员不得同时向两个学位授予单位提出申请。

第十一条 博士学位的考试课程和要求：

1. 马克思主义理论课。要求较好地掌握马克思主义的基本理论。

2. 基础理论课和专业课。要求掌握坚实宽广的基础理论和系统深入的专门知识。考试范围由学位授予单位的学位评定委员会审定。基础理论课和专业课的考试，由学位授予单位学位评定委员会指定三位专家组成的考试委员会主持，考试委员会主席必须由教授、副教授或相当职称的专家担任。

3. 两门外国语。第一外语要求熟练地阅读本专业的外文资料，并具有一定的写作能力，第二外国语要求有阅读本专业外文资料的初步能力。个别学科、专业，经学位授予单位的学位评定委员会审定，可只考第一外国语。

攻读博士学位研究生的课程考试，可按上述的课程要求，结合培养计划安排进行。

第十二条 申请博士学位人员必须通过博士学位的课程考试，成绩合格，方可参加博士学位论文答辩。

申请博士学位人员在科学或专门技术上有重要著作、发明、发现或发展的，应当向学位授予单位提交有关的出版著作、发明的鉴定或证明书等材料，经两位教授或相当职称的专家推荐，学位授予单位按本暂行办法第十一条审查同意，可以免除部分或全部课程考试。

第十三条 博士学位论文应当表明作者具有独立从事科学研究工作的能力，并在科学或专门技术上做出创造性的成果。博士学位论文或摘要，应当在答辩前三个月印送有关单位，并经同行评议。

学位授予单位应当聘请两位与论文有关学科的专家评阅论文，其中一位应当是外单位的专家。评阅人应当对论文写出详细的学术评语，供论文答辩委员会参考。

第十四条　博士学位论文答辩委员会由五至七人组成。成员的半数以上应当是教授或相当职称的专家。成员中必须包括二至三位外单位的专家。论文答辩委员会主席一般应当由教授或相当职称的专家担任。

论文答辩委员会根据答辩的情况，就是否授予博士学位作出决议。决议采取不记名投票方式，经全体成员三分之二以上同意，方得通过。决议经论文答辩委员会主席签字后，报送学位评定委员会。会议应当有记录。

博士学位的论文答辩一般应当公开举行；已经通过的博士学位论文或摘要应当公开发表（保密专业除外）。

博士学位论文答辩不合格的，经论文答辩委员会同意，可在两年内修改论文，重新答辩一次。

第十五条　博士学位论文答辩委员会认为申请人的论文虽未达到博士学位的学术水平，但已达到硕士学位的学术水平，而且申请人尚未获得过该学科硕士学位的，可作出授予硕士学位的决议，报送学位评定委员会。

名誉博士学位

第十六条　名誉博士学位由国务院授权授予博士学位的单位授予。

第十七条　授予名誉博士学位须经学位授予单位的学位评定委员会讨论通过，由学位授予单位报国务院学位委员会批准后授予。

学位评定委员会

第十八条　学位授予单位的学位评定委员会根据国务院批准的授予学位的权限，分别履行以下职责：

（一）审查通过接受申请硕士学位和博士学位的人员名单；

（二）确定硕士学位的考试科目、门数和博士学位基础理论课和专业课的考试范围；审批主考人和论文答辩委员会成员名单；

（三）通过学士学位获得者的名单；

（四）作出授予硕士学位的决定；

（五）审批申请博士学位人员免除部分或全部课程考试的名单；

（六）作出授予博士学位的决定；

（七）通过授予名誉博士学位的人员名单；

（八）作出撤销违反规定而授予学位的决定；

（九）研究和处理授予学位的争议和其他事项。

第十九条 学位授予单位的学位评定委员会由九至二十五人组成，任期二至三年。成员应当包括学位授予单位主要负责人和教学、研究人员。

授予学士学位的高等学校，参加学位评定委员会的教学人员应当从本校讲师以上教师中遴选。授予学士学位、硕士学位和博士学位的单位，参加学位评定委员会的教学、研究人员主要应当从本单位副教授、教授或相当职称的专家中遴选。授予博士学位的单位，学位评定委员会中至少应当有半数以上的教授或相当职称的专家。

学位评定委员会主席由学位授予单位具有教授、副教授或相当职称的主要负责人（高等学校校长，主管教学、科学研究和研究生工作的副校长，或科学研究机构相当职称的人员）担任。

学位评定委员会可以按学位的学科门类，设置若干分委员会。各由七至十五人组成，任期二至三年。分委员会主席必须由学位评定委员会委员担任。分委员会协助学位评定委员会工作。学位评定委员会成员名单，应当由各学位授予单位报主管部门批准，主管部门转报国务院学位委员会备案。

学位评定委员会可根据需要，配备必要的专职或兼职的工作人员，处理日常工作。

第二十条 学位授予单位每年应当将授予学士学位的人数、授予硕士学位和博士学位的名单及有关材料,分别报主管部门和国务院学位委员会备案。

其他规定

第二十一条 在我国学习的外国留学生申请学士学位,参照本暂行办法第三条及有关规定办理。

在我国学习的外国留学生和从事研究或教学工作的外国学者申请硕士学位或博士学位,参照本暂行办法的有关规定办理。

第二十二条 学士学位的证书格式,由教育部制定。硕士学位和博士学位的证书格式,由国务院学位委员会制定。学位获得者的学位证书,由学位授予单位发给。

第二十三条 已经通过的硕士学位和博士学位的论文,应当交存学位授予单位图书馆一份,已经通过的博士学位论文,还应当交存北京图书馆和有关的专业图书馆各一份。

第二十四条 在职人员申请硕士学位或博士学位,经学位授予单位审核同意参加课程考试和论文答辩后,准备参加考试或答辩,可享有不超过两个月的假期。

第二十五条 学位授予单位可根据本暂行实施办法,制定本单位授予学位的工作细则。

中华人民共和国中外合作办学条例

（国务院令第 372 号　2003 年 3 月 1 日发布）

第一章　总　　则

第一条　为了规范中外合作办学活动，加强教育对外交流与合作，促进教育事业的发展，根据《中华人民共和国教育法》、《中华人民共和国职业教育法》和《中华人民共和国民办教育促进法》，制定本条例。

第二条　外国教育机构同中国教育机构（以下简称中外合作办学者）在中国境内合作举办以中国公民为主要招生对象的教育机构（以下简称中外合作办学机构）的活动，适用本条例。

第三条　中外合作办学属于公益性事业，是中国教育事业的组成部分。

国家对中外合作办学实行扩大开放、规范办学、依法管理、促进发展的方针。

国家鼓励引进外国优质教育资源的中外合作办学。

国家鼓励在高等教育、职业教育领域开展中外合作办学，鼓励中国高等教育机构与外国知名的高等教育机构合作办学。

第四条　中外合作办学者、中外合作办学机构的合法权益，受中国法律保护。

中外合作办学机构依法享受国家规定的优惠政策，依法自主开展教育教学活动。

第五条　中外合作办学必须遵守中国法律，贯彻中国的教育方针，符合中国的公共道德，不得损害中国的国家主权、安全和社会公共利益。

中外合作办学应当符合中国教育事业发展的需要，保证教育教学质量，致力于培养中国社会主义建设事业的各类人才。

第六条　中外合作办学者可以合作举办各级各类教育机构。但是，不得举办实施义务教育和实施军事、警察、政治等特殊性质教育的机构。

第七条　外国宗教组织、宗教机构、宗教院校和宗教教职人员不得在中国境内从事合作办学活动。

中外合作办学机构不得进行宗教教育和开展宗教活动。

第八条　国务院教育行政部门负责全国中外合作办学工作的统筹规划、综合协调和宏观管理。国务院教育行政部门、劳动行政部门和其他有关行政部门在国务院规定的职责范围内负责有关的中外合作办学工作。

省、自治区、直辖市人民政府教育行政部门负责本行政区域内中外合作办学工作的统筹规划、综合协调和宏观管理。省、自治区、直辖市人民政府教育行政部门、劳动行政部门和其他有关行政部门在其职责范围内负责本行政区域内有关的中外合作办学工作。

第二章　设　　立

第九条　申请设立中外合作办学机构的教育机构应当具有法人资格。

第十条　中外合作办学者可以用资金、实物、土地使用权、知识产权以及其他财产作为办学投入。

中外合作办学者的知识产权投入不得超过各自投入的三分之一。但是，接受国务院教育行政部门、劳动行政部门或者省、自治区、直辖市人民政府邀请前来中国合作办学的外国教育机构的知识产权投入可以超过其投入的三分之一。

第十一条　中外合作办学机构应当具备《中华人民共和国教育法》、《中华人民共和国职业教育法》、《中华人民共和国高等教育法》等法律和有关行政法规规定的基本条件，并具有法人资格。但是，外国教育机构同中国实施学历教育的高等学校设立的实施高等教育的中外合作办学机构，可以不具有法人资格。

设立中外合作办学机构，参照国家举办的同级同类教育机构的设置标准执行。

第十二条　申请设立实施本科以上高等学历教育的中外合作办学机构，由国务院教育行政部门审批；申请设立实施高等专科教育和非学历高等教育的中外合作办学机构，由拟设立机构所在地的省、自治区、直辖市人民政府审批。

申请设立实施中等学历教育和自学考试助学、文化补习、学前教育等的中外合作办学机构，由拟设立机构所在地的省、自治区、直辖市人民政府教育行政部门审批。

申请设立实施职业技能培训的中外合作办学机构，由拟设立机构所在地的省、自治区、直辖市人民政府劳动行政部门审批。

第十三条　设立中外合作办学机构，分为筹备设立和正式设立两个步骤。但是，具备办学条件，达到设置标准的，可以直接申请正式设立。

第十四条　申请筹备设立中外合作办学机构，应当提交下列文件：

（一）申办报告，内容应当主要包括：中外合作办学者、拟设立中外合作办学机构的名称、培养目标、办学规模、办学层次、办学形式、办学条件、内部管理体制、经费筹措与管理使用等；

（二）合作协议，内容应当包括：合作期限、争议解决办法等；

（三）资产来源、资金数额及有效证明文件，并载明产权；

（四）属捐赠性质的校产须提交捐赠协议，载明捐赠人的姓名、所捐资产的数额、用途和管理办法及相关有效证明文件；

（五）不低于中外合作办学者资金投入百分之十五的启动资金到位证明。

第十五条　申请筹备设立中外合作办学机构的，审批机关应当自受理申请之日起45个工作日内作出是否批准的决定。批准的，发给筹备设立批准书；不批准的，应当书面说明理由。

第十六条 经批准筹备设立中外合作办学机构的，应当自批准之日起3年内提出正式设立申请；超过3年的，中外合作办学者应当重新申报。

筹备设立期内，不得招生。

第十七条 完成筹备设立申请正式设立的，应当提交下列文件：

（一）正式设立申请书；

（二）筹备设立批准书；

（三）筹备设立情况报告；

（四）中外合作办学机构的章程，首届理事会、董事会或者联合管理委员会组成人员名单；

（五）中外合作办学机构资产的有效证明文件；

（六）校长或者主要行政负责人、教师、财会人员的资格证明文件。

直接申请正式设立中外合作办学机构的，应当提交前款第（一）项、第（四）项、第（五）项、第（六）项和第十四条第（二）项、第（三）项、第（四）项所列文件。

第十八条 申请正式设立实施非学历教育的中外合作办学机构的，审批机关应当自受理申请之日起3个月内作出是否批准的决定；申请正式设立实施学历教育的中外合作办学机构的，审批机关应当自受理申请之日起6个月内作出是否批准的决定。批准的，颁发统一格式、统一编号的中外合作办学许可证；不批准的，应当书面说明理由。

中外合作办学许可证由国务院教育行政部门制定式样，由国务院教育行政部门和劳动行政部门按照职责分工分别组织印制；中外合作办学许可证由国务院教育行政部门统一编号，具体办法由国务院教育行政部门会同劳动行政部门确定。

第十九条 申请正式设立实施学历教育的中外合作办学机构的，审批机关受理申请后，应当组织专家委员会评议，由专家委员会提出咨询意见。

第二十条 中外合作办学机构取得中外合作办学许可证后，应当依照有关的法律、行政法规进行登记，登记机关应当依照有关规定即时予以办理。

第三章　组织与管理

第二十一条　具有法人资格的中外合作办学机构应当设立理事会或者董事会，不具有法人资格的中外合作办学机构应当设立联合管理委员会。理事会、董事会或者联合管理委员会的中方组成人员不得少于二分之一。

理事会、董事会或者联合管理委员会由 5 人以上组成，设理事长、副理事长，董事长、副董事长或者主任、副主任各 1 人。中外合作办学者一方担任理事长、董事长或者主任的，由另一方担任副理事长、副董事长或者副主任。

具有法人资格的中外合作办学机构的法定代表人，由中外合作办学者协商，在理事长、董事长或者校长中确定。

第二十二条　中外合作办学机构的理事会、董事会或者联合管理委员会由中外合作办学者的代表、校长或者主要行政负责人、教职工代表等组成，其中三分之一以上组成人员应当具有 5 年以上教育、教学经验。

中外合作办学机构的理事会、董事会或者联合管理委员会组成人员名单应当报审批机关备案。

第二十三条　中外合作办学机构的理事会、董事会或者联合管理委员会行使下列职权：

（一）改选或者补选理事会、董事会或者联合管理委员会组成人员；

（二）聘任、解聘校长或者主要行政负责人；

（三）修改章程，制定规章制度；

（四）制定发展规划，批准年度工作计划；

（五）筹集办学经费，审核预算、决算；

（六）决定教职工的编制定额和工资标准；

（七）决定中外合作办学机构的分立、合并、终止；

（八）章程规定的其他职权。

第二十四条 中外合作办学机构的理事会、董事会或者联合管理委员会每年至少召开一次会议。经三分之一以上组成人员提议，可以召开理事会、董事会或者联合管理委员会临时会议。

中外合作办学机构的理事会、董事会或者联合管理委员会讨论下列重大事项，应当经三分之二以上组成人员同意方可通过：

（一）聘任、解聘校长或者主要行政负责人；

（二）修改章程；

（三）制定发展规划；

（四）决定中外合作办学机构的分立、合并、终止；

（五）章程规定的其他重大事项。

第二十五条 中外合作办学机构的校长或者主要行政负责人，应当具有中华人民共和国国籍，在中国境内定居，热爱祖国，品行良好，具有教育、教学经验，并具备相应的专业水平。

中外合作办学机构聘任的校长或者主要行政负责人，应当经审批机关核准。

第二十六条 中外合作办学机构的校长或者主要行政负责人行使下列职权：

（一）执行理事会、董事会或者联合管理委员会的决定；

（二）实施发展规划，拟订年度工作计划、财务预算和规章制度；

（三）聘任和解聘工作人员，实施奖惩；

（四）组织教育教学、科学研究活动，保证教育教学质量；

（五）负责日常管理工作；

（六）章程规定的其他职权。

第二十七条 中外合作办学机构依法对教师、学生进行管理。

中外合作办学机构聘任的外籍教师和外籍管理人员，应当具备学士以上学位和相应的职业证书，并具有 2 年以上教育、教学经验。

外方合作办学者应当从本教育机构中选派一定数量的教师到中外合作办学机构任教。

第二十八条　中外合作办学机构应当依法维护教师、学生的合法权益，保障教职工的工资、福利待遇，并为教职工缴纳社会保险费。

中外合作办学机构的教职工依法建立工会等组织，并通过教职工代表大会等形式，参与中外合作办学机构的民主管理。

第二十九条　中外合作办学机构的外籍人员应当遵守外国人在中国就业的有关规定。

第四章　教育教学

第三十条　中外合作办学机构应当按照中国对同级同类教育机构的要求开设关于宪法、法律、公民道德、国情等内容的课程。

国家鼓励中外合作办学机构引进国内急需、在国际上具有先进性的课程和教材。

中外合作办学机构应当将所开设的课程和引进的教材报审批机关备案。

第三十一条　中外合作办学机构根据需要，可以使用外国语言文字教学，但应当以普通话和规范汉字为基本教学语言文字。

第三十二条　实施高等学历教育的中外合作办学机构招收学生，纳入国家高等学校招生计划。实施其他学历教育的中外合作办学机构招收学生，按照省、自治区、直辖市人民政府教育行政部门的规定执行。

中外合作办学机构招收境外学生，按照国家有关规定执行。

第三十三条　中外合作办学机构的招生简章和广告应当报审批机关备案。

中外合作办学机构应当将办学类型和层次、专业设置、课程内容和招生规模等有关情况，定期向社会公布。

第三十四条　中外合作办学机构实施学历教育的，按照国家有关规定颁发学历证书或者其他学业证书；实施非学历教育的，按照国家有关规定颁发培训证书或者结业证书。对于接受职业技能培训的学生，经政府批准的职业技能鉴定机构鉴定合格的，可以按照国家有关规定颁发相应的国家职业资格证书。

中外合作办学机构实施高等学历教育的，可以按照国家有关规定颁发中国相应的学位证书。

中外合作办学机构颁发的外国教育机构的学历、学位证书，应当与该教育机构在其所属国颁发的学历、学位证书相同，并在该国获得承认。

中国对中外合作办学机构颁发的外国教育机构的学历、学位证书的承认，依照中华人民共和国缔结或者加入的国际条约办理，或者按照国家有关规定办理。

第三十五条　国务院教育行政部门或者省、自治区、直辖市人民政府教育行政部门及劳动行政部门等其他有关行政部门应当加强对中外合作办学机构的日常监督，组织或者委托社会中介组织对中外合作办学机构的办学水平和教育质量进行评估，并将评估结果向社会公布。

第五章　资产与财务

第三十六条　中外合作办学机构应当依法建立健全财务、会计制度和资产管理制度，并按照国家有关规定设置会计账簿。

第三十七条　中外合作办学机构存续期间，所有资产由中外合作办学机构依法享有法人财产权，任何组织和个人不得侵占。

第三十八条　中外合作办学机构的收费项目和标准，依照国家有关政府定价的规定确定并公布；未经批准，不得增加项目或者提高标准。

中外合作办学机构应当以人民币计收学费和其他费用，不得以外汇计收学费和其他费用。

第三十九条　中外合作办学机构收取的费用应当主要用于教育教学活动和改善办学条件。

第四十条 中外合作办学机构的外汇收支活动以及开设和使用外汇账户，应当遵守国家外汇管理规定。

第四十一条 中外合作办学机构应当在每个会计年度结束时制作财务会计报告，委托社会审计机构依法进行审计，向社会公布审计结果，并报审批机关备案。

第六章 变更与终止

第四十二条 中外合作办学机构的分立、合并，在进行财务清算后，由该机构理事会、董事会或者联合管理委员会报审批机关批准。

申请分立、合并实施非学历教育的中外合作办学机构的，审批机关应当自受理申请之日起3个月内以书面形式答复；申请分立、合并实施学历教育的中外合作办学机构的，审批机关应当自受理申请之日起6个月内以书面形式答复。

第四十三条 中外合作办学机构合作办学者的变更，应当由合作办学者提出，在进行财务清算后，经该机构理事会、董事会或者联合管理委员会同意，报审批机关核准，并办理相应的变更手续。

中外合作办学机构住所、法定代表人、校长或者主要行政负责人的变更，应当经审批机关核准，并办理相应的变更手续。

第四十四条 中外合作办学机构名称、层次、类别的变更，由该机构理事会、董事会或者联合管理委员会报审批机关批准。

申请变更为实施非学历教育的中外合作办学机构的，审批机关应当自受理申请之日起3个月内以书面形式答复；申请变更为实施学历教育的中外合作办学机构的，审批机关应当自受理申请之日起6个月内以书面形式答复。

第四十五条 中外合作办学机构有下列情形之一的，应当终止：

（一）根据章程规定要求终止，并经审批机关批准的；

（二）被吊销中外合作办学许可证的；

（三）因资不抵债无法继续办学，并经审批机关批准的。

中外合作办学机构终止，应当妥善安置在校学生；中外合作办学机构提出终止申请时，应当同时提交妥善安置在校学生的方案。

第四十六条　中外合作办学机构终止时，应当依法进行财务清算。

中外合作办学机构自己要求终止的，由中外合作办学机构组织清算；被审批机关依法撤销的，由审批机关组织清算；因资不抵债无法继续办学而被终止的，依法请求人民法院组织清算。

第四十七条　中外合作办学机构清算时，应当按照下列顺序清偿：

（一）应当退还学生的学费和其他费用；

（二）应当支付给教职工的工资和应当缴纳的社会保险费用；

（三）应当偿还的其他债务。

中外合作办学机构清偿上述债务后的剩余财产，依照有关法律、行政法规的规定处理。

第四十八条　中外合作办学机构经批准终止或者被吊销中外合作办学许可证的，应当将中外合作办学许可证和印章交回审批机关，依法办理注销登记。

第七章　法律责任

第四十九条　中外合作办学审批机关及其工作人员，利用职务上的便利收取他人财物或者获取其他利益，滥用职权、玩忽职守，对不符合本条例规定条件者颁发中外合作办学许可证，或者发现违法行为不予以查处，造成严重后果，触犯刑律的，对负有责任的主管人员和其他直接责任人员，依照刑法关于受贿罪、滥用职权罪、玩忽职守罪或者其他罪的规定，依法追究刑事责任；尚不够刑事处罚的，依法给予行政处分。

第五十条　违反本条例的规定，超越职权审批中外合作办学机构的，其批准文件无效，由上级机关责令改正；对负有责任的主管人员和其他直接责任人员，依法给予行政处分；致使公共财产、国家和人民利益遭受重大损失的，依照刑法关于滥用职权罪或者其他罪的规定，依法追究刑事责任。

第五十一条　违反本条例的规定，未经批准擅自设立中外合作办学机构，或者以不正当手段骗取中外合作办学许可证的，由教育行政部门、劳动行政部门按照职责分工予以取缔或者会同公安机关予以取缔，责令退还向学生收取的费用，并处以 10 万元以下的罚款；触犯刑律的，依照刑法关于诈骗罪或者其他罪的规定，依法追究刑事责任。

第五十二条　违反本条例的规定，在中外合作办学机构筹备设立期间招收学生的，由教育行政部门、劳动行政部门按照职责分工责令停止招生，责令退还向学生收取的费用，并处以 10 万元以下的罚款；情节严重，拒不停止招生的，由审批机关撤销筹备设立批准书。

第五十三条　中外合作办学者虚假出资或者在中外合作办学机构成立后抽逃出资的，由教育行政部门、劳动行政部门按照职责分工责令限期改正；逾期不改正的，由教育行政部门、劳动行政部门按照职责分工处以虚假出资金额或者抽逃出资金额 2 倍以下的罚款。

第五十四条　伪造、变造和买卖中外合作办学许可证的，依照刑法关于伪造、变造、买卖国家机关证件罪或者其他罪的规定，依法追究刑事责任。

第五十五条　中外合作办学机构未经批准增加收费项目或者提高收费标准的，由教育行政部门、劳动行政部门按照职责分工责令退还多收的费用，并由价格主管部门依照有关法律、行政法规的规定予以处罚。

第五十六条　中外合作办学机构管理混乱、教育教学质量低下，造成恶劣影响的，由教育行政部门、劳动行政部门按照职责分工责令限期整顿并予以公告；情节严重、逾期不整顿或者经整顿仍达不到要求的，由教育行政部门、劳动行政部门按照职责分工责令停止招生、吊销中外合作办学许可证。

第五十七条　违反本条例的规定，发布虚假招生简章，骗取钱财的，由教育行政部门、劳动行政部门按照职责分工，责令限期改正并予以警告；有违法所得的，退还所收费用后没收违法所得，并可处以 10 万元以下的罚款；情节严重的，责令停止招生、吊销中外合作办学许可证；构成犯罪的，依照刑法关于诈骗罪或者其他罪的规定，依法追究刑事责任。

中外合作办学机构发布虚假招生广告的，依照《中华人民共和国广告法》的有关规定追究其法律责任。

第五十八条　中外合作办学机构被处以吊销中外合作办学许可证行政处罚的，其理事长或者董事长、校长或者主要行政负责人自中外合作办学许可证被吊销之日起 10 年内不得担任任何中外合作办学机构的理事长或者董事长、校长或者主要行政负责人。

违反本条例的规定，触犯刑律被依法追究刑事责任的，自刑罚执行期满之日起 10 年内不得从事中外合作办学活动。

第八章　附　　则

第五十九条　香港特别行政区、澳门特别行政区和台湾地区的教育机构与内地教育机构合作办学的，参照本条例的规定执行。

第六十条　在工商行政管理部门登记注册的经营性的中外合作举办的培训机构的管理办法，由国务院另行规定。

第六十一条　外国教育机构同中国教育机构在中国境内合作举办以中国公民为主要招生对象的实施学历教育和自学考试助学、文化补习、学前教育等的合作办学项目的具体审批和管理办法，由国务院教育行政部门制定。

外国教育机构同中国教育机构在中国境内合作举办以中国公民为主要招生对象的实施职业技能培训的合作办学项目的具体审批和管理办法，由国务院劳动行政部门制定。

第六十二条　外国教育机构、其他组织或者个人不得在中国境内单独设立以中国公民为主要招生对象的学校及其他教育机构。

第六十三条　本条例施行前依法设立的中外合作办学机构，应当补办本条例规定的中外合作办学许可证。其中，不完全具备本条例所规定条件的，应当在本条例施行之日起 2 年内达到本条例规定的条件；逾期未达到本条例规定条件的，由审批机关予以撤销。

第六十四条　本条例自 2003 年 9 月 1 日起施行。

中国共产党普通高等学校
基层组织工作条例

（中共中央 2010 年 8 月 13 日印发）

第一章 总 则

第一条 为加强和改进党对普通高等学校（以下简称高等学校）的领导，加强和改进高等学校党的建设，办好中国特色社会主义大学，为高等教育事业的科学发展提供思想保证、政治保证和组织保证，根据《中国共产党章程》和有关法律法规，结合高等学校实际情况，制定本条例。

第二条 高等学校的党组织必须高举中国特色社会主义伟大旗帜，以马克思列宁主义、毛泽东思想、邓小平理论和"三个代表"重要思想为指导，深入贯彻落实科学发展观，全面贯彻执行党的基本路线和教育方针，坚持教育必须为社会主义现代化建设服务，为人民服务，必须与生产劳动和社会实践相结合，培养德智体美全面发展的中国特色社会主义事业合格建设者和可靠接班人。

第三条 高等学校实行党委领导下的校长负责制。高等学校党的委员会统一领导学校工作，支持校长按照《中华人民共和国高等教育法》的规定积极主动、独立负责地开展工作，保证教学、科研、行政管理等各项任务的完成。

高等学校党的委员会实行民主集中制，健全集体领导和个人分工负责相结合的制度。凡属重大问题都要按照集体领导、民主集中、个别酝酿、会议决定的原则，由党的委员会集体讨论，作出决定；委员会成员要根据集体的决定和分工，切实履行自己的职责。

第二章　组织设置

第四条　高等学校党的委员会由党员大会或党员代表大会选举产生，每届任期5年。党的委员会对党员大会或党员代表大会负责并报告工作。

党员代表大会代表实行任期制。

第五条　规模较大、党员人数较多的高等学校，根据工作需要，经上级党组织批准，党的委员会可设立常务委员会。常务委员会由党的委员会全体会议选举产生，对党的委员会负责并定期报告工作。

设立常务委员会的党的委员会每学期至少召开1次委员会全体会议，如遇重大问题可以随时召开。

第六条　党的委员会根据工作需要，本着精干高效和有利于加强党的建设的原则，设立办公室、组织部、宣传部、统战部和学生工作部门等工作机构，配备必要的工作人员，包括配备一定数量的组织员。

第七条　高等学校院（系）级单位根据工作需要和党员人数，经学校党的委员会批准，设立党的委员会，或总支部委员会，或直属支部委员会。党员100人以上的，设立党的委员会。党员100人以下、50人以上的，设立党的总支部委员会。党员不足50人的，经学校党的委员会批准，也可以设立党的总支部委员会。党的委员会由党员大会或党员代表大会选举产生，每届任期3年或4年；党的总支部委员会、直属支部委员会由党员大会选举产生。党的委员会、总支部委员会和直属支部委员会应当配备必要的专职党务工作人员。

第八条　党员7人以上的党支部设立支部委员会，支部委员会由党员大会选举产生；党员不足7人的党支部，不设支部委员会，由党员大会选举支部书记1人，必要时增选副书记1人。党的支部委员会和不设支部委员会的支部书记、副书记每届任期2年或3年。

第九条　高等学校院（系）以下单位设立党支部，要与教学、科研、管理、服务等机构相对应。教师党支部一般按院（系）内设的教学、科研机构设置；学生党支部可以按年级或院（系）设置，学生中正式党员达到 3 人以上的班级应当及时成立学生党支部；机关、后勤等部门的党支部一般按部门设置。正式党员不足 3 人的，可与业务相近的部门或单位联合成立党支部。

要将高等学校教职工离退休党员编入党的组织，开展党的活动。

第三章　主要职责

第十条　高等学校党的委员会按照党委领导下的校长负责制，发挥领导核心作用。其主要职责是：

（一）宣传和执行党的路线方针政策，宣传和执行党中央、上级组织和本级组织的决议，坚持社会主义办学方向，依法治校，依靠全校师生员工推进学校科学发展，培养德智体美全面发展的中国特色社会主义事业合格建设者和可靠接班人。

（二）审议确定学校基本管理制度，讨论决定学校改革发展稳定以及教学、科研、行政管理中的重大事项。

（三）讨论决定学校内部组织机构的设置及其负责人的人选，按照干部管理权限，负责干部的选拔、教育、培养、考核和监督。加强领导班子建设、干部队伍建设和人才队伍建设。

（四）按照党要管党、从严治党的方针，加强学校党组织的思想建设、组织建设、作风建设、制度建设和反腐倡廉建设。落实党建工作责任制。发挥学校基层党组织的战斗堡垒作用和党员的先锋模范作用。

（五）按照建设学习型党组织的要求，组织党员认真学习马克思列宁主义、毛泽东思想、邓小平理论、"三个代表"重要思想以及科学发展观，坚持用中国特色社会主义理论体系武装头脑，坚定走中国特色社会主义道路的信念。组织党员学习党的路线方针政策和决议，学习党的基本知识，学习科学、文化、法律和业务知识。

（六）领导学校的思想政治工作和德育工作，促进和谐校园建设。

（七）领导学校的工会、共青团、学生会等群众组织和教职工代表大会。

（八）做好统一战线工作。对学校内民主党派的基层组织实行政治领导，支持他们依照各自的章程开展活动。支持无党派人士等统一战线成员参加统一战线相关活动，发挥积极作用。

第十一条　高等学校院（系）级单位党组织的主要职责是：

（一）宣传、执行党的路线方针政策及学校各项决定，并为其贯彻落实发挥保证监督作用。

（二）通过党政联席会议，讨论和决定本单位重要事项。支持本单位行政领导班子和负责人在其职责范围内独立负责地开展工作。

（三）加强党组织的思想建设、组织建设、作风建设、制度建设和反腐倡廉建设。具体指导党支部开展工作。

（四）领导本单位的思想政治工作。

（五）做好本单位党员干部的教育和管理工作。

（六）领导本单位工会、共青团、学生会等群众组织和教职工代表大会。

第十二条　教职工党的支部委员会要支持本单位行政负责人的工作，经常与行政负责人沟通情况，对单位的工作提出意见和建议。教职工党的支部委员会负责人参与讨论决定本单位的重要事项。教职工党的支部委员会的主要职责是：

（一）宣传、执行党的路线方针政策和上级党组织的决议，团结师生员工，发挥党员先锋模范作用保证教学、科研等各项任务的完成。

（二）加强对党员的教育、管理、监督和服务，定期召开组织生活会，开展批评和自我批评；向党员布置做群众工作和其他工作，并检查执行情况。

（三）培养教育入党积极分子，做好发展党员工作。

（四）经常听取党员和群众的意见和建议，了解、分析并反映师生员工的思想状况，维护党员和群众的正当权利和利益，有针对性地做好思想政治工作。

第十三条　大学生党的支部委员会要成为引领大学生刻苦学习、团结进步、健康成长的班级核心。其主要职责是：

（一）宣传、执行党的路线方针政策和上级党组织的决议，推动学生班级进步。

（二）加强对学生党员的教育、管理、监督和服务，定期召开组织生活会，开展批评和自我批评。发挥学生党员的先锋模范作用，影响、带动广大学生明确学习目的，完成学习任务。

（三）组织学生党员参与班（年）级事务管理，努力维护学校的稳定。支持、指导和帮助团支部、班委会及学生社团根据学生特点开展工作，促进学生全面发展。

（四）培养教育学生中的入党积极分子，按照标准和程序发展学生党员，不断扩大学生党员队伍。

（五）积极了解学生的思想状况，经常听取他们的意见和建议，并向有关部门反映。根据青年学生的特点，有针对性地做好思想政治教育工作。

第四章　党的纪律检查工作

第十四条　高等学校设立党的基层纪律检查委员会（以下简称党的纪律检查委员会）。党的纪律检查委员会由党员大会或党员代表大会选举产生。

第十五条　高等学校党的纪律检查委员会设立专门工作机构，配备必要的工作人员。

第十六条　高等学校党的纪律检查委员会在同级党的委员会和上级纪律检查委员会领导下进行工作。其主要职责是：

（一）维护党的章程和其他党内法规，对党员进行遵纪守法教育，作出关于维护党纪的决定。

（二）检查党组织和党员贯彻执行党的路线方针政策和决议的情况，对党员领导干部行使权力进行监督。

（三）协助党的委员会加强党风建设和组织协调反腐败工作，推进廉洁教育和廉政文化建设。

（四）检查、处理党的组织和党员违反党的章程和其他党内法规的案件，按照有关规定决定或取消对这些案件中的党员的处分。

（五）受理党员的控告和申诉，保障党的章程规定的党员权利不受侵犯。

高等学校党的纪律检查委员会要把处理特别重要或复杂的案件中的问题和处理的结果，向同级党的委员会和上级纪律检查委员会报告。

第五章　党员的教育、管理和发展

第十七条　高等学校党组织应当构建多层次、多渠道的党员经常性学习教育体系。对党员进行马克思列宁主义、毛泽东思想教育特别是中国特色社会主义理论体系的教育，党的基本路线、基本纲领和党的基本知识教育，并教育党员努力掌握科学文化知识和专业技能，不断提高政治和业务素质。

第十八条　健全党内生活制度，严格党的组织生活，开展批评和自我批评，建立党员党性定期分析制度，做好民主评议党员工作。深入开展创先争优活动，总结经验，表彰先进。妥善处置不合格党员，严格执行党的纪律。

加强流动党员管理和服务，及时将流动到本校的党员编入党的基层组织，积极配合做好流动到校外党员的教育管理工作。

第十九条　关心党员学习、工作和生活，建立健全党内激励、关怀、帮扶机制，拓宽党员服务群众渠道，建立党员联系和服务群众工作体系。

第二十条　尊重党员主体地位，保障党员民主权利，推进党务公开，营造党内民主讨论环境，积极推进党内民主建设。学校党组织讨论决定重要事项前，应当充分听取党员的意见，党内重要情况要及时向党员通报。

第二十一条　按照坚持标准、保证质量、改善结构、慎重发展的方针和有关规定，加强对入党积极分子的教育、培养和考察，加强在优秀青年教师、优秀学生中发展党员工作。

第二十二条　高等学校党的委员会应当建立党校。党校的主要任务是培训党员、干部和入党积极分子。

第六章　干部和人才工作

第二十三条　高等学校党的委员会要坚持党管干部的原则，对学校党政干部实行统一管理。坚持民主、公开、竞争、择优，按照干部队伍革命化、年轻化、知识化、专业化的方针，坚持德才兼备、以德为先的用人标准，坚持注重实绩、群众公认的原则选拔任用干部，提高选人用人公信度。

中层行政干部的任免，由党委组织部门负责考察，听取学校行政领导的意见后，经校党委（常委）集体讨论决定，按规定程序办理。设立常务委员会的学校，可以实行常务委员会票决制。

第二十四条　高等学校院（系）级单位党组织同本单位行政领导一起，做好本单位干部的教育、培训、选拔、考核和监督工作，以及学生政治辅导员、班主任的配备、管理工作。

对院（系）级单位行政领导班子的配备和领导干部的选拔，本单位党组织可以向学校党的委员会提出建议，并协助校党委组织部门进行考察。

第二十五条　高等学校党的委员会协助上级干部主管部门做好校级后备干部工作。建立健全后备干部选拔、培养制度。重视女干部、少数民族干部和党外干部的培养选拔。

第二十六条 高等学校党的委员会要坚持党管人才的原则,贯彻人才强国战略,通过制定政策,健全激励机制,大力营造激发创造力的工作环境,形成人才辈出、人尽其才的良好局面。

加强教育引导,不断提高各类人才的思想政治素质和业务素质。

第七章 思想政治工作

第二十七条 高等学校党的委员会统一领导学校思想政治工作。同时,要发挥行政系统和工会、共青团、学生会等群众组织以及广大教职工的作用,共同做好思想政治工作,牢牢把握党对学校意识形态工作的主导权。

第二十八条 高等学校党组织要对师生员工进行马克思列宁主义、毛泽东思想教育特别是中国特色社会主义理论体系的教育,党的基本路线教育,爱国主义、集体主义和社会主义思想教育,中国近现代史、中共党史和国情教育,社会主义民主和法制教育,形势政策教育、中华民族优秀文化传统教育和民族团结教育。认真做好中国特色社会主义理论体系进教材、进课堂、进头脑工作。加强和改进思想政治教育工作,把社会主义核心价值体系教育融入大学生思想政治教育工作和师德师风建设的全过程,帮助广大师生员工树立正确的世界观、人生观和价值观,坚定走中国特色社会主义道路的信念。

第二十九条 高等学校要坚持育人为本、德育为先,把立德树人作为根本任务,充分发挥课堂教学的主渠道作用,努力拓展新形势下大学生思想政治教育的有效途径,形成全员育人、全过程育人、全方位育人的良好氛围和工作机制。

第三十条 思想政治工作要理论联系实际,紧紧围绕学校的改革发展稳定,密切结合教学、科研、管理、服务等各项工作,定期分析师生员工的思想动态,坚持解决思想问题与解决实际问题相结合,注重人文关怀和心理疏导，分别不同层次，采取多种方式，增强思想政治工作的针对性、时效性。

第三十一条 高等学校应当将党务工作和思想政治工作以及辅导员队伍建设纳入学校人才队伍建设总体规划，建立一支以专职人员为骨干、专兼职干部相结合的党务工作和思想政治工作队伍。专职党务工作人员和思想政治工作人员的配备一般占全校师生员工总数的1%左右；规模较小的学校，可视情况适当增加比例。完善政策措施和激励机制，切实关心、爱护党务工作者和思想政治工作者，为他们成长成才创造条件。

完善保障机制，为学校党的建设和思想政治工作提供经费和物质支持。

第八章　党组织对群众组织的领导

第三十二条 高等学校党的委员会要研究工会、共青团、学生会、学生社团等群众组织工作中的重大问题，支持他们依照国家法律和各自的章程独立自主地开展工作。

第三十三条 高等学校党的委员会领导教职工代表大会，支持教职工代表大会正确行使职权，在参与学校的民主管理和民主监督、维护教职工的合法权益等方面发挥积极作用。

第九章　附　　则

第三十四条 本条例适用于国家举办的普通高等学校。省、自治区、直辖市党委可以根据本条例精神，结合实际情况制定实施办法。军队系统院校党组织的工作，由中国人民解放军总政治部参照本条例作出规定。

第三十五条 本条例由中共中央组织部负责解释。

第三十六条 本条例自发布之日起施行。此前有关高等学校基层党组织的规定，凡与本条例不一致的，按本条例执行。

■规章及规范性文件

全面推进依法治校实施纲要

教政法〔2012〕9号

（教育部 2012 年 11 月 22 日发布）

为贯彻落实党的十八大精神，进一步推动《国家中长期教育改革和发展规划纲要（2010—2020 年）》实施，在各级各类学校深入贯彻科学发展观，全面落实依法治国要求，大力推进依法治校，建设现代学校制度，制定本实施纲要。

一、全面推进依法治校的重要性与紧迫性

1. 深刻认识全面推进依法治校的重要性。当前，随着社会主义民主法治和政治文明建设的推进，教育改革的不断深化，各级各类学校的发展环境、发展理念、发展方式正在发生深刻变化，迫切需要全面推进依法治校、加快建设现代学校制度。推进依法治校，是学校适应加快建设社会主义法治国家要求，发挥法治在学校管理中的重要作用，提高学校治理法治化、科学化水平的客观需要；是深化教育体制改革，推进政校分开、管办分离，构建政府、学校、社会之间新型关系，建设现代学校制度的内在要求；是适应教育发展新形势，提高管理水平与效益，维护

— 65 —

学校、教师、学生各方合法权益，全面提高人才培养质量，实现教育现代化的重要保障。

2. 深刻认识全面推进依法治校的紧迫性。《教育部关于大力加强依法治校工作的通知》（教政法〔2003〕3号）发布以来，各地和学校普遍重视学校章程和制度建设，加强校长和教师法制培训，积极创建依法治校示范学校，探索了不少成功的经验，依法办学和依法管理的意识和能力明显提高。但是，与教育改革发展的新形势、新任务相比，与全面推进依法治国的新要求相比，依法治校还存在较大差距，主要体现在：工作进展不平衡，一些地方和学校对推进依法治校认识还不到位，制度不健全；一些人民群众反映强烈的违法办学、违规招生、违规收费等问题在个别地区和学校还不时发生；学校管理者和教师运用法律手段保护自身权益、依法对学生实施教育与管理的能力、意识还亟待提高，权利救济机制还不健全；政府教育管理职能转变还未完全到位，部分教育行政管理人员依法行政意识和能力还不强。这些问题的存在，在一定程度上影响了国家教育方针的贯彻落实，影响到教育科学发展与深化改革的进程。解决以上问题，必须进一步深化教育改革，加快转变政府职能，全面加快推进依法治校。

二、全面推进依法治校的指导思想和总体要求

3. 全面推进依法治校的指导思想。全面推进依法治校，必须以中国特色社会主义理论为指导，坚持社会主义办学方向，弘扬和践行社会主义核心价值体系，将坚持和改善学校党的领导与学校的依法治理紧密结合起来；必须全面贯彻国家教育方针，把立德树人，培养德智体美全面发展的社会主义建设者和接班人作为学校教育的根本任务，全面提高校长、教职工和学生的法律素质，加强公民意识教育，培养社会主义合格公民；必须坚持以人为本，依法办学，积极落实教师、学生的主体地位，依法保障师生的合法权利；必须切实转变管理理念与方式，提高管理效率和效益，为全面推进依法治国和全面实现教育现代化打下坚实的基础。

4. 全面推进依法治校的总体要求。学校要牢固树立依法办事、尊重章程、法律规则面前人人平等的理念，建立公正合法、系统完善的制度与程序，保证学校的办学宗旨、教育活动与制度规范符合民主法治、自由平等、公平正义的社会主义法治理念要求；要以建设现代学校制度为目标，落实和规范学校办学自主权，形成政府依法管理学校，学校依法办学、自主管理，教师依法执教，社会依法支持和参与学校管理的格局；要以提高学校章程及制度建设质量、规范和制约管理权力运行、推动基层民主建设、健全权利保障和救济机制为着力点，增强运用法治思维和法律手段解决学校改革发展中突出矛盾和问题的能力，全面提高学校依法管理的能力和水平；要切实落实师生主体地位，大力提高自律意识、服务意识，依法落实和保障师生的知情权、参与权、表达权和监督权，积极建设民主校园、和谐校园、平安校园。

三、加强章程建设，健全学校依法办学自主管理的制度体系

5. 依法制定具有自身特色的学校章程。学校起草制定章程要遵循法制统一、坚持社会主义办学方向的基本原则，以促进改革、增强学校自主权为导向，着力规范内部治理结构和权力运行规则，充分反映广大教职员工、学生的意愿，凝练共同的理念与价值认同，体现学校的办学特色和发展目标，突出科学性和可操作性。高等学校要依据《高等学校章程制定暂行办法》制定或者修改章程，由教育部或者省级教育行政部门核准；普通中小学、幼儿园、中等职业学校章程，由主管教育行政部门核准。到2015年，全面形成一校一章程的格局。经过核准的章程，应当成为学校改革发展、实现依法治校的基本依据。

6. 提高制度建设质量。学校制定章程或者关系师生权益的重要规章制度，要遵循民主、公开的程序，广泛征求校内外利益相关方的意见。重大问题要采取听证方式听取意见，并以适当方式反馈意见采纳情况，保证师生的意见得到充分表达，合理诉求和合法利益得到充分体现。要依据法律和章程的原则与要求，制定并完善教学、科研、学生、人事、资产与财务、后勤、安全、对外合作等方面的管理制度，建立健全各种办事程序、内部机构组织规则、议事规则等，形成健全、规范、统一的制度体系。章程及学校的其他规章制度要遵循法律保留原则，符合理性与常识，不得超越法定权限和教育需要设定义务。学校章程和规章制度，应当加以汇编并公布，便于师生了解、查阅。有网络条件的，应当在学校网页上予以公开。涉及师生利益的管理制度实施前要经过适当的公示程序和期限，未经公示的，不得施行。

7. 建立规范性文件审查与清理机制。学校要设立或者指定专门机构，按照法制统一的原则，对校内规章制度进行审查。对与上位法或者国家有关规定相抵触，不符合学校章程和改革发展要求，或者相互之间不协调的内部规范性文件和管理制度，要及时修改或者废止，保证学校的规章制度体系层次合理、简洁明确、协调一致。要建立规范性文件和管理制度定期清理制度，清理结果要向师生公布。新的教育法律法规、规章或者重要文件发布后，要及时对照修订校内相应的规章制度。

四、健全科学决策、民主管理机制，完善学校治理结构

8. 依法健全科学民主决策机制。要依法明确、合理界定学校内部不同事务的决策权，健全决策机构的职权和议事规则，完善校内重大事项集体决策规则，大力推进学校决策的科学化、民主化、法治化。要进一步加强和改善党对学校的领导，按照《中国共产党高等学校基层组织工作条例》，在公办高等学校完善党委领导下的校长负责制；在中小学、民办学校充分发挥基层党组织的政治核心作用。依法明确高等学校党委会、校长办公会的职权范围和决策规则，发挥学术委员会、学校理事会（董事会）等组织在决策中的作用；中小学要健全校长负责制，建立有教师、学生及家长代表参加的校务委员会，完善民主决策程序；职业学校要建立有行业企业人员参加的学校理事会或董事会，形成校企合作决策机制；民办学校和中外合作办学机构要健全学校董事会或者理事会的议事规则，依法按期开会履行法定职责。健全决策程序。有关学校发展规划、基本建设、重大合作项目、重要资产处置以及重大教育教学改革等决策事项，应当按照有关规定，进行合法性论证，开展合理性、可行性和可控性评估，建立完善职能部门论证、邀请专家咨询、听取教师意见、专业机构或者主管部门测评相结合的风险评估机制。要以教学、科研为中心，积极探索符合学校特点的管理体制，克服实际存在的行政化倾向，实现行政权力与学术权力的相对分离，保障学术权力按照学术规律相对独立行使。

9. 完善决策执行与监督机制。要在学校内形成决策权、执行权与监督权既相互制约又相互协调的内部治理结构，保证管理与决策执行的规范、廉洁、高效。按照精简、高效的原则和为教师、学生提供便利服务的要求，自主设置职能部门，明确职能部门的职责、权限与分工，健全重要部门、岗位的权力监督与制约机制，完善预防职务犯罪和商业贿赂的制度措施。除依法应当保密或者涉及学校特定利益需要保密的事项外，决策事项、依据和结果要在校内公开，允许师生查阅。在重大决策执行过程中，学校要跟踪决策的实施情况，通过多种途径了解教职员工及有关方面对决策实施的意见和建议，全面评估决策执行效果，并根据评估结果决定是否对决策予以调整或者停止执行。公办学校因违反决策规定、出现重大决策失误、造成重大损失的，要按照谁决策、谁负责的原则追究责任。

10. 完善民主管理和监督机制。要落实《学校教职工代表大会规定》，充分发挥教职工代表大会作为教职工参与学校民主管理和监督主渠道的作用。学校专业技术职务评聘办法、收入分配方案等与教职工切身利益相关的制度、事务，要经教职工代表大会审议通过；涉及学校发展的重大事项要提交教职工代表大会讨论。要扩大教职工对学校领导和管理部门的评议权、考核权。要积极拓展学生参与学校民主管理的渠道，进一步改革完善高等、中等学校的学生代表大会制度，推进学生自主管理。制定涉及学生利益的管理规定，要充分征求学生及其家长意见。要扩大有序参与，加强议事协商，充分发挥教职工代表大会、共青团、学生会等群众组织在民主决策机制中的作用，积极探索师生代表参与学校决策机构的机制。

11. 建立中小学家长委员会制度。中小学、幼儿园应当逐步建立健全家长委员会制度。家长委员会承担支持教育教学工作、参与和监督学校管理、促进学校与家庭沟通、合作等职责，其成员应当由全体家长民主选举产生。学校应当提供必要条件，保障家长委员会对学校、教师的教育教学、管理活动实施监督，提出意见、建议；应当定期与家长委员会成员进行沟通，听取意见。学校实施直接涉及学生个体利益的活动，一般应由学校或者教师提出建议和选择方案，并做出相应说明，提交家长委员会讨论，由家长自主选择、做出决定。要积极探索完善家长委员会的组织形式和运行规则，不断扩大家长对学校办学活动和管理行为的知情权、参与权和监督权。

12. 依法健全社会参与机制。要积极探索扩大社会参与学校办学与管理的渠道与方式。中小学要加强与所在社区的合作，积极开展社区服务，创造条件开放教育资源和公共设施，参与社区建设，完善与社区、有关企事业组织合作共建的体制、机制。健全兼职法制副校长的聘任办法和任职要求，探索借助社会资源和力量，加强学校安全管理、开展法制和其他有针对性的教育教学活动，改善学校周边环境。职业学校、高等学校要积极扩大社会合作，在决策咨询、教学科研、安全管理、学生实习实践等方面更多引入社会资源，健全制度，扩大社会参与的广度与深度。

五、依法办学，落实师生主体地位，形成自由平等公正法治的育人环境

13. 依法组织和实施办学活动。学校办学活动应当以育人为本，全面贯彻党和国家教育方针，切实依法规范办学行为，全面执行国家课程方案和课程标准，注重教育教学效果，形成良好的校风、教风和学风。要严格依法依规招生，建立内部制衡机制和社会监督机制，保证招生制度、选拔机制的公平、公正，招生活动的规范、透明。学校不得违背法律原则和国家有关规定，擅自设立有区别的招生条件或规则。要健全教育教学管理制度，在专业设置、课程安排、教材选择等环节建立评估机制，建立教学质量的评估和反馈机制。要依据有关规定，完善管理制度，对学校内设机构开展或者参与经营性培训活动进行规范，保证不影响学校正常的教育教学活动。要落实教师职业道德规范，明确教师行为规则，坚决杜绝教师违反法定义务和国家规定，利用自身特定职权谋取不当利益的行为。

14. 依法建设平等校园环境。大力弘扬平等意识，在体制和制度上落实和体现师生平等、性别平等、民族平等、管理者与师生平等的理念。全面落实面向每个学生、平等对待每个学生的原则，消除以不当形式对学生进行分类、区别对待以及带有歧视的制度、言行。要切实保障残疾人的平等受教育权利，不得以非法理由拒绝招收残疾学生。要为残疾学生平等、无障碍地参与学校生活提供必要条件和合理便利。

15. 尊重和保护学生权利。要完善制度规则，健全监督机制，保证学生在使用教育教学设施、资源，获得学业和品行评价，获得奖学金及其他奖励、资助等方面受到平等、公正对待。学生管理制度应当以学生为中心，体现公平公正和育人为本的价值理念，尊重和保护学生的人格尊严、基本权利。对学生进行处分，应当做到事实清楚、定性准确、依据充分、程序正当，重教育效果，做到公平公正。作出不利处分前，应当给予学生陈述与申辩的机会，对未成年学生应当听取其法定监护人的意见。对违反学校纪律的学生，要明确处分的期限与后果，积极教育挽救。要保障学生的人身权、财产权和受教育权不受非法侵害，杜绝体罚或者变相体罚、限制人身自由、侵犯人格尊严、违法违规收费，以及由于学校过错而造成的学生伤害等侵权行为，以及教师、学校工作人员对学生实施的违法犯罪行为。

16. 尊重和保障教师权利。学校要依据《教师法》和相关法律法规的规定，进一步建立和完善教师聘任和管理制度，制定权利义务均衡、目标任务明确，具有可执行性的聘任合同，明确学校与教师的权利与义务，依法聘任教师，认真履行合同。要依法在教师聘用、职务评聘、继续教育、奖惩考核等方面建立完善的制度规范，保障教师享有各项合法权益和待遇。要充分尊重教师在教学、科研方面的专业权力，学术组织中教师代表的比例不低于1/2。要落实教师职业道德规范，强化师德建设，明确教师考核、监督与奖惩的规则与程序。

17. 建立健全学术自由的保障与监督机制。要依法建立健全保障师生的研究自由、学习自由和学术自由的体制、机制。健全学术评价制度，保障各种学术评价机构独立开展活动，建立公平、公正的学术评价标准和程序。要建立灵活的教学管理制度，鼓励、保护学生自主、自由的学习，形成有利于创造性人才成长的制度环境。要明确教师课堂教学的行为规则和基本要求，保障教师根据课程的有关要求，科学安排教学内容和方法，充分、正当地行使教学的专业自主权，提高课堂教学的质量与效果。要建立完善对违反学术规范、学术道德行为的认定程序和办法，维护良好的学术氛围。

18. 大力推进信息公开和办事公开。学校配置资源以及实施干部选拔任用、专业技术职务评聘、岗位聘任、学术评价和各种评优、选拔活动，要按照公开公正的原则，制定具体的实施规则，实现过程和结果的公开透明，接受利益相关方的监督。要按照《高等学校信息公开办法》以及中小学信息公开的规定，建立健全信息公开的机构、制度，落实公开的具体措施，保证教职工、学生、社会公众对学校重大事项、重要制度的知情权，重点公开经费使用、培养目标与课程设置、教育教学质量、招生就业、基本建设招投标、收费等社会关注的信息。要创新公开方式、丰富公开内容，建立有效的信息沟通渠道，使学生、家长以及教师对学校的意见、建议能够及时反映给学校领导、管理部门，并得到相应的反馈。学校面向师生提供管理或者服务的职能部门，要全面推进办事公开制度，公开办事依据、条件、要求、过程和结果，充分告知办事项目有关信息，并公开岗位职责、工作规范、监督渠道等内容，提供优质、高效、便利的服务。

六、健全学校权利救济和纠纷解决机制，有效化解矛盾纠纷

19. 依法健全校内纠纷解决机制。要把法治作为解决校内矛盾和冲突的基本方式，建立并综合运用信访、调解、申诉、仲裁等各种争议解决机制，依法妥善、便捷地处理学校内部各种利益纠纷。要特别注重和发挥基层调解组织、教职工代表大会、学生团体和法制工作机构在处理纠纷中的作用，建立公平公正的处理程序，将因人事处分、学术评价、教职工待遇、学籍管理等行为引发的纠纷，纳入不同的解决渠道，提高解决纠纷的效率和效果。要尊崇法律、尊重司法。对难于在校内完全解决的纠纷，应当按照法定程序，提交有关行政机关、仲裁机构、社会调解组织或者司法机关依法解决。对师生与学校发生的法律争议，学校应当积极应诉，认真落实法律文书要求学校履行的义务。

20. 完善教师学生权利救济制度。学校要设立教师申诉或者调解委员会，就教师因职责权利、职务评聘、年度考核、待遇及奖惩等，与学校及有关职能部门之间发生的纠纷，或者对学校管理制度、规范性文件提出的意见，及时进行调处，做出申诉结论或者调解意见。教师申诉或者调解委员会应当有广泛的代表性和权威性，成员应当经教职工代表大会认可。完善学生申诉机制。学校应当建立相对独立的学生申诉处理机构，其人员组成、受理及处理规则，应当符合正当程序原则的要求，并允许学生聘请代理人参加申诉。学校处理教师、学生申诉或纠纷，应当建立并积极运用听证方式，保证处理程序的公开、公正。

21. 健全安全管理及突发事件的应急处理机制。各级各类学校、幼儿园要根据学生的身心特点和认知能力，完善校园安全管理制度，落实对学生教育与管理的法定职责，健全学校安全事故、突发事件应急处理机制，切实保障学生、教师的人身权和财产权，维护学校秩序的稳定。要积极借助政府部门、社会力量、专业组织，构建学校安全风险管理体系，形成以校方责任险为核心的校园保险体制，建立学校安全风险管理制度、学生伤害事故调解制度，健全安全风险的事前预防、事后转移机制，建设平安、和谐校园。

七、深入开展法制宣传教育，形成浓厚的学校法治文化氛围

22. 切实加强对学校领导干部、职能部门工作人员依法治校意识与能力的培养。学校管理者要带头增强学法尊法守法用法意识，牢固树立依法办学、依据章程自主管理、公平正义、服务大局、尊重师生合法权益的理念，自觉养成依法办事的习惯，切实提高运用法治思维和法治方式深化改革、推动发展、化解矛盾、维护稳定的能力，准确把握权利与义务、民主与法治、实体与程序、教育与惩戒的平衡，实现目的与手段的有机统一。学校领导任职前，主管教育行政部门应当以适当方式考察其掌握相关法律知识和依法治校理念的情况。学校要高度重视内部职能部门管理理念和方式的转变，切实提高职能部门工作人员依法、依章程办事，为师生服务的意识。

23. 全面提高教师依法执教的意识与能力。要认真组织教师的法制宣传教育，在教师的入职培训、岗位培训中，明确法制教育的内容与学时，建立健全考核制度，重要的和新出台的教育法律、法规要实现教师全员培训。要围绕全面推进依法治校的要求，组织教师深入学习有关落实国家教育方针、规范办学行为、维护教师合法权益、保障教职工民主管理权的法律规定，明确教师的权利、义务与职责，切实提高广大教职员工依法实施教育教学活动、参与学校管理的能力。对专门从事法制教育教学的教师，要组织参加专门培训，提高其对法治理念、法律意识的理解与掌握程度。

24. 加强和改善学生法制教育。认真落实教育系统普法规划的要求，开展好"法律进课堂"活动。中小学要将学生法治意识、法律素养，作为素质教育的重要内容，在学生综合素质评价中予以体现。要深入开展学生法制教育的理论与实践研究，不断丰富法制教育的形式与内容，使学生通过课堂教学、主题活动、社会实践等多种方式，掌握法律知识，培养法治理念。要把法治文化作为校园文化建设的重要组成部分，将平等自由意识、权利义务观念、规则意识、契约精神等理念，渗透到学生行为规则、日常教学要求当中，凝练到学校校训或者办学传统、教育理念当中，营造体现法治精神的校园文化氛围。要适当加大对《儿童权利公约》、《残疾人权利公约》等我国签署加入的重要国际公约的宣传教育，培养学生建立对多元文化、少数人群和弱势人群权利的尊重与平等意识。

八、加强组织与考核，切实提高依法治校的能力与水平

25. 完善依法治校工作机制。学校要将依法治校纳入整体工作规划，明确学校领导班子、各级职能部门、工作岗位的职责，建立健全工作要求与目标考核机制。要将依法治校情况作为年度工作的专门内容，向教职工代表大会进行报告，并同时报送主管教育行政部门。高等学校应当设立或者指定专门机构、中小学应当指定专人负责学校法律事务、综合推进依法治校，有条件的学校，可以聘请专业机构或者人员作为法律顾问，协助学校处理法律事务。学校的法制工作机构或人员在学校的决策、管理过程中要发挥参谋和助手作用，对学校出台的有关管理措施、对外签订的合同、实施改革方案等，要进行合法性评估、论证。

26. 健全依法治校考核评价机制。教育行政部门要把依法治校情况，作为对学校进行综合评估重要方面，在对学校办学和管理评估考核中，更加突出依法治校综合考核的作用，减少对学校具体办学与管理活动的干扰。要完善校长选任和考核制度，把依法治校的情况，作为考核学校领导班子的重要指标，创新考核评价机制，采取多种途径听取师生和社会公众的意见。各级教育行政部门都要建立由法制工作机构或者其他综合部门牵头负责的推进依法治校工作机制，加强对学校依法治校工作的指导，健全学校领导依法治校能力培训和考核制度，采取有效措施，推动和鼓励学校积极实践、不断创新推进依法治校的制度、机制。

九、转变政府职能，加强对学校依法治校的保障

27. 切实转变对学校的行政管理方式。各级教育行政部门要大力推动依法治校工作，严格依法行政，按照法律规定的职责、权限与程序对学校进行管理，规范行政权力的行使。要切实转变管理学校的方式、手段，从具体的行政管理转向依法监管、提供服务；切实落实和尊重学校办学自主权，减少过多、过细的直接管理活动。要主动协调其他有关部门为学校解决法律问题，保障学校的办学自主权和合法权益，积极开展校园及周边环境的治理工作，依法维护校园安全，为学校改革发展创造良好外部环境。

28. 依法建立健全对学校的监督和指导机制。教育行政部门要积极探索建立教育行政执法体制机制，健全行政执法责任制，提高行政执法能力，实现依法对学校办学与管理行为的监督和管理。要遵循法定职权与程序，积极运用行政指导、行政处罚、行政强制等手段，依法纠正学校的违法、违规行为，保障法律和国家政策有效实施。对公办学校实施违反国家法律和政策规定的行为，要依法健全对学校及其负责人的问责机制。要建立对学校办学与管理活动中违法行为的投诉、举报机制，引入社会监督和利益相关人的监督，进一步健全教师、学生的行政申诉制度，畅通师生权利的救济渠道，改革完善行政监管机制。要建立学校规章和重要制度的备案制度，及时纠正学校有悖法律规定和法治原则的规定。

29. 深入开展依法治校示范学校创建活动。推进依法治校要立足学校需求，结合实际、分类指导、示范引领。不同层次、不同类型的学校要根据本纲要，结合自身特点和需要，制定本校依法治校的具体办法。地方各级教育行政部门要及时总结在依法治校实践中形成的典型经验与成功做法，完善对不同层次、类型学校依法治校的具体要求，分类实施指导。要进一步完善依法治校示范校的评价标准，将依法治校示范学校创建活动制度化、规范化，在国家和地方层面，开展依法治校示范学校创建活动，积极推广典型经验，推动各级各类学校依法治校水平的整体提高。

学校教职工代表大会规定

（教育部令第 32 号　2011 年 12 月 8 日发布）

第一章　总　　则

第一条　为依法保障教职工参与学校民主管理和监督，完善现代学校制度，促进学校依法治校，依据教育法、教师法、工会法等法律，制定本规定。

第二条　本规定适用于中国境内公办的幼儿园和各级各类学校（以下统称学校）。

民办学校、中外合作办学机构参照本规定执行。

第三条　学校教职工代表大会（以下简称教职工代表大会）是教职工依法参与学校民主管理和监督的基本形式。

学校应当建立和完善教职工代表大会制度。

第四条　教职工代表大会应当高举中国特色社会主义伟大旗帜，以马克思列宁主义、毛泽东思想、邓小平理论和"三个代表"重要思想为指导，深入贯彻落实科学发展观，全面贯彻执行党的基本路线和教育方针，认真参与学校民主管理和监督。

第五条　教职工代表大会和教职工代表大会代表应当遵守国家法律法规，遵守学校规章制度，正确处理国家、学校、集体和教职工的利益关系。

第六条　教职工代表大会在中国共产党学校基层组织的领导下开展工作。教职工代表大会的组织原则是民主集中制。

第二章 职 权

第七条 教职工代表大会的职权是：

（一）听取学校章程草案的制定和修订情况报告，提出修改意见和建议；

（二）听取学校发展规划、教职工队伍建设、教育教学改革、校园建设以及其他重大改革和重大问题解决方案的报告，提出意见和建议；

（三）听取学校年度工作、财务工作、工会工作报告以及其他专项工作报告，提出意见和建议；

（四）讨论通过学校提出的与教职工利益直接相关的福利、校内分配实施方案以及相应的教职工聘任、考核、奖惩办法；

（五）审议学校上一届（次）教职工代表大会提案的办理情况报告；

（六）按照有关工作规定和安排评议学校领导干部；

（七）通过多种方式对学校工作提出意见和建议，监督学校章程、规章制度和决策的落实，提出整改意见和建议；

（八）讨论法律法规规章规定的以及学校与学校工会商定的其他事项。

教职工代表大会的意见和建议，以会议决议的方式做出。

第八条 学校应当建立健全沟通机制，全面听取教职工代表大会提出的意见和建议，并合理吸收采纳；不能吸收采纳的，应当做出说明。

第三章 教职工代表大会代表

第九条 凡与学校签订聘任聘用合同、具有聘任聘用关系的教职工，均可当选为教职工代表大会代表。

教职工代表大会代表占全体教职工的比例，由地方省级教育等部门确定；地方省级教育等部门没有确定的，由学校自主确定。

第十条 教职工代表大会代表以学院、系（所、年级）、室（组）等为单位，由教职工直接选举产生。

教职工代表大会代表可以按照选举单位组成代表团（组），并推选出团（组）长。

第十一条 教职工代表大会代表以教师为主体，教师代表不得低于代表总数的60%，并应当根据学校实际，保证一定比例的青年教师和女教师代表。民族地区的学校和民族学校，少数民族代表应当占有一定比例。

教职工代表大会代表接受选举单位教职工的监督。

第十二条 教职工代表大会代表实行任期制，任期3年或5年，可以连选连任。

选举、更换和撤换教职工代表大会代表的程序，由学校根据相关规定，并结合本校实际予以明确规定。

第十三条 教职工代表大会代表享有以下权利：

（一）在教职工代表大会上享有选举权、被选举权和表决权；

（二）在教职工代表大会上充分发表意见和建议；

（三）提出提案并对提案办理情况进行询问和监督；

（四）就学校工作向学校领导和学校有关机构反映教职工的意见和要求；

（五）因履行职责受到压制、阻挠或者打击报复时，向有关部门提出申诉和控告。

第十四条 教职工代表大会代表应当履行以下义务：

（一）努力学习并认真执行党的路线方针政策、国家的法律法规、党和国家关于教育改革发展的方针政策，不断提高思想政治素质和参与民主管理的能力；

（二）积极参加教职工代表大会的活动，认真宣传、贯彻教职工代表大会决议，完成教职工代表大会交给的任务；

（三）办事公正，为人正派，密切联系教职工群众，如实反映群众的意见和要求；

（四）及时向本部门教职工通报参加教职工代表大会活动和履行职责的情况，接受评议监督；

（五）自觉遵守学校的规章制度和职业道德，提高业务水平，做好本职工作。

第四章　　组织规则

第十五条　有教职工 80 人以上的学校，应当建立教职工代表大会制度；不足 80 人的学校，建立由全体教职工直接参加的教职工大会制度。

学校根据实际情况，可在其内部单位建立教职工代表大会制度或者教职工大会制度，在该范围内行使相应的职权。

教职工大会制度的性质、领导关系、组织制度、运行规则等，与教职工代表大会制度相同。

第十六条　学校应当遵守教职工代表大会的组织规则，定期召开教职工代表大会，支持教职工代表大会的活动。

第十七条　教职工代表大会每学年至少召开一次。

遇有重大事项，经学校、学校工会或 1/3 以上教职工代表大会代表提议，可以临时召开教职工代表大会。

第十八条　教职工代表大会每 3 年或 5 年为一届。期满应当进行换届选举。

第十九条　教职工代表大会须有 2/3 以上教职工代表大会代表出席。

教职工代表大会根据需要可以邀请离退休教职工等非教职工代表大会代表，作为特邀或列席代表参加会议。特邀或列席代表在教职工代表大会上不具有选举权、被选举权和表决权。

第二十条　教职工代表大会的议题，应当根据学校的中心工作、教职工的普遍要求，由学校工会提交学校研究确定，并提请教职工代表大会表决通过。

第二十一条 教职工代表大会的选举和表决，须经教职工代表大会代表总数半数以上通过方为有效。

第二十二条 教职工代表大会在教职工代表大会代表中推选人员，组成主席团主持会议。

主席团应当由学校各方面人员组成，其中包括学校、学校工会主要领导，教师代表应占多数。

第二十三条 教职工代表大会可根据实际情况和需要设立若干专门委员会（工作小组），完成教职工代表大会交办的有关任务。专门委员会（工作小组）对教职工代表大会负责。

第二十四条 教职工代表大会根据实际情况和需要，可以在教职工代表大会代表中选举产生执行委员会。执行委员会中，教师代表应占多数。

教职工代表大会闭会期间，遇有急需解决的重要问题，可由执行委员会联系有关专门委员会（工作小组）与学校有关机构协商处理。其结果向下一次教职工代表大会报告。

第五章 工作机构

第二十五条 学校工会为教职工代表大会的工作机构。

第二十六条 学校工会承担以下与教职工代表大会相关的工作职责：

（一）做好教职工代表大会的筹备工作和会务工作，组织选举教职工代表大会代表，征集和整理提案，提出会议议题、方案和主席团建议人选；

（二）教职工代表大会闭会期间，组织传达贯彻教职工代表大会精神，督促检查教职工代表大会决议的落实，组织各代表团（组）及专门委员会（工作小组）的活动，主持召开教职工代表团（组）长、专门委员会（工作小组）负责人联席会议；

（三）组织教职工代表大会代表的培训，接受和处理教职工代表大会代表的建议和申诉；

（四）就学校民主管理工作向学校党组织汇报，与学校沟通；

（五）完成教职工代表大会委托的其他任务。

选举产生执行委员会的学校，其执行委员会根据教职工代表大会的授权，可承担前款有关职责。

第二十七条　学校应当为学校工会承担教职工代表大会工作机构的职责提供必要的工作条件和经费保障。

第六章　附　　则

第二十八条　学校可以在其下属单位建立教职工代表大会制度，在该单位范围内实行民主管理和监督。

第二十九条　省、自治区、直辖市人民政府教育行政部门，可以与本地区有关组织联合制定本行政区域内学校教职工代表大会的相关规定。

有关学校根据本规定和所在地区的相关规定，可以制定相应的教职工代表大会或者教职工大会的实施办法。

第三十条　本规定自 2012 年 1 月 1 日起施行。1985 年 1 月 28 日教育部、原中国教育工会印发的《高等学校教职工代表大会暂行条例》同时废止。

高等学校章程制定暂行办法

（教育部令第 31 号　2011 年 11 月 28 日发布）

第一章　总　　则

第一条　为完善中国特色现代大学制度，指导和规范高等学校章程建设，促进高等学校依法治校、科学发展，依据教育法、高等教育法及其他有关规定，制定本办法。

第二条　国家举办的高等学校章程的起草、审议、修订以及核准、备案等，适用本办法。

第三条　章程是高等学校依法自主办学、实施管理和履行公共职能的基本准则。高等学校应当以章程为依据，制定内部管理制度及规范性文件、实施办学和管理活动、开展社会合作。

高等学校应当公开章程，接受举办者、教育主管部门、其他有关机关以及教师、学生、社会公众依据章程实施的监督、评估。

第四条　高等学校制定章程应当以中国特色社会主义理论体系为指导，以宪法、法律法规为依据，坚持社会主义办学方向，遵循高等教育规律，推进高等学校科学发展；应当促进改革创新，围绕人才培养、科学研究、服务社会、推进文化传承创新的任务，依法完善内部法人治理结构，体现和保护学校改革创新的成功经验与制度成果；应当着重完善学校自主管理、自我约束的体制、机制，反映学校的办学特色。

第五条　高等学校的举办者、主管教育行政部门应当按照政校分开、管办分离的原则，以章程明确界定与学校的关系，明确学校的办学方向与发展原则，落实举办者权利义务，保障学校的办学自主权。

第六条　章程用语应当准确、简洁、规范，条文内容应当明确、具体，具有可操作性。

章程根据内容需要，可以分编、章、节、条、款、项、目。

第二章　章程内容

第七条　章程应当按照高等教育法的规定，载明以下内容：

（一）学校的登记名称、简称、英文译名等，学校办学地点、住所地；

（二）学校的机构性质、发展定位，培养目标、办学方向；

（三）经审批机关核定的办学层次、规模；

（四）学校的主要学科门类，以及设置和调整的原则、程序；

（五）学校实施的全日制与非全日制、学历教育与非学历教育、远程教育、中外合作办学等不同教育形式的性质、目的、要求；

（六）学校的领导体制、法定代表人，组织结构、决策机制、民主管理和监督机制，内设机构的组成、职责、管理体制；

（七）学校经费的来源渠道、财产属性、使用原则和管理制度，接受捐赠的规则与办法；

（八）学校的举办者，举办者对学校进行管理或考核的方式、标准等，学校负责人的产生与任命机制，举办者的投入与保障义务；

（九）章程修改的启动、审议程序，以及章程解释权的归属；

（十）学校的分立、合并及终止事由，校徽、校歌等学校标志物、学校与相关社会组织关系等学校认为必要的事项，以及本办法规定的需要在章程中规定的重大事项。

第八条　章程应当按照高等教育法的规定，健全学校办学自主权的行使与监督机制，明确以下事项的基本规则、决策程序与监督机制：

（一）开展教学活动、科学研究、技术开发和社会服务；

（二）设置和调整学科、专业；

（三）制订招生方案，调节系科招生比例，确定选拔学生的条件、标准、办法和程序；

（四）制订学校规划并组织实施；

（五）设置教学、科研及行政职能部门；

（六）确定内部收入分配原则；

（七）招聘、管理和使用人才；

（八）学校财产和经费的使用与管理；

（九）其他学校可以自主决定的重大事项。

第九条　章程应当依照法律及其他有关规定，健全中国共产党高等学校基层委员会领导下的校长负责制的具体实施规则、实施意见，规范学校党委集体领导的议事规则、决策程序，明确支持校长独立负责地行使职权的制度规范。

章程应当明确校长作为学校法定代表人和主要行政负责人，全面负责教学、科学研究和其他管理工作的职权范围；规范校长办公会议或者校务会议的组成、职责、议事规则等内容。

第十条　章程应当根据学校实际与发展需要，科学设计学校的内部治理结构和组织框架，明确学校与内设机构，以及各管理层级、系统之间的职责权限，管理的程序与规则。

章程根据学校实际，可以按照有利于推进教授治学、民主管理，有利于调动基层组织积极性的原则，设置并规范学院（学部、系）、其他内设机构以及教学、科研基层组织的领导体制、管理制度。

第十一条　章程应当明确规定学校学术委员会、学位评定委员会以及其他学术组织的组成原则、负责人产生机制、运行规则与监督机制，保障学术组织在学校的学科建设、专业设置、学术评价、学术发展、教学科研计划方案制定、教师队伍建设等方面充分发挥咨询、审议、决策作用，维护学术活动的独立性。

章程应当明确学校学术评价和学位授予的基本规则和办法；明确尊

重和保障教师、学生在教学、研究和学习方面依法享有的学术自由、探索自由，营造宽松的学术环境。

第十二条　章程应当明确规定教职工代表大会、学生代表大会的地位作用、职责权限、组成与负责人产生规则，以及议事程序等，维护师生员工通过教职工代表大会、学生代表大会参与学校相关事项的民主决策、实施监督的权利。

对学校根据发展需要自主设置的各类组织机构，如校务委员会、教授委员会、校友会等，章程中应明确其地位、宗旨以及基本的组织与议事规则。

第十三条　章程应当明确学校开展社会服务、获得社会支持、接受社会监督的原则与办法，健全社会支持和监督学校发展的长效机制。

学校根据发展需要和办学特色，自主设置有政府、行业、企事业单位以及其他社会组织代表参加的学校理事会或者董事会的，应当在章程中明确理事会或者董事会的地位作用、组成和议事规则。

第十四条　章程应当围绕提高质量的核心任务，明确学校保障和提高教育教学质量的原则与制度，规定学校对学科、专业、课程以及教学、科研的水平与质量进行评价、考核的基本规则，建立科学、规范的质量保障体系和评价机制。

第十五条　章程应当体现以人为本的办学理念，健全教师、学生权益的救济机制，突出对教师、学生权益、地位的确认与保护，明确其权利义务；明确学校受理教师、学生申诉的机构与程序。

第三章　章程制定程序

第十六条　高等学校应当按照民主、公开的原则，成立专门起草组织开展章程起草工作。

章程起草组织应当由学校党政领导、学术组织负责人、教师代表、学生代表、相关专家，以及学校举办者或者主管部门的代表组成，可以邀请社会相关方面的代表、社会知名人士、退休教职工代表、校友代表等参加。

第十七条 高等学校起草章程，应当深入研究、分析学校的特色与需求，总结实践经验，广泛听取政府有关部门、学校内部组织、师生员工的意见，充分反映学校举办者、管理者、办学者，以及教职员工、学生的要求与意愿，使章程起草成为学校凝聚共识、促进管理、增进和谐的过程。

第十八条 章程起草过程中，应当在校内公开听取意见；涉及到关系学校发展定位、办学方向、培养目标、管理体制，以及与教职工、学生切身利益相关的重大问题，应当采取多种方式，征求意见、充分论证。

第十九条 起草章程，涉及到与举办者权利关系的内容，高等学校应当与举办者、主管教育行政部门及其他相关部门充分沟通、协商。

第二十条 章程草案应提交教职工代表大会讨论。学校章程起草组织负责人，应当就章程起草情况与主要问题，向教职工代表大会做出说明。

第二十一条 章程草案征求意见结束后，起草组织应当将章程草案及其起草说明，以及征求意见的情况、主要问题的不同意见等，提交校长办公会议审议。

第二十二条 章程草案经校长办公会议讨论通过后，由学校党委会讨论审定。

章程草案经讨论审定后，应当形成章程核准稿和说明，由学校法定代表人签发，报核准机关。

第四章 章程核准与监督

第二十三条 地方政府举办的高等学校的章程由省级教育行政部门核准，其中本科以上高等学校的章程核准后，应当报教育部备案；教育部直属高等学校的章程由教育部核准；其他中央部门所属高校的章程，经主管部门同意，报教育部核准。

第二十四条 章程报送核准应当提交以下材料：

（一）核准申请书；

（二）章程核准稿；

（三）对章程制定程序和主要内容的说明。

第二十五条 核准机关应当指定专门机构依照本办法的要求，对章程核准稿的合法性、适当性、规范性以及制定程序，进行初步审查。审查通过的，提交核准机关组织的章程核准委员会评议。

章程核准委员会由核准机关、有关主管部门推荐代表，高校、社会代表以及相关领域的专家组成。

第二十六条 核准机关应当自收到核准申请2个月内完成初步审查。涉及对核准稿条款、文字进行修改的，核准机关应当及时与学校进行沟通，提出修改意见。

有下列情形之一的，核准机关可以提出时限，要求学校修改后，重新申请核准：

（一）违反法律、法规的；

（二）超越高等学校职权的；

（三）章程核准委员会未予通过或者提出重大修改意见的；

（四）违反本办法相关规定的；

（五）核准期间发现学校内部存在重大分歧的；

（六）有其他不宜核准情形的。

第二十七条 经核准机关核准的章程文本为正式文本。高等学校应当以学校名义发布章程的正式文本，并向本校和社会公开。

第二十八条 高等学校应当保持章程的稳定。

高等学校发生分立、合并、终止，或者名称、类别层次、办学宗旨、发展目标、举办与管理体制变化等重大事项的，可以依据章程规定的程序，对章程进行修订。

第二十九条 高等学校章程的修订案，应当依法报原核准机关核准。

章程修订案经核准后，高等学校应当重新发布章程。

第三十条 高等学校应当指定专门机构监督章程的执行情况，依据章程审查学校内部规章制度、规范性文件，受理对违反章程的管理行为、办学活动的举报和投诉。

第三十一条 高等学校的主管教育行政部门对章程中自主确定的不违反法律和国家政策强制性规定的办学形式、管理办法等，应当予以认可；对高等学校履行章程情况应当进行指导、监督；对高等学校不执行章程的情况或者违反章程规定自行实施的管理行为，应当责令限期改正。

第五章　附　　则

第三十二条 新设立的高等学校，由学校举办者或者其委托的筹设机构，依法制定章程，并报审批机关批准；其中新设立的国家举办的高等学校，其章程应当具备本办法规定的内容；民办高等学校和中外合作举办的高等学校，依据相关法律法规制定章程，章程内容可参照本办法的规定。

第三十三条 本办法自 2012 年 1 月 1 日起施行。

关于进一步推进直属高校贯彻落实"三重一大"决策制度的意见

教监〔2011〕7号

(教育部 2011 年 4 月 4 日发布)

部属各高等学校：

为全面贯彻落实《国家中长期教育改革和发展规划纲要（2010-2020年）》，进一步规范直属高校领导班子的决策行为，防范决策风险，推动直属高校科学发展，根据中共中央关于凡属重大决策、重要人事任免、重大项目安排和大额度资金运作（以下简称"三重一大"）事项必须由领导班子集体研究作出决定的要求，现就加强直属高校贯彻落实"三重一大"决策制度提出如下意见。

一、总体要求

（一）高举中国特色社会主义伟大旗帜，坚持以邓小平理论和"三个代表"重要思想为指导，深入贯彻落实科学发展观，根据中共中央关于"三重一大"事项必须由领导班子集体作出决定和《中共中央纪委、教育部、监察部关于加强高等学校反腐倡廉建设的意见》（教监〔2008〕15号）要求，规范集体决策程序，健全民主决策机制，强化监督检查措施，加大责任追究力度。

（二）坚持科学民主决策原则。学校应建立健全议事规则和决策程序，凡"三重一大"事项必须经学校领导班子集体研究决定。要坚持民主集中制原则，防止个人或少数人专断。要充分发扬民主，广泛听取意见，完善群众参与、专家咨询和集体决策相结合的决策机制。要遵守国家法律法规、党内法规和有关政策，保证决策的科学民主。

二、主要范围

（三）重大决策事项，是指事关学校改革发展稳定全局和广大师生员工切身利益，依据有关规定应当由领导班子集体研究决定的重要事项。主要包括学校贯彻执行党和国家的路线方针政策、法律法规和上级重要决定的重大措施；党的建设、党风廉政建设和意识形态等重要工作；学校发展、校园建设、学科与人才队伍建设等规划以及年度工作计划；学校重要规章制度；内部组织机构的设置和重要调整；教职工收入分配及福利待遇、奖励和关系学生权益的重要事项；学校年度财务预算方案、决算情况的审定和预算执行与决算审计；学校重要资产处置、重要办学资源配置；校级以上重大表彰，校园安全稳定和重大突发事件的处理，以及其他重大决策事项。

（四）重要人事任免事项，是指学校中层及以上干部的任免和需要报送上级机关审批的重要人事事项。主要包括学校党政机构和学院（系）、校级科研机构等内部组织机构领导班子成员以及享受相应待遇的非领导职务人员的任免、党政纪处分，学校全资、控股企业校方董事、监事及经理人选的确定，推荐后备干部、党代会代表、人大代表、政协委员等人选，以及其他重要干部人事任免事项。

（五）重大项目安排事项，是指对学校规模条件、办学质量等产生重要影响的项目设立和安排。主要包括国家各类重点建设项目，国内国（境）外科学技术文化交流与合作重要项目，重大合资合作项目，重要设备、大宗物资采购和购买服务，重大基本建设和大额度基建修缮项目，以及其他重大项目安排事项。

（六）大额度资金使用事项，是指超过学校所规定的党政领导人员有权调动、使用的资金限额的资金调动和使用。主要包括学校年度预算内大额度资金调动和使用、未列入学校年度预算的追加预算和大额度支出，重大捐赠，以及其他大额度资金运作事项。

三、基本程序

（七）"三重一大"事项提交集体决策前，应进行深入细致的研究论证，广泛听取并充分吸收各方面的意见。选拔任免重要干部，应按照有关规定，在党委研究决定前书面征求纪检部门的意见。与师生员工利益密切相关的事项，要通过教职工代表大会或其他形式听取广大师生员工意见和建议。对专业性、技术性较强的重要事项，应事先进行专家评估论证，技术、政策法律咨询，提交论证报告或立项报告。

（八）"三重一大"事项应以会议的形式集体研究决策。不得以传阅会签或个别征求意见等方式代替会议决定。会议决定的事项应按照学校议事规则规定提出，议题应经学校党委书记、校长审阅并充分沟通后，方可提交会议研究决策。除紧急情况外，不得临时动议，由个人或少数人临时决定重大事项。紧急情况下由个人或少数人临时决定的，决定人应对决策负责，事后应及时报告并按程序予以追认。

（九）会议决策"三重一大"事项，应符合规定与会人数方能举行。党委讨论决定重要干部任免事项，应有三分之二以上的成员到会，并保证与会成员有足够的时间听取情况介绍、充分发表意见。进行表决，以应到会成员超过半数同意形成决定。学校纪检监察部门负责人应列席党委会、校长办公会（校务会议）等重要会议，其他有关职能部门负责人和党代会代表、教代会代表、学生代表等可按有关规定，根据会议议题内容，列席有关会议。

（十）会议研究决定"三重一大"事项，应坚持一题一议，与会人员要充分讨论，对决策建议应分别表示同意、不同意或缓议的意见，并说明理由。主要负责人应当最后发表结论性意见。会议决策中意见分歧较大或者发现有重大情况尚不清楚的，应暂缓决策，待进一步调研或论证后再作决策。党委决定重要事项，应当进行表决。会议决定的事项、参与人及其意见、表决情况、结论等内容，应当完整、详细记录并存档。

（十一）参与"三重一大"事项决策的个人对集体决策有不同意见，

可以保留或向上级反映，但不得擅自改变或拒绝执行。如遇特殊情况需对决策内容作重大调整，应当重新按规定履行决策程序。

四、保障机制

（十二）建立"三重一大"决策回避制度。如有涉及本人或亲属利害关系，或其他可能影响公正决策的情形，参与决策或列席人员应当回避。

（十三）建立"三重一大"决策公开与查询制度。除涉密事项外，"三重一大"决策事项应按照《高等学校信息公开办法》（教育部令第29号）等有关规定予以公开。

（十四）建立"三重一大"决策报告制度和执行决策的督查制度。学校应将贯彻落实"三重一大"决策制度的情况，按年度向教育部党组报告。学校领导班子成员应当将"三重一大"决策制度的执行情况列为民主生活会和述职述廉的重要内容。

（十五）建立"三重一大"决策考核评估制度。学校贯彻执行"三重一大"决策制度的情况，将作为开展高校巡视工作、党风廉政建设责任制考核以及高校领导班子成员经济责任审计的重要内容，作为考察、考核和任免高校领导干部的重要依据。

（十六）建立"三重一大"决策责任追究制度。高校领导班子成员违反本意见规定，不履行或不正确履行"三重一大"决策制度；不执行或擅自改变集体决定；未经集体讨论而个人决策；未提供全面真实情况而直接造成决策失误；执行决策后发现可能造成失误或损失而不及时采取措施纠正，造成重大经济损失和严重后果的，应依纪依法分别追究班子主要负责人、分管负责人和其他责任人的责任。

（十七）各直属高校应依据本意见制订具体的实施办法，并报教育部。

高等学校信息公开办法

（教育部令第 29 号 2010 年 4 月 6 日发布）

第一章 总 则

第一条 为了保障公民、法人和其他组织依法获取高等学校信息，促进高等学校依法治校，根据高等教育法和政府信息公开条例的有关规定，制定本办法。

第二条 高等学校在开展办学活动和提供社会公共服务过程中产生、制作、获取的以一定形式记录、保存的信息，应当按照有关法律法规和本办法的规定公开。

第三条 国务院教育行政部门负责指导、监督全国高等学校信息公开工作。

省级教育行政部门负责统筹推进、协调、监督本行政区域内高等学校信息公开工作。

第四条 高等学校应当遵循公正、公平、便民的原则，建立信息公开工作机制和各项工作制度。

高等学校公开信息，不得危及国家安全、公共安全、经济安全、社会稳定和学校安全稳定。

第五条 高等学校应当建立健全信息发布保密审查机制，明确审查的程序和责任。高等学校公开信息前，应当依照法律法规和国家其他有关规定对拟公开的信息进行保密审查。

有关信息依照国家有关规定或者根据实际情况需要审批的，高等学校应当按照规定程序履行审批手续，未经批准不得公开。

第六条　高等学校发现不利于校园和社会稳定的虚假信息或者不完整信息的，应当在其职责范围内及时发布准确信息予以澄清。

第二章　公开的内容

第七条　高等学校应当主动公开以下信息：

（一）学校名称、办学地点、办学性质、办学宗旨、办学层次、办学规模，内部管理体制、机构设置、学校领导等基本情况；

（二）学校章程以及学校制定的各项规章制度；

（三）学校发展规划和年度工作计划；

（四）各层次、类型学历教育招生、考试与录取规定，学籍管理、学位评定办法，学生申诉途径与处理程序；毕业生就业指导与服务情况等；

（五）学科与专业设置，重点学科建设情况，课程与教学计划，实验室、仪器设备配置与图书藏量，教学与科研成果评选，国家组织的教学评估结果等；

（六）学生奖学金、助学金、学费减免、助学贷款与勤工俭学的申请与管理规定等；

（七）教师和其他专业技术人员数量、专业技术职务等级，岗位设置管理与聘用办法，教师争议解决办法等；

（八）收费的项目、依据、标准与投诉方式；

（九）财务、资产与财务管理制度，学校经费来源、年度经费预算决算方案，财政性资金、受捐赠财产的使用与管理情况，仪器设备、图书、药品等物资设备采购和重大基建工程的招投标；

（十）自然灾害等突发事件的应急处理预案、处置情况，涉及学校的重大事件的调查和处理情况；

（十一）对外交流与中外合作办学情况，外籍教师与留学生的管理制度；

（十二）法律、法规和规章规定需要公开的其他事项。

第八条 除第七条规定需要公开的信息外，高等学校应当明确其他需要主动公开的信息内容与公开范围。

第九条 除高等学校已公开的信息外，公民、法人和其他组织还可以根据自身学习、科研、工作等特殊需要，以书面形式（包括数据电文形式）向学校申请获取相关信息。

第十条 高等学校对下列信息不予公开：

（一）涉及国家秘密的；

（二）涉及商业秘密的；

（三）涉及个人隐私的；

（四）法律、法规和规章以及学校规定的不予公开的其他信息。

其中第（二）项、第（三）项所列的信息，经权利人同意公开或者高校认为不公开可能对公共利益造成重大影响的，可以予以公开。

第三章　公开的途径和要求

第十一条 高等学校校长领导学校的信息公开工作。校长（学校）办公室为信息公开工作机构，负责学校信息公开的日常工作，具体职责是：

（一）具体承办本校信息公开事宜；

（二）管理、协调、维护和更新本校公开的信息；

（三）统一受理、协调处理、统一答复向本校提出的信息公开申请；

（四）组织编制本校的信息公开指南、信息公开目录和信息公开工作年度报告；

（五）协调对拟公开的学校信息进行保密审查；

（六）组织学校信息公开工作的内部评议；

（七）推进、监督学校内设组织机构的信息公开；

（八）承担与本校信息公开有关的其他职责。

高等学校应当向社会公开信息公开工作机构的名称、负责人、办公地址、办公时间、联系电话、传真号码、电子邮箱等。

第十二条 对依照本办法规定需要公开的信息，高等学校应当根据实际情况，通过学校网站、校报校刊、校内广播等校内媒体和报刊、杂志、广播、电视等校外媒体以及新闻发布会、年鉴、会议纪要或者简报等方式予以公开；并根据需要设置公共查阅室、资料索取点、信息公告栏或者电子屏幕等场所、设施。

第十三条 高等学校应当在学校网站开设信息公开意见箱，设置信息公开专栏、建立有效链接、及时更新信息，并通过信息公开意见箱听取对学校信息公开工作的意见和建议。

第十四条 高等学校应当编制信息公开指南和目录，并及时公布和更新。信息公开指南应当明确信息公开工作机构，信息的分类、编排体系和获取方式，依申请公开的处理和答复流程等。信息公开目录应当包括信息的索引、名称、生成日期、责任部门等内容。

第十五条 高等学校应当将学校基本的规章制度汇编成册，置于学校有关内部组织机构的办公地点、档案馆、图书馆等场所，提供免费查阅。

高等学校应当将学生管理制度、教师管理制度分别汇编成册，在新生和新聘教师报到时发放。

第十六条 高等学校完成信息制作或者获取信息后，应当及时明确该信息是否公开。确定公开的，应当明确公开的受众；确定不予公开的，应当说明理由；难以确定是否公开的，应当及时报请高等学校所在地省级教育行政部门或者上级主管部门审定。

第十七条 属于主动公开的信息，高等学校应当自该信息制作完成或者获取之日起20个工作日内予以公开。公开的信息内容发生变更的，应当在变更后20个工作日内予以更新。

学校决策事项需要征求教师、学生和学校其他工作人员意见的，公开征求意见的期限不得少于10个工作日。

法律法规对信息内容公开的期限另有规定的，从其规定。

第十八条　对申请人的信息公开申请，高等学校根据下列情况在 15 个工作日内分别作出答复：

（一）属于公开范围的，应当告知申请人获取该信息的方式和途径；

（二）属于不予公开范围的，应当告知申请人并说明理由；

（三）不属于本校职责范围的或者该信息不存在的，应当告知申请人，对能够确定该信息的职责单位的，应当告知申请人该单位的名称、联系方式；

（四）申请公开的信息含有不应当公开的内容但能够区分处理的，应当告知申请人并提供可以公开的信息内容，对不予公开的部分，应当说明理由；

（五）申请内容不明确的，应当告知申请人作出更改、补充；申请人逾期未补正的，视为放弃本次申请；

（六）同一申请人无正当理由重复向同一高等学校申请公开同一信息，高等学校已经作出答复且该信息未发生变化的，应当告知申请人，不再重复处理；

（七）高等学校根据实际情况作出的其他答复。

第十九条　申请人向高等学校申请公开信息的，应当出示有效身份证件或者证明文件。

申请人有证据证明高等学校提供的与自身相关的信息记录不准确的，有权要求该高等学校予以更正；该高等学校无权更正的，应当转送有权更正的单位处理，并告知申请人。

第二十条　高等学校向申请人提供信息，可以按照学校所在地省级价格部门和财政部门规定的收费标准收取检索、复制、邮寄等费用。收取的费用应当纳入学校财务管理。

高等学校不得通过其他组织、个人以有偿方式提供信息。

第二十一条　高等学校应当健全内部组织机构的信息公开制度，明确其信息公开的具体内容。

第四章　监督和保障

第二十二条　国务院教育行政部门开展对全国高等学校推进信息公开工作的监督检查。

省级教育行政部门应当加强对本行政区域内高等学校信息公开工作的日常监督检查。

高等学校主管部门应当将信息公开工作开展情况纳入高等学校领导干部考核内容。

第二十三条　省级教育行政部门和高等学校应当将信息公开工作纳入干部岗位责任考核内容。考核工作可与年终考核结合进行。

高等学校内设监察部门负责组织对本校信息公开工作的监督检查，监督检查应当有教师、学生和学校其他工作人员代表参加。

第二十四条　高等学校应当编制学校上一学年信息公开工作年度报告，并于每年10月底前报送所在地省级教育行政部门。中央部门所属高校，还应当报送其上级主管部门。

第二十五条　省级教育行政部门应当建立健全高等学校信息公开评议制度，聘请人大代表、政协委员、家长、教师、学生等有关人员成立信息公开评议委员会或者以其他形式，定期对本行政区域内高等学校信息公开工作进行评议，并向社会公布评议结果。

第二十六条　公民、法人和其他组织认为高等学校未按照本办法规定履行信息公开义务的，可以向学校内设监察部门、省级教育行政部门举报；对于中央部委所属高等学校，还可向其上级主管部门举报。收到举报的部门应当及时处理，并以适当方式向举报人告知处理结果。

第二十七条　高等学校违反有关法律法规或者本办法规定，有下列情形之一的，由省级教育行政部门责令改正；情节严重的，由省级教育行政部门或者国务院教育行政部门予以通报批评；对高等学校直接负责的主管领导和其他直接责任人员，由高等学校主管部门依据有关规定给予处分：

（一）不依法履行信息公开义务的；

（二）不及时更新公开的信息内容、信息公开指南和目录的；

（三）公开不应当公开的信息的；

（四）在信息公开工作中隐瞒或者捏造事实的；

（五）违反规定收取费用的；

（六）通过其他组织、个人以有偿服务方式提供信息的；

（七）违反有关法律法规和本办法规定的其他行为的。

高等学校上述行为侵害当事人合法权益，造成损失的，应当依法承担民事责任。

第二十八条 高等学校应当将开展信息公开工作所需经费纳入年度预算，为学校信息公开工作提供经费保障。

第五章 附 则

第二十九条 本办法所称的高等学校，是指大学、独立设置的学院和高等专科学校，其中包括高等职业学校和成人高等学校。

高等学校以外其他高等教育机构的信息公开，参照本办法执行。

第三十条 已经移交档案工作机构的高等学校信息的公开，依照有关档案管理的法律、法规和规章执行。

第三十一条 省级教育行政部门可以根据需要制订实施办法。高等学校应当依据本办法制订实施细则。

第三十二条 本办法自 2010 年 9 月 1 日起施行。

高等学校消防安全管理规定

（教育部、公安部令第 28 号　2009 年 10 月 19 日发布）

第一章　总　　则

第一条　为了加强和规范高等学校的消防安全管理，预防和减少火灾危害，保障师生员工生命财产和学校财产安全，根据消防法、高等教育法等法律、法规，制定本规定。

第二条　普通高等学校和成人高等学校（以下简称学校）的消防安全管理，适用本规定。

驻校内其他单位的消防安全管理，按照本规定的有关规定执行。

第三条　学校在消防安全工作中，应当遵守消防法律、法规和规章，贯彻预防为主、防消结合的方针，履行消防安全职责，保障消防安全。

第四条　学校应当落实逐级消防安全责任制和岗位消防安全责任制，明确逐级和岗位消防安全职责，确定各级、各岗位消防安全责任人。

第五条　学校应当开展消防安全教育和培训，加强消防演练，提高师生员工的消防安全意识和自救逃生技能。

第六条　学校各单位和师生员工应当依法履行保护消防设施、预防火灾、报告火警和扑救初起火灾等维护消防安全的义务。

第七条　教育行政部门依法履行对高等学校消防安全工作的管理职责，检查、指导和监督高等学校开展消防安全工作，督促高等学校建立健全并落实消防安全责任制和消防安全管理制度。

公安机关依法履行对高等学校消防安全工作的监督管理职责，加强消防监督检查，指导和监督高等学校做好消防安全工作。

第二章　消防安全责任

第八条　学校法定代表人是学校消防安全责任人，全面负责学校消防安全工作，履行下列消防安全职责：

（一）贯彻落实消防法律、法规和规章，批准实施学校消防安全责任制、学校消防安全管理制度；

（二）批准消防安全年度工作计划、年度经费预算，定期召开学校消防安全工作会议；

（三）提供消防安全经费保障和组织保障；

（四）督促开展消防安全检查和重大火灾隐患整改，及时处理涉及消防安全的重大问题；

（五）依法建立志愿消防队等多种形式的消防组织，开展群众性自防自救工作；

（六）与学校二级单位负责人签订消防安全责任书；

（七）组织制定灭火和应急疏散预案；

（八）促进消防科学研究和技术创新；

（九）法律、法规规定的其他消防安全职责。

第九条　分管学校消防安全的校领导是学校消防安全管理人，协助学校法定代表人负责消防安全工作，履行下列消防安全职责：

（一）组织制定学校消防安全管理制度，组织、实施和协调校内各单位的消防安全工作；

（二）组织制订消防安全年度工作计划；

（三）审核消防安全工作年度经费预算；

（四）组织实施消防安全检查和火灾隐患整改；

（五）督促落实消防设施、器材的维护、维修及检测，确保其完好有效，确保疏散通道、安全出口、消防车通道畅通；

（六）组织管理志愿消防队等消防组织；

（七）组织开展师生员工消防知识、技能的宣传教育和培训，组织灭火和应急疏散预案的实施和演练；

（八）协助学校消防安全责任人做好其他消防安全工作。

其他校领导在分管工作范围内对消防工作负有领导、监督、检查、教育和管理职责。

第十条 学校必须设立或者明确负责日常消防安全工作的机构（以下简称学校消防机构），配备专职消防管理人员，履行下列消防安全职责：

（一）拟订学校消防安全年度工作计划、年度经费预算，拟订学校消防安全责任制、灭火和应急疏散预案等消防安全管理制度，并报学校消防安全责任人批准后实施；

（二）监督检查校内各单位消防安全责任制的落实情况；

（三）监督检查消防设施、设备、器材的使用与管理以及消防基础设施的运转，定期组织检验、检测和维修；

（四）确定学校消防安全重点单位（部位）并监督指导其做好消防安全工作；

（五）监督检查有关单位做好易燃易爆等危险品的储存、使用和管理工作，审批校内各单位动用明火作业；

（六）开展消防安全教育培训，组织消防演练，普及消防知识，提高师生员工的消防安全意识、扑救初起火灾和自救逃生技能；

（七）定期对志愿消防队等消防组织进行消防知识和灭火技能培训；

（八）推进消防安全技术防范工作，做好技术防范人员上岗培训工作；

（九）受理驻校内其他单位在校内和学校、校内各单位新建、扩建、改建及装饰装修工程和公众聚集场所投入使用、营业前消防行政许可或者备案手续的校内备案审查工作，督促其向公安机关消防机构进行申报，协助公安机关消防机构进行建设工程消防设计审核、消防验收或者备案以及公众聚集场所投入使用、营业前消防安全检查工作；

（十）建立健全学校消防工作档案及消防安全隐患台账；

（十一）按照工作要求上报有关信息数据；

（十二）协助公安机关消防机构调查处理火灾事故，协助有关部门做好火灾事故处理及善后工作。

第十一条 学校二级单位和其他驻校单位应当履行下列消防安全职责：

（一）落实学校的消防安全管理规定，结合本单位实际制定并落实本单位的消防安全制度和消防安全操作规程；

（二）建立本单位的消防安全责任考核、奖惩制度；

（三）开展经常性的消防安全教育、培训及演练；

（四）定期进行防火检查，做好检查记录，及时消除火灾隐患；

（五）按规定配置消防设施、器材并确保其完好有效；

（六）按规定设置安全疏散指示标志和应急照明设施，并保证疏散通道、安全出口畅通；

（七）消防控制室配备消防值班人员，制定值班岗位职责，做好监督检查工作；

（八）新建、扩建、改建及装饰装修工程报学校消防机构备案；

（九）按照规定的程序与措施处置火灾事故；

（十）学校规定的其他消防安全职责。

第十二条 校内各单位主要负责人是本单位消防安全责任人，驻校内其他单位主要负责人是该单位消防安全责任人，负责本单位的消防安全工作。

第十三条 除本规定第十一条外，学生宿舍管理部门还应当履行下列安全管理职责：

（一）建立由学生参加的志愿消防组织，定期进行消防演练；

（二）加强学生宿舍用火、用电安全教育与检查；

（三）加强夜间防火巡查，发现火灾立即组织扑救和疏散学生。

第三章 消防安全管理

第十四条 学校应当将下列单位（部位）列为学校消防安全重点单位（部位）：

（一）学生宿舍、食堂（餐厅）、教学楼、校医院、体育场（馆）、会堂（会议中心）、超市（市场）、宾馆（招待所）、托儿所、幼儿园以及其他文体活动、公共娱乐等人员密集场所；

（二）学校网络、广播电台、电视台等传媒部门和驻校内邮政、通信、金融等单位；

（三）车库、油库、加油站等部位；

（四）图书馆、展览馆、档案馆、博物馆、文物古建筑；

（五）供水、供电、供气、供热等系统；

（六）易燃易爆等危险化学物品的生产、充装、储存、供应、使用部门；

（七）实验室、计算机房、电化教学中心和承担国家重点科研项目或配备有先进精密仪器设备的部位，监控中心、消防控制中心；

（八）学校保密要害部门及部位；

（九）高层建筑及地下室、半地下室；

（十）建设工程的施工现场以及有人员居住的临时性建筑；

（十一）其他发生火灾可能性较大以及一旦发生火灾可能造成重大人身伤亡或者财产损失的单位（部位）。

重点单位和重点部位的主管部门，应当按照有关法律法规和本规定履行消防安全管理职责，设置防火标志，实行严格消防安全管理。

第十五条 在学校内举办文艺、体育、集会、招生和就业咨询等大型活动和展览，主办单位应当确定专人负责消防安全工作，明确并落实消防安全职责和措施，保证消防设施和消防器材配置齐全、完好有效，保证疏散通道、安全出口、疏散指示标志、应急照明和消防车通道符合消防技术标准和管理规定，制定灭火和应急疏散预案并组织演练，并经学校消防机构对活动现场检查合格后方可举办。

依法应当报请当地人民政府有关部门审批的，经有关部门审核同意后方可举办。

第十六条　学校应当按照国家有关规定，配置消防设施和器材，设置消防安全疏散指示标志和应急照明设施，每年组织检测维修，确保消防设施和器材完好有效。

学校应当保障疏散通道、安全出口、消防车通道畅通。

第十七条　学校进行新建、改建、扩建、装修、装饰等活动，必须严格执行消防法规和国家工程建设消防技术标准，并依法办理建设工程消防设计审核、消防验收或者备案手续。学校各项工程及驻校内各单位在校内的各项工程消防设施的招标和验收，应当有学校消防机构参加。

施工单位负责施工现场的消防安全，并接受学校消防机构的监督、检查。竣工后，建筑工程的有关图纸、资料、文件等应当报学校档案机构和消防机构备案。

第十八条　地下室、半地下室和用于生产、经营、储存易燃易爆、有毒有害等危险物品场所的建筑不得用作学生宿舍。

生产、经营、储存其他物品的场所与学生宿舍等居住场所设置在同一建筑物内的，应当符合国家工程建设消防技术标准。

学生宿舍、教室和礼堂等人员密集场所，禁止违规使用大功率电器，在门窗、阳台等部位不得设置影响逃生和灭火救援的障碍物。

第十九条　利用地下空间开设公共活动场所，应当符合国家有关规定，并报学校消防机构备案。

第二十条　学校消防控制室应当配备专职值班人员，持证上岗。

消防控制室不得挪作他用。

第二十一条　学校购买、储存、使用和销毁易燃易爆等危险品，应当按照国家有关规定严格管理、规范操作，并制定应急处置预案和防范措施。

学校对管理和操作易燃易爆等危险品的人员，上岗前必须进行培训，持证上岗。

第二十二条 学校应当对动用明火实行严格的消防安全管理。禁止在具有火灾、爆炸危险的场所吸烟、使用明火；因特殊原因确需进行电、气焊等明火作业的，动火单位和人员应当向学校消防机构申办审批手续，落实现场监管人，采取相应的消防安全措施。作业人员应当遵守消防安全规定。

第二十三条 学校内出租房屋的，当事人应当签订房屋租赁合同，明确消防安全责任。出租方负责对出租房屋的消防安全管理。学校授权的管理单位应当加强监督检查。

外来务工人员的消防安全管理由校内用人单位负责。

第二十四条 发生火灾时，学校应当及时报警并立即启动应急预案，迅速扑救初起火灾，及时疏散人员。

学校应当在火灾事故发生后两个小时内向所在地教育行政主管部门报告。较大以上火灾同时报教育部。

火灾扑灭后，事故单位应当保护现场并接受事故调查，协助公安机关消防机构调查火灾原因、统计火灾损失。未经公安机关消防机构同意，任何人不得擅自清理火灾现场。

第二十五条 学校及其重点单位应当建立健全消防档案。

消防档案应当全面反映消防安全和消防安全管理情况，并根据情况变化及时更新。

第四章　消防安全检查和整改

第二十六条 学校每季度至少进行一次消防安全检查。检查的主要内容包括：

（一）消防安全宣传教育及培训情况；

（二）消防安全制度及责任制落实情况；

（三）消防安全工作档案建立健全情况；

（四）单位防火检查及每日防火巡查落实及记录情况；

（五）火灾隐患和隐患整改及防范措施落实情况；

（六）消防设施、器材配置及完好有效情况；

（七）灭火和应急疏散预案的制定和组织消防演练情况；

（八）其他需要检查的内容。

第二十七条　学校消防安全检查应当填写检查记录，检查人员、被检查单位负责人或者相关人员应当在检查记录上签名，发现火灾隐患应当及时填发《火灾隐患整改通知书》。

第二十八条　校内各单位每月至少进行一次防火检查。检查的主要内容包括：

（一）火灾隐患和隐患整改情况以及防范措施的落实情况；

（二）疏散通道、疏散指示标志、应急照明和安全出口情况；

（三）消防车通道、消防水源情况；

（四）消防设施、器材配置及有效情况；

（五）消防安全标志设置及其完好、有效情况；

（六）用火、用电有无违章情况；

（七）重点工种人员以及其他员工消防知识掌握情况；

（八）消防安全重点单位（部位）管理情况；

（九）易燃易爆危险物品和场所防火防爆措施落实情况以及其他重要物资防火安全情况；

（十）消防（控制室）值班情况和设施、设备运行、记录情况；

（十一）防火巡查落实及记录情况；

（十二）其他需要检查的内容。

防火检查应当填写检查记录。检查人员和被检查部门负责人应当在检查记录上签名。

第二十九条　校内消防安全重点单位（部位）应当进行每日防火巡查，并确定巡查的人员、内容、部位和频次。其他单位可以根据需要组织防火巡查。巡查的内容主要包括：

（一）用火、用电有无违章情况；

（二）安全出口、疏散通道是否畅通，安全疏散指示标志、应急照明是否完好；

（三）消防设施、器材和消防安全标志是否在位、完整；

（四）常闭式防火门是否处于关闭状态，防火卷帘下是否堆放物品影响使用；

（五）消防安全重点部位的人员在岗情况；

（六）其他消防安全情况。

校医院、学生宿舍、公共教室、实验室、文物古建筑等应当加强夜间防火巡查。

防火巡查人员应当及时纠正消防违章行为，妥善处置火灾隐患，无法当场处置的，应当立即报告。发现初起火灾应当立即报警、通知人员疏散、及时扑救。

防火巡查应当填写巡查记录，巡查人员及其主管人员应当在巡查记录上签名。

第三十条 对下列违反消防安全规定的行为，检查、巡查人员应当责成有关人员改正并督促落实：

（一）消防设施、器材或者消防安全标志的配置、设置不符合国家标准、行业标准，或者未保持完好有效的；

（二）损坏、挪用或者擅自拆除、停用消防设施、器材的；

（三）占用、堵塞、封闭消防通道、安全出口的；

（四）埋压、圈占、遮挡消火栓或者占用防火间距的；

（五）占用、堵塞、封闭消防车通道，妨碍消防车通行的；

（六）人员密集场所在门窗上设置影响逃生和灭火救援的障碍物的；

（七）常闭式防火门处于开启状态，防火卷帘下堆放物品影响使用的；

（八）违章进入易燃易爆危险物品生产、储存等场所的；

（九）违章使用明火作业或者在具有火灾、爆炸危险的场所吸烟、使用明火等违反禁令的；

（十）消防设施管理、值班人员和防火巡查人员脱岗的；

（十一）对火灾隐患经公安机关消防机构通知后不及时采取措施消除的；

（十二）其他违反消防安全管理规定的行为。

第三十一条　学校对教育行政主管部门和公安机关消防机构、公安派出所指出的各类火灾隐患，应当及时予以核查、消除。

对公安机关消防机构、公安派出所责令限期改正的火灾隐患，学校应当在规定的期限内整改。

第三十二条　对不能及时消除的火灾隐患，隐患单位应当及时向学校及相关单位的消防安全责任人或者消防安全工作主管领导报告，提出整改方案，确定整改措施、期限以及负责整改的部门、人员，并落实整改资金。

火灾隐患尚未消除的，隐患单位应当落实防范措施，保障消防安全。对于随时可能引发火灾或者一旦发生火灾将严重危及人身安全的，应当将危险部位停止使用或停业整改。

第三十三条　对于涉及城市规划布局等学校无力解决的重大火灾隐患，学校应当及时向其上级主管部门或者当地人民政府报告。

第三十四条　火灾隐患整改完毕，整改单位应当将整改情况记录报送相应的消防安全工作责任人或者消防安全工作主管领导签字确认后存档备查。

第五章　消防安全教育和培训

第三十五条　学校应当将师生员工的消防安全教育和培训纳入学校消防安全年度工作计划。

消防安全教育和培训的主要内容包括：

（一）国家消防工作方针、政策，消防法律、法规；

（二）本单位、本岗位的火灾危险性，火灾预防知识和措施；

（三）有关消防设施的性能、灭火器材的使用方法；

（四）报火警、扑救初起火灾和自救互救技能；

（五）组织、引导在场人员疏散的方法。

第三十六条　学校应当采取下列措施对学生进行消防安全教育，使其了解防火、灭火知识，掌握报警、扑救初起火灾和自救、逃生方法。

（一）开展学生自救、逃生等防火安全常识的模拟演练，每学年至少组织一次学生消防演练；

（二）根据消防安全教育的需要，将消防安全知识纳入教学和培训内容；

（三）对每届新生进行不低于4学时的消防安全教育和培训；

（四）对进入实验室的学生进行必要的安全技能和操作规程培训；

（五）每学年至少举办一次消防安全专题讲座，并在校园网络、广播、校内报刊开设消防安全教育栏目。

第三十七条　学校二级单位应当组织新上岗和进入新岗位的员工进行上岗前的消防安全培训。

消防安全重点单位（部位）对员工每年至少进行一次消防安全培训。

第三十八条　下列人员应当依法接受消防安全培训：

（一）学校及各二级单位的消防安全责任人、消防安全管理人；

（二）专职消防管理人员、学生宿舍管理人员；

（三）消防控制室的值班、操作人员；

（四）其他依照规定应当接受消防安全培训的人员。

前款规定中的第（三）项人员必须持证上岗。

第六章　灭火、应急疏散预案和演练

第三十九条　学校、二级单位、消防安全重点单位（部位）应当制定相应的灭火和应急疏散预案，建立应急反应和处置机制，为火灾扑救和应急救援工作提供人员、装备等保障。

灭火和应急疏散预案应当包括以下内容：

（一）组织机构：指挥协调组、灭火行动组、通讯联络组、疏散引导组、安全防护救护组；

（二）报警和接警处置程序；

（三）应急疏散的组织程序和措施；

（四）扑救初起火灾的程序和措施；

（五）通讯联络、安全防护救护的程序和措施。

（六）其他需要明确的内容。

第四十条　学校实验室应当有针对性地制定突发事件应急处置预案，并将应急处置预案涉及的生物、化学及易燃易爆物品的种类、性质、数量、危险性和应对措施及处置药品的名称、产地和储备等内容报学校消防机构备案。

第四十一条　校内消防安全重点单位应当按照灭火和应急疏散预案每半年至少组织一次消防演练，并结合实际，不断完善预案。

消防演练应当设置明显标识并事先告知演练范围内的人员，避免意外事故发生。

第七章　消防经费

第四十二条　学校应当将消防经费纳入学校年度经费预算，保证消防经费投入，保障消防工作的需要。

第四十三条　学校日常消防经费用于校内灭火器材的配置、维修、更新，灭火和应急疏散预案的备用设施、材料，以及消防宣传教育、培训等，保证学校消防工作正常开展。

第四十四条　学校安排专项经费，用于解决火灾隐患，维修、检测、改造消防专用给水管网、消防专用供水系统、灭火系统、自动报警系统、防排烟系统、消防通讯系统、消防监控系统等消防设施。

第四十五条　消防经费使用坚持专款专用、统筹兼顾、保证重点、勤俭节约的原则。

任何单位和个人不得挤占、挪用消防经费。

第八章　奖　　惩

第四十六条　学校应当将消防安全工作纳入校内评估考核内容，对在消防安全工作中成绩突出的单位和个人给予表彰奖励。

第四十七条　对未依法履行消防安全职责、违反消防安全管理制度，或者擅自挪用、损坏、破坏消防器材、设施等违反消防安全管理规定的，学校应当责令其限期整改，给予通报批评；对直接负责的主管人员和其他直接责任人员根据情节轻重给予警告等相应的处分。

前款涉及民事损失、损害的，有关责任单位和责任人应当依法承担民事责任。

第四十八条　学校违反消防安全管理规定或者发生重特大火灾的，除依据消防法的规定进行处罚外，教育行政部门应当取消其当年评优资格，并按照国家有关规定对有关主管人员和责任人员依法予以处分。

第九章　附　　则

第四十九条　学校应当依据本规定，结合本校实际，制定本校消防安全管理办法。

高等学校以外的其他高等教育机构的消防安全管理，参照本规定执行。

第五十条　本规定所称学校二级单位，包括学院、系、处、所、中心等。

第五十一条　本规定自 2010 年 1 月 1 日起施行。

高等学校档案管理办法

（教育部、国家档案局令第 27 号　2008 年 8 月 20 日发布）

第一章　总　　则

第一条　为规范高等学校档案工作，提高档案管理水平，有效保护和利用档案，根据《中华人民共和国档案法》及其实施办法，制定本办法。

第二条　本办法所称的高等学校档案（以下简称高校档案），是指高等学校从事招生、教学、科研、管理等活动直接形成的对学生、学校和社会有保存价值的各种文字、图表、声像等不同形式、载体的历史记录。

第三条　高校档案工作是高等学校重要的基础性工作，学校应当加强管理，将之纳入学校整体发展规划。

第四条　国务院教育行政部门主管全国高校档案工作。省、自治区、直辖市人民政府教育行政部门主管本行政区域内高校档案工作。

国家档案行政部门和省、自治区、直辖市人民政府档案行政部门在职责范围内负责对高校档案工作的业务指导、监督和检查。

第五条　高校档案工作由高等学校校长领导，其主要职责是：

（一）贯彻执行国家关于档案管理的法律法规和方针政策，批准学校档案工作规章制度；

（二）将档案工作纳入学校整体发展规划，促进档案信息化建设与学校其他工作同步发展；

（三）建立健全与办学规模相适应的高校档案机构，落实人员编制、档案库房、发展档案事业所需设备以及经费；

（四）研究决定高校档案工作中的重要奖惩和其他重大问题。

分管档案工作的校领导协助校长负责档案工作。

第二章　机构设置与人员配备

第六条　高校档案机构包括档案馆和综合档案室。

具备下列条件之一的高等学校应当设立档案馆：

（一）建校历史在 50 年以上；

（二）全日制在校生规模在 1 万人以上；

（三）已集中保管的档案、资料在 3 万卷（长度 300 延长米）以上。

未设立档案馆的高等学校应当设立综合档案室。

第七条　高校档案机构是保存和提供利用学校档案的专门机构，应当具备符合要求的档案库房和管理设施。

需要特殊条件保管或者利用频繁且具有一定独立性的档案，可以根据实际需要设立分室单独保管。分室是高校档案机构的分支机构。

第八条　高校档案机构的管理职责是：

（一）贯彻执行国家有关档案工作的法律法规和方针政策，综合规划学校档案工作；

（二）拟订学校档案工作规章制度，并负责贯彻落实；

（三）负责接收（征集）、整理、鉴定、统计、保管学校的各类档案及有关资料；

（四）编制检索工具，编研、出版档案史料，开发档案信息资源；

（五）组织实施档案信息化建设和电子文件归档工作；

（六）开展档案的开放和利用工作；

（七）开展学校档案工作人员的业务培训；

（八）利用档案开展多种形式的宣传教育活动，充分发挥档案的文化教育功能；

（九）开展国内外档案学术研究和交流活动。

有条件的高校档案机构，可以申请创设爱国主义教育基地。

第九条 高校档案馆设馆长一名，根据需要可以设副馆长一至二名。综合档案室设主任一名，根据需要可以设副主任一至二名。

馆长、副馆长和综合档案室主任（馆长和综合档案室主任，以下简称为高校档案机构负责人），应当具备以下条件：

（一）热心档案事业，具有高级专业技术职务任职经历；

（二）有组织管理能力，具有开拓创新意识和精神；

（三）年富力强，身体健康。

第十条 高等学校应当为高校档案机构配备专职档案工作人员。

高校专职档案工作人员列入学校事业编制。其编制人数由学校根据本校档案机构的档案数量和工作任务确定。

第十一条 高校档案工作人员应当遵纪守法，爱岗敬业，忠于职守，具备档案业务知识和相应的科学文化知识以及现代化管理技能。

第十二条 高校档案机构中的专职档案工作人员，实行专业技术职务聘任制或者职员职级制，享受学校教学、科研和管理人员同等待遇。

第十三条 高等学校对长期接触有毒有害物质的档案工作人员，应当按照法律法规的有关规定采取有效的防护措施防止职业中毒事故的发生，保障其依法享有工伤社会保险待遇以及其他有关待遇，并可以按照有关规定予以补助。

第三章　档案管理

第十四条 高等学校应当建立、健全档案工作的检查、考核与评估制度，定期布置、检查、总结、验收档案工作，明确岗位职责，强化责任意识，提高学校档案管理水平。

第十五条 高等学校应当对纸质档案材料和电子档案材料同步归档。文件材料的归档范围是：

（一）党群类：主要包括高等学校党委、工会、团委、民主党派等组织的各种会议文件、会议记录及纪要；各党群部门的工作计划、总结；上级机关与学校关于党群管理的文件材料。

（二）行政类：主要包括高等学校行政工作的各种会议文件、会议记录及纪要；上级机关与学校关于人事管理、行政管理的材料。

（三）学生类：主要包括高等学校培养的学历教育学生的高中档案、入学登记表、体检表、学籍档案、奖惩记录、党团组织档案、毕业生登记表等。

（四）教学类：主要包括反映教学管理、教学实践和教学研究等活动的文件材料。按原国家教委、国家档案局发布的《高等学校教学文件材料归档范围》（〔87〕教办字016号）的相关规定执行。

（五）科研类：按原国家科委、国家档案局发布的《科学技术研究档案管理暂行规定》（国档发〔1987〕6号）执行。

（六）基本建设类：按国家档案局、原国家计委发布的《基本建设项目档案资料管理暂行规定》（国档发〔1988〕4号）执行。

（七）仪器设备类：主要包括各种国产和国外引进的精密、贵重、稀缺仪器设备（价值在10万元以上）的全套随机技术文件以及在接收、使用、维修和改进工作中产生的文件材料。

（八）产品生产类：主要包括高等学校在产学研过程中形成的文件材料、样品或者样品照片、录像等。

（九）出版物类：主要包括高等学校自行编辑出版的学报、其他学术刊物及本校出版社出版物的审稿单、原稿、样书及出版发行记录等。

（十）外事类：主要包括学校派遣有关人员出席国际会议、出国考察、讲学、合作研究、学习进修的材料；学校聘请的境外专家、教师在教学、科研等活动中形成的材料；学校开展校际交流、中外合作办学、境外办学及管理外国或者港澳台地区专家、教师、国际学生、港澳台学生等的材料；学校授予境外人士名誉职务、学位、称号等的材料。

（十一）财会类：按财政部、国家档案局发布的《会计档案管理办法》（财会字〔1998〕32 号）执行。

高等学校可以根据学校实际情况确定归档范围。归档的档案材料包括纸质、电子、照（胶）片、录像（录音）带等各种载体形式。

第十六条 高等学校实行档案材料形成单位、课题组立卷的归档制度。

学校各部门负责档案工作的人员应当按照归档要求，组织本部门的教学、科研和管理等人员及时整理档案和立卷。立卷人应当按照纸质文件材料和电子文件材料的自然形成规律，对文件材料系统整理组卷，编制页号或者件号，制作卷内目录，交本部门负责档案工作的人员检查合格后向高校档案机构移交。

第十七条 归档的档案材料应当质地优良，书绘工整，声像清晰，符合有关规范和标准的要求。电子文件的归档要求按照国家档案局发布的《电子公文归档管理暂行办法》以及《电子文件归档与管理规范》（GB/T 18894—2002）执行。

第十八条 高校档案材料归档时间为：

（一）学校各部门应当在次学年 6 月底前归档；

（二）各院系等应当在次学年寒假前归档；

（三）科研类档案应当在项目完成后两个月内归档，基建类档案应当在项目完成后三个月内归档。

第十九条 高校档案机构应当对档案进行整理、分类、鉴定和编号。

第二十条 高校档案机构应当按照国家档案局《机关文件材料归档范围和文书档案保管期限规定》，确定档案材料的保管期限。对保管期限已满、已失去保存价值的档案，经有关部门鉴定并登记造册报校长批准后，予以销毁。未经鉴定和批准，不得销毁任何档案。

第二十一条 高校档案机构应当采用先进的档案保护技术，防止档案的破损、褪色、霉变和散失。对已经破损或者字迹褪色的档案，应当及时修复或者复制。对重要档案和破损、褪色修复的档案应当及时数字化，加工成电子档案保管。

第二十二条 高校档案由高校档案机构保管。在国家需要时，高等学校应当提供所需的档案原件或者复制件。

第二十三条 高等学校与其他单位分工协作完成的项目，高校档案机构应当至少保存一整套档案。协作单位除保存与自己承担任务有关的档案正本以外，应当将复制件送交高校档案机构保存。

第二十四条 高等学校中的个人对其从事教学、科研、管理等职务活动所形成的各种载体形式的档案材料，应当按照规定及时归档，任何个人不得据为己有。

对于个人在其非职务活动中形成的重要档案材料，高校档案机构可以通过征集、代管等形式进行管理。

高校档案机构对于与学校有关的各种档案史料的征集，应当制定专门的制度和办法。

第二十五条 高校档案机构应当对所存档案和资料的保管情况定期检查，消除安全隐患，遇有特殊情况，应当立即向校长报告，及时处理。

档案库房的技术管理工作，应当建立、健全有关规章制度，由专人负责。

第二十六条 高校档案机构应当认真执行档案统计年报制度，并按照国家有关规定报送档案工作基本情况统计报表。

第四章 档案的利用与公布

第二十七条 高校档案机构应当按照国家有关规定公布档案。未经高等学校授权，其他任何组织或者个人无权公布学校档案。

属下列情况之一者，不对外公布：

（一）涉及国家秘密的；

（二）涉及专利或者技术秘密的；

（三）涉及个人隐私的；

（四）档案形成单位规定限制利用的。

第二十八条 凡持有合法证明的单位或者持有合法身份证明的个人，在表明利用档案的目的和范围并履行相关登记手续后，均可以利用已公布的档案。

境外组织或者个人利用档案的，按照国家有关规定办理。

第二十九条 查阅、摘录、复制未开放的档案，应当经档案机构负责人批准。涉及未公开的技术问题，应当经档案形成单位或者本人同意，必要时报请校长审查批准。需要利用的档案涉及重大问题或者国家秘密，应当经学校保密工作部门批准。

第三十条 高校档案机构提供利用的重要、珍贵档案，一般不提供原件。如有特殊需要，应当经档案机构负责人批准。

加盖高校档案机构公章的档案复制件，与原件具有同等效力。

第三十一条 高校档案开放应当设立专门的阅览室，并编制必要的检索工具［著录标准按《档案著录规则》（DA/T18—1999）执行］，提供开放档案目录、全宗指南、档案馆指南、计算机查询系统等，为社会利用档案创造便利条件。

第三十二条 高校档案机构是学校出具档案证明的唯一机构。

高校档案机构应当为社会利用档案创造便利条件，用于公益目的的，不得收取费用；用于个人或者商业目的的，可以按照有关规定合理收取费用。

社会组织和个人利用其所移交、捐赠的档案，高校档案机构应当无偿和优先提供。

第三十三条 寄存在高校档案机构的档案，归寄存者所有。高校档案机构如果需要向社会提供利用，应当征得寄存者同意。

第三十四条 高校档案机构应当积极开展档案的编研工作。出版档案史料和公布档案，应当经档案形成单位同意，并报请校长批准。

第三十五条 高校档案机构应当采取多种形式（如举办档案展览、陈列、建设档案网站等），积极开展档案宣传工作。有条件的高校，应当在相关专业的高年级开设有关档案管理的选修课。

第五章 条件保障

第三十六条 高等学校应当将高校档案工作所需经费列入学校预算，保证档案工作的需求。

第三十七条 高等学校应当为档案机构提供专用的、符合档案管理要求的档案库房，对不适应档案事业发展需要或者不符合档案保管要求的馆库，按照《档案馆建设标准》（建标103－2008）的要求及时进行改扩建或者新建。

存放涉密档案应当设有专门库房。

存放声像、电子等特殊载体档案，应当配置恒温、恒湿、防火、防渍、防有害生物等必要设施。

第三十八条 高等学校应当设立专项经费，为档案机构配置档案管理现代化、档案信息化所需的设备设施，加快数字档案馆（室）建设，保障档案信息化建设与学校数字化校园建设同步进行。

第六章 奖励与处罚

第三十九条 高等学校对在档案工作中做出下列贡献的单位或者个人，给予表彰与奖励：

（一）在档案的收集、整理、提供利用工作中做出显著成绩的；

（二）在档案的保护和现代化管理工作中做出显著成绩的；

（三）在档案学研究及档案史料研究工作中做出重要贡献的；

（四）将重要的或者珍贵的档案捐赠给高校档案机构的；

（五）同违反档案法律法规的行为作斗争，表现突出的。

第四十条 有下列行为之一的，高等学校应当对直接负责的主管人员和其他直接责任人员依法给予处分；构成犯罪的，由司法机关依法追究刑事责任。

（一）玩忽职守，造成档案损坏、丢失或者擅自销毁档案的；

（二）违反保密规定，擅自提供、抄录、公布档案的；

（三）涂改、伪造档案的；

（四）擅自出卖、赠送、交换档案的；

（五）不按规定归档，拒绝归档或者将档案据为己有的；

（六）其他违反档案法律法规的行为。

第七章 附 则

第四十一条 本办法适用于各类普通高等学校、成人高等学校。

第四十二条 高等学校可以根据本办法制订实施细则。

高等学校附属单位（包括附属医院、校办企业等）的档案管理，由学校根据实际情况自主确定。

第四十三条 本办法自 2008 年 9 月 1 日起施行。国家教育委员会 1989 年 10 月 10 日发布的《普通高等学校档案管理办法》（国家教育委员会令第 6 号）同时废止。

独立学院设置与管理办法

（教育部令第 26 号　2008 年 2 月 22 日发布）

第一章　总　　则

第一条　为了规范普通高等学校与社会组织或者个人合作举办独立学院活动，维护受教育者和独立学院的合法权益，促进高等教育事业健康发展，根据高等教育法、民办教育促进法、民办教育促进法实施条例，制定本办法。

第二条　本办法所称独立学院，是指实施本科以上学历教育的普通高等学校与国家机构以外的社会组织或者个人合作，利用非国家财政性经费举办的实施本科学历教育的高等学校。

第三条　独立学院是民办高等教育的重要组成部分，属于公益性事业。

设立独立学院，应当符合国家和地方高等教育发展规划。

第四条　独立学院及其举办者应当遵守法律、法规、规章和国家有关规定，贯彻国家的教育方针，坚持社会主义办学方向和教育公益性原则。

第五条　国家保障独立学院及其举办者的合法权益。

独立学院依法享有民办教育促进法、民办教育促进法实施条例规定的各项奖励与扶持政策。

第六条　国务院教育行政部门负责全国独立学院的统筹规划、综合协调和宏观管理。

省、自治区、直辖市人民政府教育行政部门（以下简称省级教育行政部门）主管本行政区域内的独立学院工作，依法履行下列职责：

（一）独立学院办学许可证的管理；

（二）独立学院招生简章和广告备案的审查；

（三）独立学院相关信息的发布；

（四）独立学院的年度检查；

（五）独立学院的表彰奖励；

（六）独立学院违法违规行为的查处；

（七）法律法规规定的其他职责。

第二章　设　　立

第七条　参与举办独立学院的普通高等学校须具有较高的教学水平和管理水平，较好的办学条件，一般应具有博士学位授予权。

第八条　参与举办独立学院的社会组织，应当具有法人资格。注册资金不低于5000万元，总资产不少于3亿元，净资产不少于1.2亿元，资产负债率低于60%。

参与举办独立学院的个人，应当具有政治权利和完全民事行为能力。个人总资产不低于3亿元，其中货币资金不少于1.2亿元。

第九条　独立学院的设置标准参照普通本科高等学校的设置标准执行。

独立学院应当具备法人条件。

第十条　参与举办独立学院的普通高等学校与社会组织或者个人，应当签订合作办学协议。

合作办学协议应当包括办学宗旨、培养目标、出资数额和方式、各方权利义务、合作期限、争议解决办法等内容。

第十一条　普通高等学校主要利用学校名称、知识产权、管理资源、教育教学资源等参与办学。社会组织或者个人主要利用资金、实物、土地使用权等参与办学。

国家的资助、向学生收取的学费和独立学院的借款、接受的捐赠财产，不属于独立学院举办者的出资。

第十二条　独立学院举办者的出资须经依法验资，于筹设期内过户到独立学院名下。

本办法施行前资产未过户到独立学院名下的，自本办法施行之日起1年内完成过户工作。

第十三条　普通高等学校投入办学的无形资产，应当依法作价。无形资产的作价，应当委托具有资产评估资质的评估机构进行评估；无形资产占办学总投入的比例，由合作办学双方按照国家法律、行政法规的有关规定予以约定，并依法办理有关手续。

第十四条　独立学院举办者应当依法按时、足额履行出资义务。独立学院存续期间，举办者不得抽逃办学资金，不得挪用办学经费。

第十五条　符合条件的普通高等学校一般只可以参与举办1所独立学院。

第十六条　设立独立学院，分筹设和正式设立两个阶段。筹设期1至3年，筹设期内不得招生。筹设期满未申请正式设立的，自然终止筹设。

第十七条　设立独立学院由参与举办独立学院的普通高等学校向拟设立的独立学院所在地的省级教育行政部门提出申请，按照普通本科高等学校设置程序，报国务院教育行政部门审批。

第十八条　申请筹设独立学院，须提交下列材料：

（一）筹设申请书。内容包括：举办者、拟设立独立学院的名称、培养目标、办学规模、办学条件、内部管理体制、经费筹措与管理使用等。

（二）合作办学协议。

（三）普通高等学校的基本办学条件，专业设置、学科建设情况，在校学生、专任教师及管理人员状况，本科教学水平评估情况，博士点设置情况。

（四）社会组织或者个人的法人登记证书或者个人身份证明材料。

（五）资产来源、资金数额及有效证明文件，并载明产权。其中包括不少于500亩的国有土地使用证或国有土地建设用地规划许可证。

（六）普通高等学校主管部门审核同意的意见。

第十九条 申请筹设独立学院的，审批机关应当按照民办教育促进法规定的期限，作出是否批准的决定。批准的，发给筹设批准书；不批准的，应当说明理由。

第二十条 完成筹设申请正式设立的，应当提交下列材料：

（一）正式设立申请书；

（二）筹设批准书；

（三）筹设情况报告；

（四）独立学院章程，理事会或董事会组成人员名单；

（五）独立学院资产的有效证明文件；

（六）独立学院院长、教师、财会人员的资格证明文件；

（七）省级教育行政部门组织的专家评审意见。

第二十一条 独立学院的章程应当规定下列主要事项：

（一）独立学院的名称、地址；

（二）办学宗旨、规模等；

（三）独立学院资产的数额、来源、性质以及财务制度；

（四）出资人是否要求取得合理回报；

（五）理事会或者董事会的产生方法、人员构成、权限、任期、议事规则等；

（六）法定代表人的产生和罢免程序；

（七）独立学院自行终止的事由；

（八）章程修改程序。

第二十二条 独立学院的名称前冠以参与举办的普通高等学校的名称，不得使用普通高等学校内设院系和学科的名称。

第二十三条 申请正式设立独立学院，审批机关应当按照民办教育促进法规定的期限，作出是否批准的决定。批准的，发给办学许可证；不批准的，应当说明理由。

依法设立的独立学院，应当按照国家有关规定办理法人登记。

第二十四条 国务院教育行政部门受理申请筹设和正式设立独立学院的时间为每年第三季度。省级教育行政部门应当在每年 9 月 30 日前完成审核工作并提出申请。

审批机关审批独立学院，应当组织专家评议。专家评议的时间，不计算在审批期限内。

第三章　组织与活动

第二十五条 独立学院设立理事会或者董事会，作为独立学院的决策机构。理事会或者董事会由参与举办独立学院的普通高等学校代表、社会组织或者个人代表、独立学院院长、教职工代表等人员组成。理事会或者董事会中，普通高等学校的代表不得少于五分之二。

理事会或者董事会由 5 人以上组成，设理事长或者董事长 1 人。理事长、理事或者董事长、董事名单报审批机关备案。

第二十六条 独立学院的理事会或者董事会每年至少召开 2 次会议。经三分之一以上组成人员提议，可以召开理事会或者董事会临时会议。

理事会或者董事会会议应由二分之一以上的理事或者董事出席方可举行。

第二十七条 独立学院理事会或者董事会应当对所议事项形成记录，出席会议的理事或者董事和记录员应当在记录上签名。

第二十八条 独立学院理事会或者董事会会议作出决议，须经全体理事或者董事的过半数通过。但是讨论下列重大事项，须经理事会或者董事会三分之二以上组成人员同意方可通过：

（一）聘任、解聘独立学院院长；

（二）修改独立学院章程；

（三）制定发展规划；

（四）审核预算、决算；

（五）决定独立学院的合并、终止；

（六）独立学院章程规定的其他重大事项。

第二十九条 独立学院院长应当具备国家规定的任职条件，年龄不超过 70 岁，由参与举办独立学院的普通高等学校优先推荐，理事会或者董事会聘任，并报审批机关核准。

独立学院院长负责独立学院的教育教学和行政管理工作。

第三十条 独立学院应当按照办学许可证核定的名称、办学地址和办学范围组织开展教育教学活动。不得设立分支机构。不得出租、出借办学许可证。

第三十一条 独立学院必须根据有关规定，建立健全中国共产党和中国共产主义青年团的基层组织。独立学院党组织应当发挥政治核心作用，独立学院团组织应当发挥团结教育学生的重要作用。

独立学院应当建立教职工代表大会制度，保障教职工参与民主管理和监督。

第三十二条 独立学院的法定代表人为学校安全稳定工作第一责任人。独立学院应当建立健全安全稳定工作机制，建立学校安全保卫工作队伍。落实各项维护安全稳定措施，开展校园及周边治安综合治理，维护校园安全和教学秩序。

参与举办独立学院的普通高等学校应当根据独立学院的实际情况，积极采取措施，做好安全稳定工作。

第三十三条 独立学院应当按照国家核定的招生规模和国家有关规定招收学生，完善学籍管理制度，做好家庭经济困难学生的资助工作。

第三十四条 独立学院应当按照国家有关规定建立学生管理队伍。按不低于 1∶200 的师生比配备辅导员，每个班级配备 1 名班主任。

第三十五条 独立学院应当建立健全教学管理机构，加强教学管理队伍建设。改进教学方式方法，不断提高教育质量。

第三十六条　独立学院应当按照国家有关规定完善教师聘用和管理制度，依法落实和保障教师的相关待遇。

第三十七条　独立学院应当根据核定的办学规模充实办学条件，并符合普通本科高等学校基本办学条件指标的各项要求。

第三十八条　独立学院对学习期满且成绩合格的学生，颁发毕业证书，并以独立学院名称具印。

独立学院按照国家有关规定申请取得学士学位授予资格，对符合条件的学生颁发独立学院的学士学位证书。

第三十九条　独立学院应当按照国家有关规定建立财务、会计制度和资产管理制度。

独立学院资产中的国有资产的监督、管理，按照国家有关规定执行。独立学院接受的捐赠财产的使用和管理，按照公益事业捐赠法的有关规定执行。

第四十条　独立学院使用普通高等学校的管理资源和师资、课程等教育教学资源，其相关费用应当按照双方约定或者国家有关规定，列入独立学院的办学成本。

第四十一条　独立学院收费项目和标准的确定，按照国家有关规定执行，并在招生简章和广告中载明。

第四十二条　独立学院存续期间，所有资产由独立学院依法管理和使用，任何组织和个人不得侵占。

第四十三条　独立学院在扣除办学成本、预留发展基金以及按照国家有关规定提取其他必需的费用后，出资人可以从办学结余中取得合理回报。

出资人取得合理回报的标准和程序，按照民办教育促进法实施条例和国家有关规定执行。

第四章　管理与监督

第四十四条　教育行政部门应当加强对独立学院教育教学工作、教师培训工作的指导。

参与举办独立学院的普通高等学校，应当按照合作办学协议和国家有关规定，对独立学院的教学和管理工作予以指导，完善独立学院教学水平的监测和评估体系。

第四十五条 独立学院的招生简章和广告的样本，应当及时报省级教育行政部门备案。

未经备案的招生简章和广告，不得发布。

第四十六条 省级教育行政部门应当按照国家有关规定，加强对独立学院的督导和年检工作，对独立学院的办学质量进行监控。

第四十七条 独立学院资产的使用和财务管理受审批机关和其他有关部门的监督。

独立学院应当在每个会计年度结束时制作财务会计报告，委托会计师事务所依法进行审计，并公布审计结果。

第五章　变更与终止

第四十八条 独立学院变更举办者，须由举办者提出，在进行财务清算后，经独立学院理事会或者董事会同意，报审批机关核准。

独立学院变更地址，应当报审批机关核准。

第四十九条 独立学院变更名称，应当报审批机关批准。

第五十条 独立学院有下述情形之一的，应当终止：

（一）根据独立学院章程规定要求终止，并经审批机关批准的；

（二）资不抵债无法继续办学的；

（三）被吊销办学许可证的。

第五十一条 独立学院终止时，在妥善安置在校学生后，按照民办教育促进法的有关规定进行财务清算和财产清偿。

独立学院举办者未履行出资义务或者抽逃、挪用办学资金造成独立学院资不抵债无法继续办学的，除依法承担相应的法律责任外，须提供在校学生的后续教育经费。

第五十二条 独立学院终止时仍未毕业的在校学生由参与举办的普通高等学校托管。对学习期满且成绩合格的学生，发给独立学院的毕业证书；符合学位授予条件的，授予独立学院的学士学位证书。

第五十三条 终止的独立学院，除被依法吊销办学许可证的外，按照国家有关规定收回其办学许可证、印章，注销登记。

第六章 法律责任

第五十四条 审批机关及其工作人员，利用职务上的便利收取他人财物或者获取其他利益，滥用职权、玩忽职守，对不符合本办法规定条件者颁发办学许可证，或者发现违法行为不予以查处，情节严重的，对直接负责的主管人员和其他直接人员，依法给予行政处分；构成犯罪的，依法追究刑事责任。

第五十五条 独立学院举办者虚假出资或者在独立学院设立后抽逃资金、挪用办学经费的，由省级教育行政部门会同有关部门责令限期改正，并按照民办教育促进法的有关规定给予处罚。

第五十六条 独立学院有下列情形之一的，由省级教育行政部门责令限期改正，并视情节轻重，给予警告、1 至 3 万元的罚款、减少招生计划或者暂停招生的处罚：

（一）独立学院资产不按期过户的；

（二）发布未经备案的招生简章或广告的；

（三）年检不合格的；

（四）违反国家招生计划擅自招收学生的。

第五十七条 独立学院违反民办教育促进法以及其他法律法规规定的，由省级教育行政部门或者会同有关部门给予处罚。

第七章　附　　则

第五十八条　本办法施行前设立的独立学院，按照本办法的规定进行调整，充实办学条件，完成有关工作。本办法施行之日起 5 年内，基本符合本办法要求的，由独立学院提出考察验收申请，经省级教育行政部门审核后报国务院教育行政部门组织考察验收，考察验收合格的，核发办学许可证。

第五十九条　本办法自 2008 年 4 月 1 日起施行。此前国务院教育行政部门发布的有关独立学院设置与管理的文件与本办法不一致的，以本办法为准。

高等学校知识产权保护管理规定

（教育部令第 3 号　1999 年 4 月 8 日发布）

第一章　总　　则

第一条　为有效保护高等学校知识产权，鼓励广大教职员工和学生发明创造和智力创作的积极性，发挥高等学校的智力优势，促进科技成果产业化，依据国家知识产权法律、法规，制定本规定。

第二条　本规定适用于国家举办的高等学校、高等学校所属教学科研机构和企业事业单位（以下简称"所属单位"）。社会力量举办的高等学校及其他教育机构参照适用本规定。

第三条　本规定所称的知识产权包括：

（一）专利权、商标权；

（二）技术秘密和商业秘密；

（三）著作权及其邻接权；

（四）高等学校的校标和各种服务标记；

（五）依照国家法律、法规规定或者依法由合同约定由高等学校享有或持有的其他知识产权。

第二章　任务和职责

第四条　高等学校知识产权保护工作的任务是：

（一）贯彻执行国家知识产权法律、法规，制定高等学校知识产权保护工作的方针、政策和规划；

（二）宣传、普及知识产权法律知识，增强高等学校知识产权保护意识和能力；

（三）进一步完善高等学校知识产权管理制度，切实加强高等学校知识产权保护工作；

（四）积极促进和规范管理高等学校科学技术成果及其他智力成果的开发、使用、转让和科技产业的发展。

第五条 国务院教育行政部门和各省、自治区、直辖市人民政府教育行政部门，在其职责范围内，负责对全国或本行政区域的高等学校知识产权工作进行领导和宏观管理，全面规划、推动、指导和监督高等学校知识产权保护工作的开展。

第六条 各高等学校在知识产权保护工作中应当履行的职责是：

（一）结合本校的实际情况，制定知识产权工作的具体规划和保护规定；

（二）加强对知识产权保护工作的组织和领导，完善本校知识产权保护制度，加强本校知识产权工作机构和队伍建设；

（三）组织知识产权法律、法规的教育和培训，开展知识产权课程教学和研究工作；

（四）组织开展本校知识产权的鉴定、申请、登记、注册、评估和管理工作；

（五）组织签订、审核本校知识产权的开发、使用和转让合同；

（六）协调解决本校内部有关知识产权的争议和纠纷；

（七）对在科技开发、技术转移以及知识产权保护工作中有突出贡献人员予以奖励；

（八）组织开展本校有关知识产权保护工作的国际交流与合作；

（九）其他在知识产权保护工作中应当履行的职责。

第三章　知识产权归属

第七条　高等学校对以下标识依法享有专用权：

（一）以高等学校名义申请注册的商标；

（二）校标；

（三）高等学校的其他服务性标记。

第八条　执行本校及其所属单位任务，或主要利用本校及其所属单位的物质技术条件所完成的发明创造或者其他技术成果，是高等学校职务发明创造或职务技术成果。

职务发明创造申请专利的权利属于高等学校。专利权被依法授予后由高等学校持有。职务技术成果的使用权、转让权由高等学校享有。

第九条　由高等学校主持、代表高等学校意志创作、并由高等学校承担责任的作品为高等学校法人作品，其著作权由高等学校享有。

为完成高等学校的工作任务所创作的作品是职务作品，除第十条规定情况外，著作权由完成者享有。高等学校在其业务范围内对职务作品享有优先使用权。作品完成两年内，未经高等学校同意，作者不得许可第三人以与高等学校相同的方式使用该作品。

第十条　主要利用高等学校的物质技术条件创作，并由高等学校承担责任的工程设计、产品设计图纸、计算机软件、地图等职务作品以及法律、行政法规规定的或者合同约定著作权由高等学校享有的职务作品，作者享有署名权，著作权的其他权利由高等学校享有。

第十一条　在执行高等学校科研等工作任务过程中所形成的信息、资料、程序等技术秘密属于高等学校所有。

第十二条　高等学校派遣出国访问、进修、留学及开展合作项目研究的人员，对其在校已进行的研究，而在国外可能完成的发明创造、获得的知识产权，应当与派遣的高等学校签订协议，确定其发明创造及其他知识产权的归属。

第十三条　在高等学校学习、进修或者开展合作项目研究的学生、研究人员，在校期间参与导师承担的本校研究课题或者承担学校安排的任务所完成的发明创造及其他技术成果，除另有协议外，应当归高等学校享有或持有。进入博士后流动站的人员，在进站前应就知识产权问题与流动站签订专门协议。

第十四条　高等学校的离休、退休、停薪留职、调离以及被辞退的人员，在离开高等学校一年内完成的与其原承担的本职工作或任务有关的发明创造或技术成果，由高等学校享有或持有。

第十五条　职务发明创造或职务技术成果，以及职务作品的完成人依法享有在有关技术文件和作品上署名及获得奖励和报酬的权利。

第四章　知识产权管理机构

第十六条　高等学校应建立知识产权办公会议制度，逐步建立健全知识产权工作机构。有条件的高等学校，可实行知识产权登记管理制度；设立知识产权保护与管理工作机构，归口管理本单位知识产权保护工作。暂未设立知识产权保护与管理机构的高等学校，应指定科研管理机构或其他机构担负相关职责。

第十七条　高等学校科研管理机构负责本校科研项目的立项、成果和档案管理。

应用技术项目的课题组或课题研究人员，在申请立项之前应当进行专利文献及其相关文献的检索。

课题组或课题研究人员在科研工作过程中，应当做好技术资料的记录和保管工作。科研项目完成后，课题负责人应当将全部实验报告、实验记录、图纸、声像、手稿等原始技术资料收集整理后交本校科研管理机构归档。

第十八条　在科研活动中作出的职务发明创造或者形成的职务技术成果，课题负责人应当及时向本校科研管理机构（知识产权管理机构）

提出申请专利的建议，并提交相关资料。

高等学校的科研管理机构应当对课题负责人的建议和相关资料进行审查，对需要申请专利的应当及时办理专利申请，对不宜申请专利的技术秘密要采取措施予以保护。

第十九条 高等学校应当规范和加强有关知识产权合同的签订、审核和管理工作。

高等学校及其所属单位与国内外单位或者个人合作进行科学研究和技术开发，对外进行知识产权转让或者许可使用，应当依法签订书面合同，明确知识产权的归属以及相应的权利、义务等内容。

高等学校的知识产权管理机构负责对高等学校及其所属单位签订的知识产权合同进行审核和管理。

第二十条 高等学校所属单位对外进行知识产权转让或者许可使用前，应当经学校知识产权管理机构审查，并报学校批准。

第二十一条 高等学校的教职员工和学生凡申请非职务专利，登记非职务计算机软件的，以及进行非职务专利、非职务技术成果以及非职务作品转让和许可的，应当向本校知识产权管理机构申报，接受审核。对于符合非职务条件的，学校应出具相应证明。

第二十二条 高等学校要加强科技保密管理。高等学校的教职员工和学生，在开展国内外学术交流与合作过程中，对属于本校保密的信息和技术，要按照国家和本校的有关规定严格保密。

高等学校对在国内外科技展览会参展的项目应当加强审核和管理、做好科技保密管理工作。

第二十三条 高等学校应当重视开展知识产权的资产评估工作，加强对知识产权资产评估的组织和管理。

高等学校对外进行知识产权转让、许可使用、作价投资入股或者作为对校办科技产业的投入，应当对知识产权进行资产评估。

第二十四条 高等学校可根据情况逐步实行知识产权保证书制度，与有关教职员工和学生签订保护本校知识产权的保证书，明确保护本校知识产权的义务。

第五章　奖酬与扶持

第二十五条　高等学校应当依法保护职务发明创造、职务技术成果、高等学校法人作品及职务作品的研究、创作人员的合法权益，对在知识产权的产生、发展，科技成果产业化方面作出突出贡献的人员，按照国家的有关规定给予奖励。

第二十六条　高等学校将其知识产权或职务发明创造、职务技术成果转让给他人或许可他人使用的，应当从转让或许可使用所取得的净收入中，提取不低于20%的比例，对完成该项职务发明创造、职务技术成果及其转化作出重要贡献的人员给予奖励。为促进科技成果产业化，对经学校许可，由职务发明创造、职务技术成果完成人进行产业化的，可以从转化收入中提取不低于30%的比例给予奖酬。

第二十七条　高等学校及其所属单位独立研究开发或者与其他单位合作研究开发的科技成果实施转化成功投产后，高等学校应当连续三至五年从实施该项科技成果所取得的收入中提取不低于5%的比例，对完成该项科技成果及其产业化作出重要贡献的人员给予奖酬。

采用股份制形式的高等学校科技企业，或者主要以技术向其他股份制企业投资入股的高等学校，可以将在科技成果的研究开发、产业化中作出重要贡献的有关人员的报酬或者奖励，按照国家有关规定折算为相应的股份份额或者出资比例。该持股人依据其所持股份份额或出资比例分享收益。

第二十八条　高等学校应当根据实际情况，采取有效措施，对知识产权的保护、管理工作提供必要的条件保障。高等学校应拨出专款或从技术实施收益中提取一定比例，设立知识产权专项基金，用于支持补贴专利申请，维持和知识产权保护方面的有关费用。对知识产权保护与管理作出突出贡献的单位和个人，高等学校应给予奖励，并作为工作业绩和职称评聘的重要参考。

第六章　法律责任

第二十九条　剽窃、窃取、篡改、非法占有、假冒或者以其他方式侵害由高等学校及其教职员工和学生依法享有或持有的知识产权的，高等学校有处理权的，应责令其改正，并对直接责任人给予相应的处分；对无处理权的，应提请并协助有关行政部门依法作出处理。构成犯罪的，应当依法追究刑事责任。

第三十条　在高等学校教学、科研、创作以及成果的申报、评审、鉴定、产业化活动中，采取欺骗手段，获得优惠待遇或者奖励的，高等学校应当责令改正，退还非法所得，取消其获得的优惠待遇和奖励。

第三十一条　违反本规定，泄露本校的技术秘密，或者擅自转让、变相转让以及许可使用高等学校的职务发明创造、职务技术成果、高等学校法人作品或者职务作品的，或造成高等学校资产流失和损失的，由高等学校或其主管教育行政部门对直接责任人员给予行政处分。

第三十二条　侵犯高等学校及其教职员工和学生依法享有或持有的知识产权，造成损失、损害的，应当依法承担民事责任。

第七章　附　　则

第三十三条　本规定自发布之日起施行。

关于实施高等学校创新
能力提升计划的意见

教技〔2012〕6号

（教育部、财政部 2012 年 3 月 15 日发布）

为贯彻落实胡锦涛总书记在庆祝清华大学建校 100 周年大会上的重要讲话精神，积极推动协同创新，促进高等教育与科技、经济、文化的有机结合，大力提升高等学校的创新能力，支撑创新型国家和人力资源强国建设，决定实施"高等学校创新能力提升计划"（以下简称"2011 计划"），并对计划实施提出以下意见：

一、实施意义

（一）实施"2011 计划"，是落实胡锦涛总书记清华大学百年校庆重要讲话精神的重大举措。

全面提高高等教育质量是总书记讲话的主线，创新能力是提高质量的灵魂。贯彻落实总书记讲话，迫切需要通过大力推进协同创新，鼓励高等学校同科研机构、行业企业开展深度合作，建立战略联盟，促进资源共享，在关键领域取得实质性成果，实现高等学校创新能力的显著与持续提升。

（二）实施"2011 计划"，是加快创新型国家建设的重要支撑。

当今世界，创新已成为经济社会发展的主要驱动力，创新能力成为国家竞争力的核心要素。面对日新月异的科技进步，迫切需要转变创新理念和模式，加快以学科交叉融合为基础的知识、技术集成与转化，加快创新力量和资源整合与重组，促进政产学研用紧密结合，支撑国家经济和社会发展方式的转变。

（三）实施"2011 计划"，是推动我国教育与科技、经济、文化紧密结合的战略行动。

长期以来，我国创新力量各成体系，创新资源分散重复，创新效率不高，迫切需要突破自主创新的机制体制障碍，促进社会各类创新力量的协同创新，促进教育与科技、经济、文化事业的融合发展，提高国家整体创新能力和竞争实力。

二、指导思想

按照"国家急需、世界一流"的要求，瞄准科学前沿和国家发展的重大需求，以重点学科建设为基础，以机制体制改革为重点，以创新能力提升为突破口，大力推动协同创新，充分发挥高等教育作为科技第一生产力和人才第一资源重要结合点在国家发展中的独特作用，支撑经济社会又好又快发展。

三、基本原则

需求导向。紧密围绕科技、经济和社会发展中的重大需求，通过协同创新，重点研究和解决国家急需的战略性问题、科学技术尖端领域的前瞻性问题以及涉及国计民生的重大公益性问题。

全面开放。面向各类高等学校开放，不限定范围，不固化单位，广泛吸纳科研院所、行业企业、地方政府以及国际创新力量等，形成多元、开放、动态的组织运行模式。

深度融合。引导和支持高等学校与各类创新力量开展深度合作，探索创新要素有机融合的新机制，促进优质资源的充分共享，加快学科交叉融合，推动教育、科技、经济、文化互动，实现人才培养质量和科学研究能力的同步提升。

创新引领。以机制体制改革引领协同创新，以协同创新引领高等学校创新能力的全面提升，推动高等教育的科学发展，加快世界一流大学和高水平大学建设步伐，促进国家自主创新、科技进步和文化繁荣。

四、总体目标

充分发挥高等学校多学科、多功能的优势，积极联合国内外创新力量，有效整合创新资源，构建协同创新的新模式与新机制，形成有利于协同创新的文化氛围。建立一批"2011 协同创新中心"，集聚和培养一批拔尖创新人才，取得一批重大标志性成果，成为具有国际重大影响的学术高地、行业产业共性技术的研发基地、区域创新发展的引领阵地和文化传承创新的主力阵营。推动知识创新、技术创新、区域创新的战略融合，支撑国家创新体系建设。

五、重点任务

（一）构建协同创新平台与模式。

以人才、学科、科研三位一体的创新能力提升为核心，坚持"高起点、高水准、有特色"，充分利用高等学校已有的基础，汇聚社会多方资源，大力推进高等学校与高等学校、科研院所、行业企业、地方政府以及国际社会的深度融合，探索建立适应于不同需求、形式多样的协同创新模式。

1. 面向科学技术前沿和社会发展的重大问题，依托高等学校的优势特色学科，与国内外高水平的大学、科研机构等开展实质性合作，吸引和聚集国内外的优秀创新团队与优质资源，建立符合国际惯例的知识创新模式，营造良好的学术环境和氛围，持续产出重大原始创新成果和拔尖创新人才，逐步成为引领和主导国际科学研究与合作的学术中心。

2. 面向行业产业经济发展的核心共性问题，依托高等学校与行业结合紧密的优势学科，与大中型骨干企业、科研院所联合开展有组织创新，建立多学科融合、多团队协同、多技术集成的重大研发与应用平台，形成政产学研用融合发展的技术转移模式，为产业结构调整、行业技术进步提供持续的支撑和引领，成为国家技术创新的重要阵地。

3. 面向区域发展的重大需求，鼓励各类高等学校通过多种形式自觉服务于区域经济建设和社会发展。支持地方政府围绕区域经济发展规划，引导高等学校与企业、科研院所等通过多种形式开展产学研用协同研发，推动高等学校服务方式转变，构建多元化成果转化与辐射模式，带动区域产业结构调整和新兴产业发展，为地方政府决策提供战略咨询服务，在区域创新中发挥骨干作用。

4. 面向我国社会主义文化建设的迫切需求，整合高等学校人文社会科学的学科和人才优势，推动与科研院所、行业产业以及境外高等学校、研究机构等开展协同研究，构建多学科交叉研究平台，探索建立文化传承创新的新模式，加强文化对外表达和传播能力建设，发挥智囊团和思想库作用，为提升国家文化软实力、增强中华文化国际影响力、推动人类文明进步做出积极贡献。

（二）建立协同创新机制与体制。

坚持政府主导与市场机制相结合，突破制约高等学校创新能力提升的内部机制障碍，打破高等学校与其他创新主体间的体制壁垒，把人才作为协同创新的核心要素，通过系统改革，充分释放人才、资本、信息、技术等方面的活力，营造有利于协同创新的环境氛围。

1. 构建科学有效的组织管理体系。成立由多方参与的管理机构，负责重大事务协商与决策，制订科学与技术的总体发展路线，明确各方责权和人员、资源、成果、知识产权等归属，实现开放共享、持续发展。

2. 探索促进协同创新的人事管理制度。建立以任务为牵引的人员聘用方式，增强对国内外优秀人才的吸引力和凝聚力，造就协同创新的领军人才与团队。推动高等学校与科研院所、企业之间的人员流动，优化人才队伍结构。

3. 健全寓教于研的拔尖创新人才培养模式。以科学研究和实践创新为主导，通过学科交叉与融合、产学研紧密合作等途径，推动人才培养机制改革，以高水平科学研究支撑高质量人才培养。

4. 形成以创新质量和贡献为导向的评价机制。改变单纯以论文、获奖为主的考核评价方式，注重原始创新和解决国家重大需求的实效，建立综合评价机制和退出机制，鼓励竞争，动态发展。

5. 建立持续创新的科研组织模式。充分发挥协同创新的人才、学科和资源优势，在协同创新中不断发现和解决重大问题，形成可持续发展、充满活力和各具特色的科研组织模式。

6. 优化以学科交叉融合为导向的资源配置方式。充分利用和盘活现有资源，集中优质资源重点支持，发挥优势和特色学科的汇聚作用，构建有利于协同创新的基础条件，形成长效机制。

7. 创新国际交流与合作模式。积极吸引国际创新力量和资源，集聚世界一流专家学者参与协同创新，合作培养国际化人才，推动与国外高水平大学、科研机构等建立实质性合作，加快我国高等学校的国际化发展进程。

8. 营造有利于协同创新的文化环境。构建自由开放、鼓励创新、宽容失败的学术氛围，倡导拼搏进取、敬业奉献、求真务实、团结合作的精神风尚。

六、管理实施

（一）组织管理。

教育部、财政部联合成立领导小组，负责顶层设计、宏观布局、统筹协调、经费投入等重大事项决策。领导小组下设办公室，负责规划设计、组织实施、监督管理等工作，办公地点设在教育部。

成立专家咨询委员会，为重大政策、总体规划、中心遴选、管理实施等提供咨询。委员会由来自有关部门、高等学校、科研机构、行业企业、社会团体的专家组成。

充分体现公开、公平、公正的要求，建立第三方评审机制。确定相对独立的第三方机构，负责遴选评审专家、组织评审、开展定期检查和阶段性评估等工作。

（二）操作实施。

"2011 计划"从 2012 年开始实施，四年为一周期，按照培育组建、评审认定、绩效评价三个阶段开展。在充分培育并达到申报要求的前提下，由协同创新体联合提出"2011 协同创新中心"的认定申请。国家每年组织一次评审，按照一定数量和规模，择优遴选不同类型的协同创新中心。

1. 培育组建。高等学校应按照"2011 计划"的精神和要求，加强组织领导和顶层规划，积极推进机制体制改革，充分汇聚现有资源，广泛联合科研院所、行业企业、地方政府以及国际社会的创新力量开展协同创新。通过前期培育，确定协同创新方向，选择协同创新模式，组建协同创新体，营造协同创新的环境氛围，形成协同创新的新机制和新优势，为参与"2011 计划"奠定基础。

2. 评审认定。在高等学校为主组成的协同创新体充分培育并取得良好成效基础上，联合提交协同创新中心认定申请。申请认定的协同创新体应满足科学前沿和国家需求的重大方向、具备开展重大机制体制改革的基础与条件、具有解决重大问题的综合能力和学科优势等基本条件。领导小组办公室对认定申请进行初审后，委托第三方机构组织专家评审。领导小组根据评审结果进行审议后，对符合条件的协同创新体，批准认定为"2011 协同创新中心"。

3. 绩效评价。经批准认定的"2011 协同创新中心"应进一步完善组织管理机制，落实相关条件，整合多方资源，优化规章制度和运行管理办法，强化责任意识，加强过程管理，加快实现预期目标。教育部、财政部建立绩效评价机制，按照协同创新中心确定的任务与规划，加强目标管理和阶段性评估。对于执行效果不佳或无法实现预期目标的"2011 协同创新中心"，要及时整改或予以裁撤。

（三）支持方式。

发挥协同创新的引导和聚集作用，充分利用现有各类资源和条件，广泛吸纳社会多方面的支持和投入。面向行业产业发展的协同创新中心，要发挥行业部门和骨干企业的主导作用，汇聚行业、企业、社会等方面的投入与支持；面向区域发展的协同创新中心，要发挥地方政府的主导作用，建立地方投入和支持的长效机制，吸纳企业、社会等方面的支持；面向科学前沿、社会发展和文化传承创新的协同创新中心，要充分利用国家已有的各方面资源，发挥集聚效应。

中央财政设立专项资金，对经批准认定的"2011协同创新中心"，可给予引导性或奖励性支持。

为积极推进"2011计划"的实施，保障"2011协同创新中心"的机制体制改革，根据实际情况和需求，有关部门、地方、高校等应在人事管理、人才计划、招生指标、科研任务和分配政策等方面给予优先或倾斜支持，形成有利于协同创新的政策汇聚区。

关于全面提高高等教育质量的若干意见

教高〔2012〕4 号

（教育部 2012 年 3 月 16 日发布）

为深入贯彻落实胡锦涛总书记在庆祝清华大学建校 100 周年大会上的重要讲话精神和《国家中长期教育改革和发展规划纲要（2010-2020年）》，大力提升人才培养水平、增强科学研究能力、服务经济社会发展、推进文化传承创新，全面提高高等教育质量，现提出如下意见。

（一）坚持内涵式发展

牢固确立人才培养的中心地位，树立科学的高等教育发展观，坚持稳定规模、优化结构、强化特色、注重创新，走以质量提升为核心的内涵式发展道路。稳定规模，保持公办普通高校本科招生规模相对稳定，高等教育规模增量主要用于发展高等职业教育、继续教育、专业学位硕士研究生教育以及扩大民办教育和合作办学。优化结构，调整学科专业、类型、层次和区域布局结构，适应国家和区域经济社会发展需要，满足人民群众接受高等教育的多样化需求。强化特色，促进高校合理定位、各展所长，在不同层次不同领域办出特色、争创一流。注重创新，以体制机制改革为重点，鼓励地方和高校大胆探索试验，加快重要领域和关键环节改革步伐。按照内涵式发展要求，完善实施高校"十二五"改革和发展规划。

（二）促进高校办出特色

探索建立高校分类体系，制定分类管理办法，克服同质化倾向。根据办学历史、区位优势和资源条件等，确定特色鲜明的办学定位、发展规划、人才培养规格和学科专业设置。加快建设若干所世界一流大学和一批高水平大学，建设一批世界一流学科，继续实施"985 工程"、"211 工程"和优势学科创新平台、特色重点学科项目。加强师范、艺术、体育以及农林、水利、地矿、石油等行业高校建设，突出学科专业特色和行业特色。加强地方本科高校建设，以扶需、扶特为原则，发挥政策引导和资源配置作用，支持有特色高水平地方高校发展。加强高职学校建设，重点建设好高水平示范（骨干）高职学校。加强民办高校内涵建设，办好一批高水平民办高校。实施中西部高等教育振兴计划，推进东部高校对口支援西部高校计划。完善中央部属高校和重点建设高校战略布局。

（三）完善人才培养质量标准体系

全面实施素质教育，把促进人的全面发展和适应社会需要作为衡量人才培养水平的根本标准。建立健全符合国情的人才培养质量标准体系，落实文化知识学习和思想品德修养、创新思维和社会实践、全面发展和个性发展紧密结合的人才培养要求。会同相关部门、科研院所、行业企业，制订实施本科和高职高专专业类教学质量国家标准，制订一级学科博士、硕士学位和专业学位基本要求。鼓励行业部门依据国家标准制订相关专业人才培养评价标准。高校根据实际制订科学的人才培养方案。

（四）优化学科专业和人才培养结构

修订学科专业目录及设置管理办法，建立动态调整机制，优化学科专业结构。落实和扩大高校学科专业设置自主权，按照学科专业设置管理规定，除国家控制布点专业外，本科和高职高专专业自主设置，研究生二级学科自主设置，在有条件的学位授予单位试行自行增列博士、硕士一级学科学位授权点。开展本科和高职高专专业综合改革试点，支持优势特色专业、战略性新兴产业相关专业和农林、水利、地矿、石油等行业相关专业以及师范类专业建设。建立高校毕业生就业和重点产业人才供需年度报告制度，健全专业预警、退出机制。连续两年就业率较低的专业，除个别特殊专业外，应调减招生计划直至停招。加大应用型、复合型、技能型人才培养力度。大力发展专业学位研究生教育，逐步扩大专业学位硕士研究生招生规模，促进专业学位和学术学位协调发展。

（五）创新人才培养模式

实施基础学科拔尖学生培养试验计划，建设一批国家青年英才培养基地，探索拔尖创新人才培养模式。实施卓越工程师、卓越农林人才、卓越法律人才等教育培养计划，以提高实践能力为重点，探索与有关部门、科研院所、行业企业联合培养人才模式。推进医学教育综合改革，实施卓越医生教育培养计划，探索适应国家医疗体制改革需要的临床医学人才培养模式。实施卓越教师教育培养计划，探索中小学特别是农村中小学骨干教师培养模式。提升高职学校服务产业发展能力，探索高端技能型人才系统培养模式。鼓励因校制宜，探索科学基础、实践能力和人文素养融合发展的人才培养模式。改革教学管理，探索在教师指导下，学生自主选择专业、自主选择课程等自主学习模式。创新教育教学方法，倡导启发式、探究式、讨论式、参与式教学。促进科研与教学互动，及时把科研成果转化为教学内容，重点实验室、研究基地等向学生开放。支持本科生参与科研活动，早进课题、早进实验室、早进团队。改革考试方法，注重学习过程考查和学生能力评价。

（六）巩固本科教学基础地位

把本科教学作为高校最基础、最根本的工作，领导精力、师资力量、资源配置、经费安排和工作评价都要体现以教学为中心。高校每年召开本科教学工作会议，着力解决人才培养和教育教学中的重点难点问题。高校制订具体办法，把教授为本科生上课作为基本制度，将承担本科教学任务作为教授聘用的基本条件，让最优秀教师为本科一年级学生上课。鼓励高校开展专业核心课程教授负责制试点。倡导知名教授开设新生研讨课，激发学生专业兴趣和学习动力。完善国家、地方和高校教学名师评选表彰制度，重点表彰在教学一线做出突出贡献的优秀教师。定期开展教授为本科生授课情况的专项检查。完善国家、地方、高校三级"本科教学工程"体系，发挥建设项目在推进教学改革、加强教学建设、提高教学质量上的引领、示范、辐射作用。

（七）改革研究生培养机制

完善以科学研究和实践创新为主导的导师负责制。综合考虑导师的师德、学术和实践创新水平，健全导师遴选、考核等制度，给予导师特别是博士生导师在录取、资助等方面更多自主权。专业学位突出职业能力培养，与职业资格紧密衔接，建立健全培养、考核、评价和管理体系。学术学位研究生导师应通过科研任务，提高研究生的理论素养和实践能力。推动高校与科研院所联合培养，鼓励跨学科合作指导。专业学位研究生实行双导师制，支持在行业企业建立研究生工作站。开展专业学位硕士研究生培养综合改革试点。健全研究生考核、申诉、转学等机制，完善在课程教学、中期考核、开题报告、预答辩、学位评定等各环节的研究生分流、淘汰制度。

（八）强化实践育人环节

制定加强高校实践育人工作的办法。结合专业特点和人才培养要求，分类制订实践教学标准。增加实践教学比重，确保各类专业实践教学必要的学分（学时）。配齐配强实验室人员，提升实验教学水平。组织编写一批优秀实验教材。加强实验室、实习实训基地、实践教学共享平台建设，重点建设一批国家级实验教学示范中心、国家大学生校外实践教育基地、高职实训基地。加强实践教学管理，提高实验、实习实训、实践和毕业设计（论文）质量。支持高职学校学生参加企业技改、工艺创新等活动。把军事训练作为必修课，列入教学计划，认真组织实施。广泛开展社会调查、生产劳动、志愿服务、公益活动、科技发明、勤工助学和挂职锻炼等社会实践活动。新增生均拨款优先投入实践育人工作，新增教学经费优先用于实践教学。推动建立党政机关、城市社区、农村乡镇、企事业单位、社会服务机构等接收高校学生实践制度。

（九）加强创新创业教育和就业指导服务

把创新创业教育贯穿人才培养全过程。制订高校创新创业教育教学基本要求，开发创新创业类课程，纳入学分管理。大力开展创新创业师资培养培训，聘请企业家、专业技术人才和能工巧匠等担任兼职教师。支持学生开展创新创业训练，完善国家、地方、高校三级项目资助体系。依托高新技术产业开发区、工业园区和大学科技园等，重点建设一批高校学生科技创业实习基地。普遍建立地方和高校创新创业教育指导中心和孵化基地。加强就业指导服务，加快就业指导服务机构建设，完善职业发展和就业指导课程体系。建立健全高校毕业生就业信息服务平台，加强困难群体毕业生就业援助与帮扶。

（十）加强和改进思想政治教育

全面实施思想政治理论课课程方案，推动中国特色社会主义理论体系进教材、进课堂、进头脑。及时修订教材和教学大纲，充分反映马克思主义中国化最新成果。改进教学方法，把教材优势转化为教学优势，增强教学实效。制定思想政治理论课教师队伍建设规划，加大全员培训、骨干研修、攻读博士学位、国内外考察等工作力度。加强马克思主义理论学科建设，为思想政治理论课提供学科支撑。实施高校思想政治理论课建设标准，制定教学质量测评体系。加强形势与政策教育教学规范化、制度化建设。实施立德树人工程，提高大学生思想政治教育工作科学化水平。创新网络思想政治教育，建设一批主题教育网站、网络社区。推动高校普遍设立心理健康教育和咨询机构，开好心理健康教育课程。增强教师心理健康教育意识，关心学生心理健康。制定大学生思想政治教育工作测评体系。启动专项计划，建设一支高水平思想政治教育专家队伍，推进辅导员队伍专业化职业化。创新学生党支部设置方式，加强学生党员的教育、管理和服务，加强在学生中发展党员工作，加强组织员队伍建设。加强爱国、敬业、诚信、友善等道德规范教育，推动学雷锋活动机制化常态化。推进全员育人、全过程育人、全方位育人，引导学生自我教育、自我管理和自我服务。

（十一）健全教育质量评估制度

出台高校本科教学评估新方案，加强分类评估、分类指导，坚持管办评分离的原则，建立以高校自我评估为基础，以教学基本状态数据常态监测、院校评估、专业认证及评估、国际评估为主要内容，政府、学校、专门机构和社会多元评价相结合的教学评估制度。加强高校自我评估，健全校内质量保障体系，完善本科教学基本状态数据库，建立本科教学质量年度报告发布制度。实行分类评估，对2000年以来未参加过评估的新建本科高校实行合格评估，对参加过评估并获得通过的普通本科高校实行审核评估。开展专业认证及评估，在工程、医学等领域积极探索与国际实质等效的专业认证，鼓励有条件的高校开展学科专业的国际评估。对具有三届毕业生的高职学校开展人才培养工作评估。加强学位授权点建设和研究生培养质量监控，坚持自我评估和随机抽查相结合，每5年对博士、硕士学位授权点评估一次。加大博士学位论文抽检范围和力度，每年抽查比例不低于5%。建立健全教学合格评估与认证相结合的专业学位研究生教育质量保障制度。建设学位与研究生教育质量监控信息化平台。

（十二）推进协同创新

启动实施高等学校创新能力提升计划。按照国家急需、世界一流要求，坚持"需求导向、全面开放、深度融合、创新引领"原则，瞄准世界科技前沿，面向国家战略和区域发展重大需求，以体制机制改革为重点，以创新能力提升为突破口，通过政策和项目引导，大力推进协同创新。探索建立校校协同、校所协同、校企（行业）协同、校地（区域）协同、国际合作协同等开放、集成、高效的新模式，形成以任务为牵引的人事聘用管理制度、寓教于研的人才培养模式、以质量与贡献为依据的考评机制、以学科交叉融合为导向的资源配置方式等协同创新机制，产出一批重大标志性成果，培养一批拔尖创新人才，在国家创新体系建设中发挥重要作用。

（十三）提升高校科技创新能力

实施教育部、科技部联合行动计划。制定高校科技发展规划。依托重点学科，加快高校国家（重点）实验室、重大科技基础设施、国家工程技术（研究）中心以及教育部重点实验室、工程技术中心建设与发展。积极推进高校基础研究特区、国际联合研究中心、前沿技术联合实验室和产业技术研究院、都市发展研究院、新农村发展研究院等多种形式的改革试点，探索高校科学研究面向经济社会发展、与人才培养紧密结合、促进学科交叉融合的新模式。

（十四）繁荣发展高校哲学社会科学

实施新一轮高校哲学社会科学繁荣计划。积极参与马克思主义理论研究和建设工程，推进哲学社会科学教学科研骨干研修，做好重点教材编写和使用工作，形成全面反映马克思主义中国化最新成果的哲学社会科学学科体系和教材体系。推进高校人文社会科学重点研究基地建设，新建一批以国家重大需求为导向和新兴交叉领域的重点研究基地，构建创新平台体系。加强基础研究，强化应用对策研究，促进交叉研究，构建服务国家需要与鼓励自由探索相结合的项目体系。瞄准国家发展战略和重大国际问题，推进高校智库建设。重点建设一批社会科学专题数据库和优秀学术网站。实施高校哲学社会科学"走出去"计划，推进优秀成果和优秀人才走向世界，增强国际学术话语权和影响力。

（十五）改革高校科研管理机制

激发创新活力、提高创新质量，建立科学规范、开放合作、运行高效的现代科研管理机制。推进高校科研组织形式改革，提升高校科研管理水平，加强科研管理队伍建设，增强高校组织、参与重大项目的能力。创新高校科研人员聘用制度，建立稳定与流动相结合的科研团队。加大基本科研业务费专项资金投入力度，形成有重点的稳定支持和竞争性项目相结合的资源配置方式。改进高校科学研究评价办法，形成重在质量、崇尚创新、社会参与的评价方式，建立以科研成果创造性、实用性以及科研对人才培养贡献为导向的评价激励机制。

（十六）增强高校社会服务能力

主动服务经济发展方式转变和产业转型升级，加快高校科技成果转化和产业化，加强高校技术转移中心建设，形成比较完善的技术转移体系。支持高校参与技术创新体系建设，参与组建产学研战略联盟。开展产学研合作基地建设改革试点，引导高校和企业共建合作创新平台。瞄准经济社会发展重大理论和现实问题，加强与相关部门和地方政府合作，建设一批高水平咨询研究机构。支持高校与行业部门（协会）、龙头企业共建一批发展战略研究院，开展产业发展研究和咨询。组建一批国际问题研究中心，深入研究全球问题、热点区域问题、国别问题。

（十七）加快发展继续教育

推动建立继续教育国家制度，搭建终身学习"立交桥"。健全宽进严出的继续教育学习制度，改革和完善高等教育自学考试制度。推进高校继续教育综合改革，引导高校面向行业和区域举办高质量学历和非学历继续教育。实施本专科继续教育质量提升计划、高校继续教育资源开放计划。开展高校继续教育学习成果认证、积累和转换试点工作，鼓励社会成员通过多样化、个性化方式参与学习。深入开展和规范以同等学力申请学位工作。

（十八）推进文化传承创新

传承弘扬中华优秀传统文化，吸收借鉴世界优秀文明成果。加强对前人积累的文化成果研究，加大对文史哲等学科支持力度，实施基础研究中长期重大专项和学术文化工程，推出一批标志性成果，推动社会主义先进文化建设。发挥文化育人作用，把社会主义核心价值体系融入国民教育全过程，建设体现社会主义特点、时代特征和学校特色的大学文化。秉承办学传统，凝练办学理念，确定校训、校歌，形成优良校风、教风和学风，培育大学精神。组织实施高校校园文化创新项目。加强图书馆、校史馆、博物馆等场馆建设。面向社会开设高校名师大讲堂，开展高校理论名家社会行等活动。稳步推进孔子学院建设，促进国际汉语教育科学发展。推进海外中国学研究，鼓励高校合作建立海外中国学术研究中心。实施当代中国学术精品译丛、中华文化经典外文汇释汇校项目，建设一批国际知名的外文学术期刊、国际性研究数据库和外文学术网站。

（十九）改革考试招生制度

深入推进高考改革，成立国家教育考试指导委员会，研究制定考试改革方案，逐步形成分类考试、综合评价、多元录取的高校考试招生制度。改革考试内容和形式，推进分类考试，扩大高等职业教育分类入学考试试点和高等职业教育单独招生考试。改革考试评价方式，推进综合评价，探索形成高考与高校考核、高中学业水平考试和综合素质评价相结合的多样化评价体系。改革招生录取模式，推进多元录取，逐步扩大自主选拔录取改革试点范围，在坚持统一高考基础上，探索完善自主录取、推荐录取、定向录取、破格录取的方式，探索高等职业教育"知识+技能"录取模式。改革高考管理制度，推进"阳光工程"，加快标准化考点建设，规范高校招生秩序、高考加分项目和艺术体育等特殊类型招生。

实施支援中西部地区招生协作计划，扩大东部高校在中西部地区招生规模。推进硕士生招生制度改革，突出对考生创新能力、专业潜能和综合素质的考查。推进博士生招生选拔评价方式、评价标准和内容体系等改革，把科研创新能力作为博士生选拔的首要因素，完善直博生和硕博连读等长学制选拔培养制度。建立健全博士生分流淘汰与名额补偿机制。

（二十）完善研究生资助体系

加大研究生教育财政投入，对纳入招生计划的学术学位和专业学位研究生，按综合定额标准给予财政拨款。建立健全研究生教育收费与奖学助学制度。依托导师科学研究或技术创新经费，增加研究生的研究资助额度。改革奖学金评定、发放和管理办法，实行重在激励的奖学金制度。设立国家奖学金，奖励学业成绩优秀、科研成果显著、社会公益活动表现突出的研究生。设立研究生助学金，将研究生纳入国家助学体系。

（二十一）完善中国特色现代大学制度

落实和扩大高校办学自主权，明确高校办学责任，完善治理结构。发布高校章程制定办法，加强章程建设。配合有关部门制定并落实坚持和完善普通高校党委领导下的校长负责制实施办法，健全党政议事规则和决策程序，依法落实党委职责和校长职权。坚持院系党政联席会议制度。高校领导要把主要精力投入到学校管理工作中，把工作重点集中到提高教育质量上。加强学术组织建设，优化校院两级学术组织构架，制定学术委员会规则，发挥学术委员会在学科建设、学术评价、学术发展中的重要作用。推进教授治学，发挥教授在教学、学术研究和学校管理中的作用。建立校领导联系学术骨干和教授制度。加强教职工代表大会、学生代表大会建设，发挥群众团体的作用。总结推广高校理事会或董事会组建模式和经验，建立健全社会支持和监督学校发展的长效机制。

（二十二）推进试点学院改革

建立教育教学改革试验区，在部分高校设立试点学院，探索以创新人才培养体制为核心、以学院为基本实施单位的综合性改革。改革人才招录与选拔方式，实行自主招生、多元录取，选拔培养具有创新潜质、学科特长和学业优秀的学生。改革人才培养模式，实行导师制、小班教学，激发学生学习主动性、积极性和创造性，培养拔尖创新人才。改革教师遴选、考核与评价制度，实行聘用制，探索年薪制，激励教师把主要精力用于教书育人。完善学院内部治理结构，实行教授治学、民主管理，扩大学院教学、科研、管理自主权。

（二十三）建设优质教育资源共享体系

建立高校与相关部门、科研院所、行业企业的共建平台，促进合作办学、合作育人、合作发展。鼓励地方建立大学联盟，发挥部属高校优质资源辐射作用，实现区域内高校资源共享、优势互补。加强高校间开放合作，推进教师互聘、学生互换、课程互选、学分互认。加强信息化资源共享平台建设，实施国家精品开放课程项目，建设一批精品视频公开课程和精品资源共享课程，向高校和社会开放。推进高等职业教育共享型专业教学资源库建设，与行业企业联合建设专业教学资源库。

（二十四）加强省级政府统筹

加大省级统筹力度，根据国家标准，结合各地实际，合理确定各类高等教育办学定位、办学条件、教师编制、生均财政拨款基本标准，合理设置和调整高校及学科专业布局。省级政府依法审批设立实施专科学历教育的高校，审批省级政府管理本科高校学士学位授予单位，审核硕士学位授予单位的硕士学位授予点和硕士专业学位授予点。核准地方高校的章程。完善实施地方"十二五"高等教育改革和发展规划。加大对地方高校的政策倾斜力度，根据区域经济社会发展需要，重点支持一批有特色高水平地方高校。推进国家示范性高等职业院校建设计划，重点建设一批特色高职学校。

（二十五）提升国际交流与合作水平

支持中外高校间学生互换、学分互认、学位互授联授。继续实施公派研究生出国留学项目。探索建立高校学生海外志愿服务机制。推动高校制定本科生和研究生中具有海外学习经历学生比例的阶段性目标。全面实施留学中国计划，不断提高来华留学教育质量，进一步扩大外国留学生规模，使我国成为亚洲最大的留学目的地国。以实施海外名师项目和学科创新引智计划等为牵引，引进一批国际公认的高水平专家学者和团队。在部分高校开展聘请外籍人员担任"学术院系主任"、"学术校长"试点。推动高校结合实际提出聘用外籍教师比例的增长性目标。做好高校领导和骨干教师海外培训工作。支持高职学校开展跨国技术培训。支持高校境外办学。支持高校办好若干所示范性中外合作办学机构，实施一批中外合作办学项目。

（二十六）加强师德师风建设

制定高校教师职业道德规范。加强职业理想和职业道德教育，大力宣传高校师德楷模的先进事迹，引导教师潜心教书育人。健全师德考评制度，将师德表现作为教师绩效考核、聘用和奖惩的首要内容，实行师德一票否决制。在教师培训特别是新教师岗前培训中，强化师德教育特别是学术道德、学术规范教育。制定加强高校学风建设的办法，完善高校科研学术规范，建立学术不端行为惩治查处机构。对学术不端行为者，一经查实，一律予以解聘，依法撤销教师资格。

（二十七）提高教师业务水平和教学能力

推动高校普遍建立教师教学发展中心，重点支持建设一批国家级教师教学发展示范中心，有计划地开展教师培训、教学咨询等，提升中青年教师专业水平和教学能力。完善教研室、教学团队、课程组等基层教学组织，坚持集体备课，深化教学重点难点问题研究。健全老中青教师传帮带机制，实行新开课、开新课试讲制度。完善助教制度，加强助教、助研、助管工作。探索科学评价教学能力的办法。鼓励高校聘用具有实践经验的专业技术人员担任专兼职教师，支持教师获得校外工作或研究经历。加大培养和引进领军人物、优秀团队的力度，积极参与"千人计划"，实施"长江学者奖励计划"和"创新团队发展计划"，加强高层次人才队伍建设。选择一批高校探索建立人才发展改革试验区。实施教师教育创新平台项目。建立教授、副教授学术休假制度。

（二十八）完善教师分类管理

严格实施高校教师资格制度，全面实行新进人员公开招聘制度。完善教师分类管理和分类评价办法，明确不同类型教师的岗位职责和任职条件，制定聘用、考核、晋升、奖惩办法。基础课教师重点考核教学任务、教学质量、教研成果和学术水平等情况。实验教学教师重点考核指导学生实验实习、教学设备研发、实验项目开发等情况。改革薪酬分配办法，实施绩效工资，分配政策向教学一线教师倾斜。鼓励高校探索以教学工作量和教学效果为导向的分配办法。加强教师管理，完善教师退出机制，规范教师兼职兼薪。加强高职学校专业教师双师素质和双师结构专业教学团队建设，鼓励和支持兼职教师申请教学系列专业技术职务。依法落实民办高校教师与公办高校教师平等法律地位。

（二十九）加强高校基础条件建设

建立全国高校发展和建设规划项目储备库及管理信息系统，严格执行先规划、后建设制度。通过多种方式整合校园资源，优化办学空间，提高办学效益。完善办学条件和事业发展监测、评价及信息公开制度。加快推进教育信息化进程，加强数字校园、数据中心、现代教学环境等信息化条件建设。完善高等学历教育招生资格和红、黄牌学校审核发布制度，确保高校办学条件不低于国家基本标准。积极争取地方政府支持，缓解青年教师住房困难。

（三十）加强高校经费保障

完善高校生均财政定额拨款制度，建立动态调整机制，依法保证生均财政定额拨款逐步增长。根据经济发展状况、培养成本和群众承受能力，合理确定和调整学费标准。完善财政捐赠配比政策，调动高校吸收社会捐赠的主动性、积极性。落实和完善国家对高校的各项税收优惠政策。推动高校建立科学、有效的预算管理机制，统筹财力，发挥资金的杠杆和导向作用。优化经费支出结构，加大教学投入。建立项目经费使用公开制度，增加高校经费使用透明度，控制和降低行政运行成本。建立健全自我约束与外部监督有机结合的财务监管体系，提高资金使用效益。

关于加快推进世界一流大学和
高水平大学建设的意见

教重〔2010〕2 号

（教育部、财政部 2010 年 6 月 7 日发布）

实施"985 工程"，是党中央国务院在世纪之交作出的重大决策，是落实科教兴国和人才强国战略的重大举措。为贯彻落实胡锦涛总书记关于"以更加广阔的视野、更加开放的姿态、更加执著的努力，加快推进创建世界一流大学步伐"的指示精神，教育部、财政部在认真总结建设成效和经验的基础上，结合《国家中长期教育改革和发展规划纲要（2010—2020 年）》的制定与实施，决定在下一阶段"985 工程"建设中深入开展改革创新试点，以改革推动"985 工程"的全面建设。现就加快推进世界一流大学和高水平大学建设提出意见如下。

一、取得的主要成效及存在的差距

"985 工程"十年建设成效显著。通过建设，学科建设实现新突破，学科水平迅速提高，形成了一批接近或达到国际先进水平的学科。队伍建设跃上新的台阶，汇聚了一批国际水准的学术大师和中青年学者，人才质量获得国际认可，提高了中国高等教育的国际影响力。取得了一批代表国家最高水平的重大科研成果和一批有重要影响的哲学社会科学创新成果，自主创新能力快速提升。以"985 工程"为代表的高等教育重点建设模式日趋成熟，受到了国际社会的广泛关注，引领了众多国家和地区的重点建设计划。实践证明，实施"985 工程"是适合我国国情的建设高水平大学的成功探索。

经过十年建设，"985工程"重点建设学校的整体实力显著提升，与世界一流大学和国际知名大学的差距明显缩小，已经具备了跻身世界一流大学和国际知名大学的基础。但是，我国高校同世界一流大学相比，在拔尖创新人才培养、自主创新能力和国际竞争力、制度和学术环境建设等方面仍然存在相当差距。因此，必须加快建设步伐，争取早日实现"985工程"的战略目标，为国家在未来发展和国际竞争中赢得战略先机。

二、加快推进世界一流大学和高水平大学建设的指导思想和建设目标

（一）指导思想

加快世界一流大学和高水平大学建设，应按照科学发展观的要求，创新机制、突出改革、注重质量、加快建设。紧密结合国家人才战略的实施，加快造就学术领军人物和创新团队的建设；紧密结合创新型国家的建设，加快提升高水平大学的自主创新能力和加大拔尖创新人才培养的力度；紧密结合"走出去"战略的实施，迅速提高高水平大学的国际竞争力；实现高等学校管理体制和运行机制改革新的突破，进一步集中资源，发挥优势，走出我国高水平大学建设之路。

进一步明确世界一流大学和高水平大学发展战略，形成长期稳定持续增长的投入机制。"985工程"由"分期建设"调整为"长期规划、动态管理、分段实施"。统筹考虑学校中长期发展目标和各阶段建设任务，积极探索世界一流大学和高水平大学建设的规律，早日实现"985工程"的战略目标。

继续实施"985工程"，要坚持走"有特色、高水平"发展之路，办出"中国特色、世界水平"。既要体现国情，又要坚持国际公认的标准；既要在可比办学指标上和世界一流大学相当，更要为国家做出突出贡献；既要拥有世界一流学科，更要形成独具特色的发展模式和先进的大学文化。

（二）建设目标

通过持续重点支持，加快推进世界一流大学和高水平大学建设。力争在 2020 年前后，形成一批达到国际先进水平的学科，使若干所大学跻身世界一流大学行列；使一批学校整体水平和国际影响力跃上一个新台阶，成为国际知名的高水平研究型大学；使一批学校成为特色鲜明的高水平研究型大学。"985 工程"建设学校的整体水平、综合实力、自主创新能力进一步提高，国际竞争力显著提升，在造就学术领军人物和集聚创新团队、培养拔尖创新人才、创新机制体制等方面取得突破。为建设创新型国家、实现从人力资源大国向人力资源强国转变做出更大贡献。经过不懈的努力，到本世纪中叶有一批大学屹立于世界一流大学行列，其中一些学校位于世界一流大学前列，为实现我国建成中等发达国家的目标奠定坚实基础。

三、加快推进世界一流大学和高水平大学建设的主要任务

"985 工程"一期建设在我国启动了世界一流大学和高水平研究型大学的建设，奠定了一定基础。"985 工程"二期建设了一批科技创新平台和哲学社会科学创新基地，探索和积累了一定的经验。加快世界一流大学和高水平大学建设的主要任务是加强人才队伍建设和提高自主创新能力。

（一）实现学科建设新的突破，加快建成一批达到国际先进水平的学科。

瞄准学科前沿和国家重大需求，进一步完善高水平研究型大学的学科整体布局，注重学科体系建设，着力提高学科水平。在更高、更广的层面上促进学科交叉融合，孕育新的学科生长点，实现学科发展与平台基地建设、人才培养、科技创新、队伍建设的良性互动，加快建成一批达到国际先进水平的学科。

（二）改革培养模式，进行拔尖创新人才培养的改革试点。

按照人才成长规律，统筹考虑基础教育和高等教育对拔尖创新人才培养的综合作用，更新教育观念，改革教学模式和教育评价方法，深化教育内容和培养机制的改革。着重培养学生的创新精神和创新能力。深入推进人才培养国际化，拓展国际视野，提高国际竞争力。造就一大批不同类型的拔尖创新人才，带动高等教育整体质量的提高。

（三）充分利用当前机遇，加快引进和造就学术领军人物和创新团队。

结合国家人才战略的实施，进一步加强队伍建设，加大对人力资源建设的投入力度，努力培养造就一批活跃在国际学术最前沿和国家重大战略需求领域的一流科学家、学科领军人才和创新团队，加快引进海外一流人才、紧缺人才和优秀群体的速度，形成高素质的师资队伍。

（四）加强与国家科技发展的衔接，加快提升自主创新和社会服务能力。

以国家重大需求和国际科学研究前沿为目标，在"985 工程"二期建设基础上，紧密结合《中共中央关于进一步繁荣发展哲学社会科学的意见》（中发〔2004〕3 号）和《国家中长期科学和技术发展规划纲要（2006—2020 年）》所确定的重点领域及优先主题、前沿技术、基础研究和重大专项，面向国民经济建设和社会发展中的重大理论和现实问题，进一步加强"985 工程"科技创新平台和哲学社会科学创新基地建设。着力提高自主创新和成果转化能力、承接国家重大科研任务能力以及解决国民经济与社会发展重大问题的能力，产生一批有重大影响的原始创新研究、工程应用研究和哲学社会科学研究成果，成为我国基础研究的主要基地和创新中心。

（五）加大对外开放和开展高水平国际交流与合作的力度。

紧密结合国家重大发展战略，以提升国际竞争力和学术影响力为重点，营造有利于国际学术交流与合作的大环境，大力推进与世界一流大学和学术机构的实质性合作，主动参与全球和区域性的重大科研项目；充分利用国际科技与教育优质资源，在推动中外文化深层次交流、合作培养具有国际视野、跨文化交流能力的高层次人才、吸引来华攻读学位留学生等方面取得新突破；加快推进我国高等教育的国际化进程，努力提升在国际高等教育和学术组织中的地位和影响。

四、以改革创新精神开创"985 工程"建设新局面，建立适应世界一流大学和高水平大学发展的制度

"985 工程"要在已有基础上实现新的突破，关键在改革。要结合《国家中长期教育改革和发展规划纲要（2010—2020 年）》的制定与实施，在纲要的指导下，做好"985 工程"改革创新试点工作。各校在制订学校建设发展方案时，必须同时制订切实可行的改革方案。以改革为动力，通过改革来推动加快世界一流大学和高水平大学建设步伐。今后"985 工程"验收不仅要验收建设任务完成情况，同时还要验收改革方案的完成情况。

"985 工程"学校要率先进行体制机制改革试点，改革的主要方面包括：

（一）以更新人才培养观念、创新人才培养模式、改革人才评价制度为核心，全面提升人才培养质量。

（二）以建设高水平教师队伍和高水平管理队伍为重点，实行人员分类管理，建立多种形式的内部分配和薪酬激励制度。

（三）以出高水平成果为目标，创新科研工作组织体制，建立科学的考核制度，营造有利于教师潜心治学、开展教学科研的环境。进一步改革高校内部学术组织架构和运行机制，完善治理结构，改进管理方式和资源配置方式。

（四）落实和扩大学校在建设高水平大学上的自主权。

（五）以先进的建设世界一流大学办学理念为指导，以大学文化建设和机制体制创新为基础，努力形成"中国特色、世界水平"的高水平大学发展模式和先进的大学文化。

五、创新决策机制，建立专家咨询监督与政府决策相结合的管理机制

为进一步保证"985 工程"决策的科学民主、公平公正，充分发挥专家在工程建设重大事项中的作用，借鉴国际成功经验，成立"985 工程"专家委员会。专家委员会成员由教育部、财政部聘请在各学科、领域学术造诣深厚、在国内外有影响力、办事公正的专家担任。

专家委员会的主要职责是：负责对工程建设重大政策、建设资金分配办法等提出咨询意见；提出并推进重大专题研究课题；对学校建设和发展提出咨询意见；对实施进程进行监督，对建设成效提出评价意见。

六、改革资金分配办法，进一步加强组织管理

（一）"985 工程"建设资金由多方共同筹集，积极鼓励有条件的部门、地方和企业筹集资金，整合资源、形成合力，共同建设有关"985 工程"学校。有关部门和有关地方政府共同参与对学校"985 工程"建设的指导，"985 工程"学校应主动争取有关部门和有关地方政府的支持，主动征询有关部门和有关地方政府对学校"985 工程"建设规划方案的意见，增强服务国家、行业和地方经济社会发展的能力。

（二）改革资金分配办法，坚持公平、公正的原则，接受有关部门的监督，建立更加公平合理的拨款机制。中央专项资金主要采取因素法分配，更加突出人才、学科、成效、重大成果在资金分配中的比重；更加突出改革，引导学校更加注重质量、增强服务能力。减少项目的行政审批程序，扩大学校在资金使用上的自主权。资金分配要充分反映学校"985 工程"二期建设水平和成效，验收结果要与建设资金分配挂钩。另外，资金分配要充分听取专家委员会的意见，提高科学性和合理性。"985 工程"专项资金的使用和管理，按照财政部、教育部的相关规定执行。

（三）"985 工程"建设与"优势学科创新平台"项目统筹衔接，同步执行。同时要注重"985 工程"与"211 工程"、国家其他重大建设计划的有机衔接，形成合力，实现集成发展。

（四）有关学校要按照《国家中长期教育改革和发展规划纲要（2010—2020 年）》精神，根据加快推进世界一流大学和高水平大学建设的指导思想、建设目标和主要任务，结合学校的发展战略规划和办学目标，统筹规划学校"985 工程"近期、中期和长远发展，研究制订学校继续实施"985 工程"总体规划（2010—2020 年）和改革方案。学校的总体规划和改革方案要进行充分、科学的论证，并经主管部门和共建部门同意后报教育部、财政部；教育部、财政部组织专家对学校"985 工程"总体规划和改革方案进行审核，学校根据专家意见对总体规划和改革方案进行修改完善后，报教育部、财政部审批。

（五）教育部、财政部将加强对学校"985 工程"建设成效和年度资金使用情况的检查、审计和考核，并根据检查考核结果对有关学校的建设项目和分年度预算进行动态调整。建设项目完成后，教育部、财政部组织专家会同相关部门组织验收。

关于普通高等学校本科
教学评估工作的意见

教高〔2011〕9 号

（教育部 2011 年 10 月 13 日发布）

为落实《国家中长期教育改革和发展规划纲要（2010—2020 年）》，切实推进高等教育质量保障体系建设，全面提高本科教学水平和人才培养质量，现就普通高等学校本科教学评估工作提出如下意见：

一、本科教学评估的意义目的

1. 人才培养是高等学校的根本任务。提高人才培养质量的重点是提高教学质量。教学评估是评价、监督、保障和提高教学质量的重要举措，是我国高等教育质量保障体系的重要组成部分。

2. 开展教学评估的目的是促进高等学校全面贯彻党的教育方针，推进教学改革，提高人才培养质量，增强本科教学主动服务经济社会发展需要和人的全面发展需求的能力；促进政府对高等学校实施宏观管理和分类指导，引导高等学校合理定位、办出水平、办出特色；促进社会参与高等学校人才培养和评价、监督高等学校本科教学质量。

二、本科教学评估的制度体系

3. 建立健全以学校自我评估为基础，以院校评估、专业认证及评估、国际评估和教学基本状态数据常态监测为主要内容，政府、学校、专门机构和社会多元评价相结合，与中国特色现代高等教育体系相适应的教学评估制度。

4. 强化高等学校质量保障的主体意识，完善校内自我评估制度，建立健全校内质量保障体系；国家对高等学校实行分类的院校评估，促进高等学校办出特色；鼓励开展行业用人部门深度参与的专业认证及评估，增强人才培养与社会需求的适应性；充分利用信息技术，建设高等学校教学基本状态数据库，实现本科教学质量常态化监控；借鉴国际评估的先进理念和经验，加强国际合作与交流，鼓励在相关领域开展国际评估，提高本科人才培养质量和评估工作水平；按照中央和省级政府两级分工负责以及"管办评分离"的原则，形成科学合理、运行有效的评估工作组织体系。

三、本科教学评估的主要内容与基本形式

5. 教学基本状态数据常态监测。高等学校要充分利用信息技术，采集反映教学状态的基本数据，建立高等学校本科教学基本状态数据库。高等学校对数据库数据要及时更新，及时分析本科教学状况，建立本科教学工作及其质量常态监控机制，对社会关注的核心教学数据须在一定范围内向社会发布。国家建立全国高等学校本科教学基本状态数据库，充分发挥状态数据在政府监控高等教育质量、社会监督高等学校人才培养和本科教学评估工作中的重要作用。

6. 学校自我评估。高等学校应建立本科教学自我评估制度，根据学校确定的人才培养目标，围绕教学条件、教学过程、教学效果进行评估，包括院系评估、学科专业评估、课程评估等多项内容。应特别注重教师和学生对教学工作的评价，注重学生学习效果和教学资源使用效率的评价，注重用人单位对人才培养质量的评价。要建立有效的校内教学质量监测和调控机制，建立健全学校本科教学质量保障体系。学校在自我评估基础上形成本科教学年度质量报告，在适当范围发布并报相关教育行政（主管）部门。学校年度质量报告作为国家和有关专门机构开展院校评估和专业评估的重要参考。

7. 实现分类的院校评估。院校评估包括合格评估和审核评估。合格

评估的对象是 2000 年以来未参加过院校评估的新建本科学校；审核评估的对象是参加过院校评估并获得通过的普通本科学校。

合格评估的重点是考察学校基本办学条件、基本教学管理和基本教学质量，学校服务地方经济社会发展的能力和应用型人才培养的能力，学校教学改革和内部质量保障体系建设和运行的情况。评估结论分为"通过"、"暂缓通过"和"不通过"三种。"通过"的学校 5 年后进入审核评估。

审核评估重点考察学校办学条件、本科教学质量与办学定位、人才培养目标的符合程度，学校内部质量保障体系建设及运行状况，学校深化本科教学改革的措施及成效。审核评估形成写实性报告，不分等级，周期为 5 年。

8. 开展专业认证及评估。在工程、医学等领域积极推进与国际标准实质等效的专业认证。要与行业共同制定认证标准，共同实施认证过程，体现行业需求，强化实践教学环节，并取得业界认可。鼓励专门机构和社会中介机构对高等学校进行专业评估。

9. 探索国际评估。鼓励有条件的高等学校聘请相应学科专业领域的国际高水平专家学者开展本校学科专业的国际评估。探索与国际高水平教育评估机构合作，积极进行评估工作的国际交流，提高评估工作水平。

四、本科教学评估的组织管理

10. 完善中央和省级政府两级分工明确、各负其责的本科教学评估工作制度。教育部制定评估工作方针政策、教学质量基本标准，统筹、指导和监督评估工作。省级教育行政部门依据国家有关规定和要求，结合本地区高等教育发展需要，制定本地区所属高等学校教学评估规划，组织实施本地区所属高等学校的审核评估工作，推动学校落实评估整改工作。

建立与"管办评分离"相适应的评估工作组织体系，充分发挥第三方评估的作用，由具备条件的教育评估机构实施相关评估工作。教育评估机构要加强自身专业化和规范化建设，加强评估专家队伍建设，严格评估过程组织，制定科学的评估方式方法。

11. 教育部设立普通高等学校本科教学工作评估专家委员会，开展评估研究、政策咨询、指导检查、监督和仲裁等。

12. 加强评估工作管理，切实推进"阳光评估"。评估机构、参评学校人员和评估专家要增强责任感、使命感，自觉遵守评估工作规则规程，规范评估行为。建立评估信息公告制度，评估政策、评估文件、评估方案、评估标准、评估程序以及学校自评报告、专家现场考察报告、评估结论等均在适当范围公开，广泛接受教师、学生和社会各界的监督。

关于进一步改进高等学校哲学
社会科学研究评价的意见

教社科〔2011〕4 号

（教育部 2011 年 11 月 7 日发布）

为贯彻落实党的十七届六中全会精神，贯彻落实《中共中央办公厅国务院办公厅转发<教育部关于深入推进高等学校哲学社会科学繁荣发展的意见>的通知》（中办发〔2011〕31 号）精神，进一步改进哲学社会科学研究评价，促进高等学校哲学社会科学健康发展，提出如下意见。

一、充分认识改进哲学社会科学研究评价的重要意义

1. 开展科学有效的科研评价，是推动科研管理创新，优化研究资源配置，构建现代科研管理制度的重要内容。新时期新阶段，以求真务实的科学精神改进科研评价，对树立良好学术风气，提升研究质量和创新能力，促进哲学社会科学繁荣发展，建设高等教育强国具有特别重要的意义。

2. 近年来，高等学校哲学社会科学研究评价工作在探索中前进，在改进中发展，有效调动了广大哲学社会科学工作者的积极性、主动性和创造性，有力推动了高等学校哲学社会科学的繁荣发展。但与时代和事业迅速发展的要求相比，仍然存在一些亟待解决的问题。主要表现在：注重理论创新和实际应用价值的质量评价导向有待进一步强化；符合哲学社会科学特点和发展规律的分类评价标准有待进一步完善；科学合理、诚信公正的评价制度有待进一步健全；重数量轻质量、重形式轻内容的评价方法亟待根本扭转；重人情拉关系、本位主义、门户之见等不良现

象亟待有效遏制。因此，必须把改进科研评价工作作为一项紧迫任务，采取切实有效的措施抓紧抓好，推进高等学校哲学社会科学健康发展。

3. 改进哲学社会科学研究评价必须坚持以马克思列宁主义、毛泽东思想、邓小平理论和"三个代表"重要思想为指导，深入贯彻落实科学发展观，以激发研究活力为根本，以提升研究质量为导向，以推进学科体系、学术观点、科研方法创新为重点，以改革体制机制为动力，完善评价标准，健全评价制度，规范评价办法，构建评价体系，为推动哲学社会科学的科学发展提供强有力的制度保障。

4. 改进哲学社会科学研究评价必须坚持以人为本、质量为先，尊重劳动、尊重知识、尊重人才、尊重创造；坚持公平、公正、公开，确保评价活动在阳光下运行；坚持价值性与科学性、民族性与国际性、继承积累和探索创新的统一，更好地发挥科研评价对繁荣发展哲学社会科学的导向、激励与诊断作用。

二、确立质量第一的评价导向

5. 切实强化评价的质量意识。要牢固树立科学的质量观，正确把握数量和质量的辩证关系，将创新和质量导向贯穿于科研评价的各个环节、各个层面，从根本上改变简单以成果数量评价人才、评价业绩的做法，促进哲学社会科学创新能力和研究水平不断提升，推动优秀人才和精品力作不断涌现。

6. 严格遵循评价的质量标准。要以遵循社会主义先进文化前进方向为最终标准，以服务国家需求、引领学术发展的实质性贡献为取向，严格坚持政治标准与学术标准的统一，更加注重研究成果的学术原创性和实际应用价值，切实推进理论与实际结合。把是否发现新问题、运用新方法、使用新资料、提出新观点、构建新理论、形成新对策等作为衡量研究成果质量高低的主要内容。

7. 大力推进优秀成果和代表作评价。研究成果是研究水平的集中体现，是判断研究人员、项目、团队、机构绩效和水平的根本依据。哲学社会科学研究评价要坚持以研究成果为主要评价对象，大力推行优秀成果和代表作评价等各种有益做法。要科学设置考核周期，引导研究人员潜心钻研、铸造精品，力戒过多过繁的评价；合理确定评价时限，使研究成果经得起时间的检验，杜绝急功近利的短期行为；充分尊重研究成果所有参与者的实际贡献，破除学术合作的制度壁垒。

8. 正确认识《科学引文索引》（SCI）、《社会科学引文索引》（SSCI）、《艺术与人文引文索引》（A&HCI）、《中文社会科学引文索引》（CSSCI）等引文数据在科研评价中的作用，避免绝对化。摒弃简单以出版社和刊物的不同判断研究成果质量的做法。对研究成果的具体贡献和不足之处作出恰如其分的评价，力戒虚假浮夸。

三、实施科学合理的分类评价

9. 建立健全分类评价标准体系。要针对人员、项目、机构、成果等不同评价对象，人文学科和社会科学等不同学科领域，基础研究和应用对策研究等不同研究类型，论文、著作、教材、研究报告、普及读物、非纸质出版物等不同研究成果形式，建立健全符合哲学社会科学特点的分类评价标准体系。

10. 区别对待不同类型的研究成果。基础研究应坚持服务国家目标与鼓励自由探索相结合，研究成果要在思想理论上有所创新，传承文明上有所贡献，学科建设上有所推动。应用对策研究应以重大现实问题为主攻方向，研究成果要在提升国民素质上有所作为，解决经济社会发展重大问题上有所突破，为党和政府提供决策服务上有所建树。

11. 合理运用恰当的评价方式。要深刻认识哲学社会科学研究和评价的复杂性，准确把握评价对象的不同特点，坚持同行评价和社会评价相协调、定性评价与定量评价相结合、过程评价与结果评价相衔接、当前评价和长远评价相补充，增强评价结果的科学性和公信力。

四、完善诚信公正的评价制度

12. 加强评价制度建设。完善评价答辩制度、回避制度、公示制度、反馈制度、申诉制度、举报制度和回溯评价制度，确保评价活动规范有序。健全以随机、回避、轮换为基本原则的专家遴选制度，大力推行匿名评审、署名评价，建立健全评价专家信誉制度、问责制度。建立评价结果的公布和共享制度。积极探索"非共识"研究项目和成果的评价制度。

13. 完善以同行专家评价为主的评价机制。突出专家与同行在科研评价中的主导地位，注重发挥"小同行"的重要作用。健全同行会议评价与通讯评价工作机制，加强对同行评价的社会监督。根据不同学科的发展实际，积极稳妥地引入海外同行专家评价。通过多学科同行联合评价、相关学科分别评价等方式开展跨学科、交叉学科、新兴学科领域的研究评价。积极探索政府、社会组织、公众等相应研究成果受益者参与的评价机制。

14. 推动评价活动更加简约高效。优化评价过程，改进评价方法，注重评价实效，减轻被评机构和人员的负担。切实增强各类评价的相互协调，增强评价结果的共享性，避免围绕同一评价对象、相关评价主题，在相近时间范围内多头开展评价的现象。

五、采取有力措施将改进科研评价工作落到实处

15. 提高认识，加强领导。各地教育行政部门和高等学校要自觉贯彻落实科学发展观，尊重哲学社会科学的特点和规律，充分认识以创新和质量为导向的科研评价对繁荣发展哲学社会科学的重要意义，将改进评价工作纳入重要议事日程，常抓不懈。要统筹协调评价制度与人事制度、分配制度、科研体制的改革，积极开展评价改革试点。要充分发挥学术委员会在科研评价中的重要作用，动员各方力量，为提高高等学校哲学社会科学研究质量和创新能力提供保证。

16. 深化研究，强化支撑。充分发挥教育部社会科学委员会、高等学校学术委员会以及有关学会、协会等学术组织的作用，加强评价理论和政策研究，提高评价工作的科学化水平。加强同行专家和评价结果等数据库建设，提高评价工作的信息化水平。探索建立哲学社会科学研究中介评价机构的资格认证和监督管理制度，引导评价机构规范运行、相互协作、健康发展。

17. 端正学风，优化环境。反对各种简单化的科研排名，维护哲学社会科学研究评价的严肃性。规范高等学校出版社和学术期刊管理，切实把好研究成果出版与发表的关口。鼓励开展健康的学术批评，营造尊重创新、宽容失败、尊重差异、包容多样的学术环境，有效防止学风不正、学术不端行为的发生，以优良的学风促进哲学社会科学研究评价的健康发展，以科学的评价促进哲学社会科学研究优良学风的形成。

高等学校财务制度

财教〔2012〕488 号

（财政部、教育部 2012 年 12 月 19 日发布）

第一章 总 则

第一条 为了进一步规范高等学校财务行为，加强财务管理和监督，提高资金使用效益，促进高等教育事业健康发展，根据《事业单位财务规则》（财政部令第 68 号）和国家有关法律制度，结合高等学校特点，制定本制度。

第二条 本制度适用于各级人民政府举办的全日制普通高等学校、成人高等学校（以下简称高等学校）。其他社会组织和个人举办的上述学校可以参照本制度执行。

第三条 高等学校财务管理的基本原则是：执行国家有关法律、法规和财务规章制度；坚持勤俭办学的方针；正确处理事业发展需要和资金供给的关系，社会效益和经济效益的关系，国家、学校和个人三者利益的关系。

第四条 高等学校财务管理的主要任务是：合理编制学校预算，有效控制预算执行，完整、准确编制学校决算，真实反映学校财务状况；依法多渠道筹集资金，努力节约支出；建立健全学校财务制度，加强经济核算，实施绩效评价，提高资金使用效益；加强资产管理，真实完整地反映资产使用状况，合理配置和有效利用资产，防止资产流失；加强对学校经济活动的财务控制和监督，防范财务风险。

第二章 管理体制

第五条 高等学校实行"统一领导、集中管理"的财务管理体制；规模较大的学校可以实行"统一领导、分级管理"的财务管理体制。

第六条 高等学校财务工作实行校（院）长负责制。

高等学校应当设置总会计师岗位。总会计师为学校副校级行政领导成员，协助校（院）长管理学校财务工作，承担相应的领导和管理责任。

凡设置总会计师的高等学校，不设与总会计师职权重叠的副校（院）长。

第七条 高等学校应当单独设置一级财务机构，在校（院）长和总会计师的领导下，统一管理学校财务工作。

第八条 高等学校校内非独立法人单位因工作需要设置的财务机构，应当作为学校的二级财务机构。二级财务机构应当遵守和执行学校统一制定的财务规章制度，并接受学校一级财务机构的统一领导、监督和检查。

第九条 高等学校财务机构应当配备专职财会人员。财会人员应当具备与其工作岗位相适应的资格和能力。财会人员的调入、调出、专业技术职务评聘以及校内二级财务机构负责人的任免、调动或者撤换，应当由学校一级财务机构会同有关部门办理。

第三章 预算管理

第十条 高等学校预算是指高等学校根据事业发展目标和计划编制的年度财务收支计划。

高等学校预算由收入预算和支出预算组成。

第十一条 国家对高等学校实行核定收支、定额或者定项补助、超支不补、结转和结余按规定使用的预算管理办法。

定额和定项补助根据国家有关政策和财力可能，结合事业特点、事业发展目标和计划、学校收支及资产状况等确定。

第十二条 高等学校预算编制应当遵循"量入为出、收支平衡"的原则。收入预算编制应当积极稳妥；支出预算编制应当统筹兼顾、保证重点、勤俭节约。

第十三条 高等学校参考以前年度预算执行、结转和结余情况，根据预算年度事业发展目标、计划与财力可能，以及年度收支增减因素和措施，按照预算编制的规定编制预算。

高等学校预算应当自求收支平衡，不得编制赤字预算。

第十四条 高等学校一级财务机构提出预算建议方案，经学校领导班子集体审议通过后，上报主管部门，经主管部门审核汇总报财政部门（一级预算单位直接报财政部门，下同）。高等学校根据财政部门下达的预算控制数编制预算，由主管部门审核汇总报财政部门，经法定程序审核批复后执行。

第十五条 高等学校应当严格执行批准的预算。预算执行中，国家对财政补助收入和财政专户核拨资金的预算一般不予调整；上级下达的事业计划有较大调整，或者根据国家有关政策增加或者减少支出，对预算执行影响较大时，高等学校应当报主管部门审核后报财政部门调整预算。财政补助收入和财政专户核拨资金以外部分的预算需要调增或者调减的，由学校自行调整并报主管部门和财政部门备案。

收入预算调整后，相应调增或者调减支出预算。

第十六条 高等学校决算是指高等学校根据预算执行结果编制的年度报告。

第十七条 高等学校应当按照规定编制年度决算，由主管部门审核汇总后报财政部门审批。

第十八条 高等学校应当加强决算审核和分析，保证决算数据的真实、准确，规范决算管理工作。

第四章　收入管理

第十九条　收入是指高等学校开展教学、科研及其他活动依法取得的非偿还性资金。

第二十条　高等学校收入包括：

（一）财政补助收入，即高等学校从同级财政部门取得的各类财政拨款。包括：

1. 财政教育拨款，即高等学校从同级财政部门取得的各类财政教育拨款。

2. 财政科研拨款，即高等学校从同级财政部门取得的各类财政科研拨款。

3. 财政其他拨款，即高等学校从同级财政部门取得的本条上述拨款范围以外的财政拨款。

（二）事业收入，即高等学校开展教学、科研及其辅助活动取得的收入。包括：

1. 教育事业收入，指高等学校开展教学及其辅助活动所取得的收入，包括：通过学历和非学历教育向学生个人或者单位收取的学费、住宿费、委托培养费、考试考务费、培训费和其他教育事业收入。

按照国家有关规定应当上缴国库或者财政专户的资金，不计入教育事业收入；从财政专户核拨给学校的资金和经核准不上缴国库或财政专户的资金，计入教育事业收入。

2. 科研事业收入，指高等学校开展科研及其辅助活动所取得的收入，包括：通过承接科研项目、开展科研协作、转化科技成果、进行科技咨询等取得的收入。科研事业收入不包括按照部门预算隶属关系从同级财政部门取得的财政拨款。

（三）上级补助收入，即高等学校从主管部门和上级单位取得的非财政补助收入。

（四）附属单位上缴收入，即高等学校附属独立核算单位按照有关规定上缴的收入。

（五）经营收入，即高等学校在教学、科研及其辅助活动之外，开展非独立核算经营活动取得的收入。

（六）其他收入，即本条上述规定范围以外的各项收入，包括投资收益、利息收入、捐赠收入等。

第二十一条 高等学校组织收入应当合法合规。各项收费应当严格执行国家规定的收费范围和标准，并使用合法票据；各项收入应当全部纳入学校预算，统一核算，统一管理。

第二十二条 高等学校对按照规定上缴国库或财政专户的资金，应当按照国库集中收缴的有关规定及时足额上缴，不得隐瞒、滞留、截留、挪用和坐支。

第五章 支出管理

第二十三条 支出是指高等学校开展教学、科研及其他活动发生的资金耗费和损失。

第二十四条 高等学校支出包括：

（一）事业支出，即高等学校开展教学、科研及其辅助活动发生的基本支出和项目支出。

基本支出是指高等学校为了保障其正常运转、完成教学科研和其他日常工作任务而发生的支出，包括人员支出和公用支出。

项目支出是指高等学校为了完成特定工作任务和事业发展目标，在基本支出之外所发生的支出。

（二）经营支出，即高等学校在教学、科研及其辅助活动之外开展非独立核算经营活动发生的支出。经营支出应当与经营收入配比。

（三）对附属单位补助支出，即高等学校用财政补助收入之外的收入对附属单位补助发生的支出。

（四）上缴上级支出，即高等学校按照财政部门和主管部门的规定上缴上级单位的支出。

（五）其他支出，即本条上述规定范围以外的各项支出。包括利息支出、捐赠支出等。

第二十五条 高等学校应当将各项支出全部纳入学校预算，建立健全支出管理制度。

第二十六条 高等学校的支出应当严格执行国家有关财务规章制度规定的开支范围及开支标准；国家有关财务规章制度没有统一规定的，由学校结合本校情况规定，报主管部门和财政部门备案。高等学校的规定违反法律制度和国家政策的，主管部门和财政部门应当责令改正。

第二十七条 高等学校从财政部门和主管部门取得的有指定项目和用途的专项资金，应当专款专用、单独核算，并按照规定向财政部门或者主管部门报送专项资金使用情况；项目完成后，应当报送专项资金支出决算和使用效果的书面报告，接受财政部门或者主管部门和其他相关部门的检查、验收。

第二十八条 高等学校应当严格执行国库集中支付制度和政府采购制度等有关规定。

第二十九条 高等学校应当加强支出管理，不得虚列虚报；应当进行支出绩效评价，提高资金使用的有效性。

第三十条 高等学校应当依法加强各类票据管理，确保票据来源合法、内容真实、使用正确，不得使用虚假票据。

第六章 结转和结余管理

第三十一条 结转和结余是指高等学校年度收入与支出相抵后的余额。

结转资金是指当年预算已执行但未完成，或者因故未执行，下一年度需要按原用途继续使用的资金。

结余资金是指当年预算工作目标已完成，或者因故终止，当年剩余的资金。

经营收支结转和结余应当单独反映。

第三十二条 高等学校财政拨款结转和结余资金的管理，应当按照同级财政部门的规定执行。

第三十三条 高等学校非财政拨款结转按照规定结转下一年度继续使用。非财政拨款结余可以按照国家有关规定提取职工福利基金，剩余部分作为事业基金用于弥补高等学校以后年度收支差额；国家另有规定的，从其规定。

第三十四条 高等学校应当加强事业基金的管理，遵循收支平衡的原则，统筹安排，合理使用，支出不得超出基金规模。

第七章　专用基金管理

第三十五条 专用基金是指高等学校按照规定提取或者设置的有专门用途的资金。

第三十六条 专用基金管理应当遵循先提后用、收支平衡、专款专用的原则，支出不得超出基金规模。

第三十七条 专用基金包括：

（一）职工福利基金，即按照非财政拨款结余的一定比例提取以及按照其他规定提取转入，用于单位职工的集体福利设施、集体福利待遇等的资金。

（二）学生奖助基金，即按照国家有关规定，按照事业收入的一定比例提取，在事业支出的相关科目中列支，用于学费减免、勤工助学、校内无息借款、校内奖助学金和特殊困难补助等的资金。

（三）其他基金，即按照其他有关规定，根据事业发展需要提取或者设置的其他专用资金。

第三十八条 各项基金的提取比例和管理办法，国家有统一规定的，按照统一规定执行；没有统一规定的，由主管部门会同同级财政部门确定。

第八章 资产管理

第三十九条 资产是指高等学校占有或者使用的能以货币计量的经济资源，包括各种财产、债权和其他权利。

第四十条 高等学校的资产包括流动资产、固定资产、在建工程、无形资产和对外投资等。

第四十一条 流动资产是指可以在一年以内变现或者耗用的资产，包括现金、各种存款、零余额账户用款额度、应收及预付款项、存货等。

前款所称存货是指高等学校在开展教学、科研及其他活动中为耗用而储存的资产，包括各类材料、燃料、低值易耗品等。

高等学校应当建立健全现金及各种存款的内部管理制度。对应收及预付款项应当及时清理结算，不得长期挂账；对无法收回的应收及预付款项，要查明原因，分清责任，按照规定程序批准后核销。对存货应当进行定期或者不定期清查盘点，保证账实相符。对存货盘盈、盘亏应当及时处理。

第四十二条 固定资产是指使用期限超过一年，单位价值在1000元以上（其中：专用设备单位价值在1500元以上），并在使用过程中基本保持原有物质形态的资产。单位价值虽未达到规定标准，但是耐用时间在一年以上的大批同类物资，作为固定资产管理。

高等学校的固定资产一般分为六类：房屋及构筑物；专用设备；通用设备；文物和陈列品；图书、档案；家具、用具、装具及动植物。高等学校的固定资产明细目录由教育部制定，报财政部备案。

第四十三条 高等学校应当对固定资产采用年限平均法或工作量法计提折旧。计提固定资产折旧不考虑残值。已提足折旧的固定资产，可以继续使用的，应当继续使用，规范管理。

省级财政部门可以会同主管部门制定计提折旧的具体办法。文物和陈列品、图书、档案、动植物等，不计提折旧。

固定资产折旧不计入高等学校支出。

第四十四条 高等学校应当对固定资产定期或者不定期地进行清查盘点。年度终了前，应当进行一次全面清查盘点，保证账、卡、物相符。对固定资产的盘盈、盘亏应当按照规定处理。

高等学校应当根据国家有关规定，结合本校实际情况，制定学校固定资产管理办法。

第四十五条 在建工程是指已经发生必要支出，但尚未达到交付使用状态的建设工程。

在建工程达到交付使用状态时，应当按照有关规定办理工程竣工财务决算和资产交付使用。

第四十六条 无形资产是指不具有实物形态而能为使用者提供某种权利的资产，包括专利权、商标权、著作权、土地使用权、非专利技术以及其他财产权利。

高等学校通过外购、自行开发以及其他方式取得的无形资产应当合理计价，及时入账。学校转让无形资产，应当按照规定进行资产评估，取得的收入按照国家有关规定处理。高等学校取得无形资产而发生的支出，计入事业支出。

第四十七条 高等学校应当对无形资产在其使用期限内采用年限平均法进行摊销。对于使用期限不确定的无形资产，摊销办法执行国家有关规定。

无形资产摊销不计入高等学校支出。

第四十八条 对外投资是指高等学校依法利用货币资金、实物、无形资产等方式向其他单位的投资。

高等学校应当严格控制对外投资。在保证学校正常运转和事业发展的前提下，按照国家有关规定可以对外投资的，应当履行有关审批程序。

高等学校不得使用财政拨款及其结余进行对外投资，不得从事股票、期货、基金、企业债券等投资。国家另有规定的除外。

高等学校以实物、无形资产等非货币性资产对外投资的，应当按照国家有关规定进行资产评估，合理确定资产价值。

第四十九条 高等学校资产处置应当遵循公开、公平、公正和竞争、择优的原则，严格履行相关审批程序。

高等学校出租、出借资产，应当按照国家有关规定经主管部门审核同意后报同级财政部门审批。

第五十条 高等学校对外投资收益以及利用国有资产出租、出借取得的收入，应当纳入学校预算，统一核算、统一管理。

高等学校资产处置收入应当按照国家有关规定实行收支两条线管理。

第五十一条 高等学校应当按照国家有关规定，建立健全资产管理制度，加强资产管理，按照科学规范、从严控制、保障事业发展需要的原则合理配置资产，建立资产共享、共用制度，提高资产使用效率。

第九章 负债管理

第五十二条 负债是指高等学校所承担的能以货币计量，需要以资产或劳务偿还的债务。

第五十三条 高等学校的负债包括借入款项、应付及预收款项、应缴款项、代管款项等。

借入款项是指高等学校向银行等金融机构借入的各类款项。

应付及预收款项包括高等学校应付职工薪酬、应付票据、应付账款、预收账款和其他应付款等款项。

应缴款项包括高等学校收取的应当上缴国库或者财政专户的资金、应缴税费，以及其他按照国家有关规定应当上缴的款项。

代管款项是指高等学校接受委托代为管理的各类款项。

第五十四条 高等学校应当对不同性质的负债分类管理，及时清理并按照规定办理结算，保证各项负债在规定期限内归还。

第五十五条 高等学校应当建立健全财务风险控制机制,规范和加强借入款项管理,严格执行审批程序,不得违反规定举借债务和提供担保。具体审批办法由主管部门会同同级财政部门制定。

第十章 成本费用管理

第五十六条 高等学校应当根据事业发展需要,实行内部成本费用管理。

第五十七条 费用是高等学校为完成教学、科研、管理等活动而发生的当期资产耗费和损失。

第五十八条 高等学校应当在支出管理基础上,将效益与本会计年度相关的支出计入当期费用;将效益与两个或者两个以上会计年度相关的支出,按照有关规定,以固定资产折旧、无形资产摊销等形式分期计入费用。

第五十九条 成本核算是指按照相关核算对象和核算方法,对高等学校业务活动中发生的各种费用进行归集、分配和计算。

第六十条 费用按照其用途归集,主要包括:教育费用、科研费用、管理费用、离退休费用和其他费用。

教育费用是指高等学校在教学、教辅、学生事务和其他教育活动中发生的各项费用。

科研费用是指高等学校为完成所承担的科研任务而发生的各项费用。

管理费用是指高等学校为完成学校行政管理任务而发生的各项费用。主要包括:高等学校校级行政管理部门发生的各项费用,高等学校统一负担的工会经费、诉讼费、中介费、印花税、房产税和车船使用税等。

离退休费用是指高等学校负担的离退休人员社会保障和福利待遇方面的各项费用。

其他费用是指高等学校无法归属到本条上述费用中的其他各项费用。主要包括:对附属单位的补助、上缴上级支出、财务费用、捐赠支出等。

第六十一条 高等学校应当正确归集实际发生的各项费用；不能直接归集的，应当按照一定原则和标准合理分摊。

第六十二条 高等学校应当根据实际需要，逐步细化成本核算，开展学校、院系和专业的教育总成本和生均成本等核算工作。科研活动成本的核算应当细化到科研项目。

高等学校成本核算实施细则由国务院财政部门会同教育主管部门制定。

实行内部成本费用管理的高等学校，应当建立成本费用与相关支出的核对机制，以及成本费用分析报告制度。

第十一章 财务清算

第六十三条 经国家有关部门批准，高等学校发生划转、撤销、合并、分立时，应当进行财务清算。

第六十四条 高等学校财务清算，应当在主管部门和财政部门的监督指导下，对学校的财产、债权、债务等进行全面清理，编制财产目录和债权、债务清单，提出财产作价依据和债权、债务处理办法，做好国有资产的移交、接收、划转和管理工作，并妥善处理各项遗留问题。

第六十五条 高等学校清算结束后，经主管部门审核并报财政部门批准，其资产分别按照下列办法处理：

（一）因隶属关系改变，成建制划转的高等学校，全部资产无偿移交，并相应划转经费指标。

（二）撤销的高等学校，全部资产由主管部门和财政部门核准处理。

（三）合并的高等学校，全部资产移交接收单位或者新组建单位，合并后多余的国有资产由主管部门和财政部门核准处理。

（四）分立的高等学校，资产按照有关规定移交分立后的高等学校，并相应划转经费指标。

第十二章 财务报告和财务分析

第六十六条 财务报告是反映高等学校一定时期财务状况和事业成果的总结性书面文件。高等学校应当定期向各有关主管部门和财政部门以及其他有关的报表使用者提供财务报告。

第六十七条 高等学校报送的年度财务报告包括资产负债表、收入支出表、财政拨款收入支出表、固定资产投资决算报表等主表，有关附表以及财务情况说明书等。

第六十八条 财务情况说明书，主要说明高等学校收入及其支出、结转、结余及其分配、资产负债变动、对外投资、资产出租出借、资产处置、固定资产投资、绩效评价的情况，对本期或者下期财务状况发生重大影响的事项，以及需要说明的其他事项。

第六十九条 高等学校的财务分析是财务管理工作的重要组成部分。高等学校应当按照主管部门的规定，根据学校财务管理的需要，科学设置财务分析指标，开展财务分析工作。

财务分析指标主要包括反映高等学校预算管理、财务风险管理、支出结构、财务发展能力等方面的指标（财务分析指标见附表）。

第十三章 财务监督

第七十条 高等学校财务监督的主要内容包括：

（一）预算编制、财务报告的科学性、真实性、完整性；预算执行的有效性、均衡性；

（二）各项收入和支出的合法性、合规性；

（三）结转和结余的管理情况；

（四）资产管理的规范性、有效性；

（五）负债的合规性和风险程度；

（六）对违反财务规章制度的问题进行检查纠正。

第七十一条　高等学校财务监督应当实行事前监督、事中监督、事后监督相结合，日常监督与专项检查相结合。

第七十二条　高等学校应当建立健全内部控制制度、经济责任制度、财务信息披露制度等监督制度，依法公开财务信息。

第七十三条　高等学校应当依法接受主管部门和财政、审计部门的监督。

第十四章　附　　则

第七十四条　高等学校基本建设投资财务管理，应当执行本制度。但国家基本建设投资财务管理制度另有规定的，从其规定。

第七十五条　高等学校应当根据本制度，结合学校实际情况，制定内部财务管理办法，报主管部门备案。

第七十六条　本制度自 2013 年 1 月 1 日起施行。财政部、原国家教育委员会 1997 年 6 月 23 日颁布的《高等学校财务制度》同时废止。

关于完善研究生教育投入机制的意见

财教〔2013〕19 号

（财政部、国家发展改革委、教育部 2013 年 2 月 28 日发布）

研究生教育是高等教育的重要组成部分，承担着培养高层次人才、创造高水平科研成果、提供高水平社会服务的重任。改革开放以来，我国研究生教育规模逐步扩大，培养能力不断增强，投入机制逐步健全，初步形成了一条符合我国国情的发展道路。但与教育改革发展的新形势、新要求相比，还存在培养经费供需矛盾突出、成本分担机制不健全、奖助政策体系不完善等问题。为贯彻落实《国家中长期教育改革和发展规划纲要（2010—2020 年）》的有关要求，进一步提高研究生培养质量，促进研究生教育持续健康发展，经国务院同意，现就完善研究生教育投入机制提出以下意见：

一、指导思想和基本原则

（一）指导思想。高举中国特色社会主义伟大旗帜，以邓小平理论、"三个代表"重要思想、科学发展观为指导，坚持社会主义办学方向，立足基本国情，遵循教育规律，以人才培养为根本，以提高质量为核心，以改革创新为动力，建立健全以政府投入为主、受教育者合理分担培养成本、高等学校等研究生培养机构多渠道筹集经费的研究生教育投入机制，全面激发研究生教育的活力，促进研究生教育持续健康发展。

（二）基本原则。坚持系统设计，完善体制机制。着力破除体制机制障碍，努力化解深层次矛盾，完善符合我国国情的研究生教育投入机制。坚持教育规律，促进质量提升。立足研究生教育的特点，遵循研究生成长成才规律，深化研究生教育综合改革，提高研究生培养质量。坚持以人为本，提高待遇水平。完善研究生奖助政策体系，改善研究生学习、科研和生活条件，提高研究生待遇。坚持统筹谋划，积极稳妥推进。充分调动各类研究生培养机构的积极性，加强中央和地方政策衔接，确保顺利实施。

二、完善研究生教育财政拨款制度

（一）完善中央部门所属普通高等学校（以下简称中央高校）研究生教育财政拨款制度。建立健全包括生均综合定额拨款、绩效拨款、奖助经费在内的财政拨款体系。从 2012 年起，中央财政对纳入全国研究生招生计划的中央高校全日制研究生（委托培养研究生除外）安排生均综合定额拨款。同时，根据经济发展水平、物价变动情况和财力状况，建立拨款标准动态调整机制，逐步提高拨款水平。中央财政根据研究生培养质量、科学研究水平等因素确定中央高校研究生教育绩效拨款，由学校自主安排用于研究生培养。中央高校按规定统筹利用"985 工程"等经费，支持研究生教育发展。

（二）各地要参照中央高校研究生教育财政拨款模式，建立健全地方所属普通高等学校（以下简称地方高校）研究生教育拨款制度，加大财政投入力度。

三、完善研究生奖助政策体系

（一）加大奖助经费投入力度。以政府投入为主，按规定统筹高等学校自筹经费、科研经费、助学贷款、社会捐助等资金，建立健全多元奖助政策体系，提高研究生待遇水平。

（二）建立研究生国家助学金制度。从 2014 年秋季学期起，将现有的研究生普通奖学金调整为研究生国家助学金，用于补助研究生基本生活支出。研究生国家助学金范围覆盖全国研究生招生计划内的所有全日制研究生。博士生资助标准不低于每生每年 10000 元，硕士生资助标准不低于每生每年6000元。具体标准由各级财政部门会同高等学校主管部门确定，并根据经济发展水平和物价变动情况，建立资助标准动态调整机制。研究生国家助学金所需资金根据高等学校隶属关系，由中央财政和地方财政参照普通本专科生国家助学金分担办法共同承担。

（三）加大研究生助教、助研和助管（以下简称"三助"）岗位津贴资助力度。高等学校要按规定统筹利用科研经费、学费收入、社会捐助等资金，设置研究生"三助"岗位，并提供"三助"津贴。原则上，助研津贴主要通过科研项目经费中的劳务费列支，助教津贴和助管津贴所需资金由高等学校承担。高等学校要重视助研岗位设置并加大助研津贴资助力度，建立健全导师责任制和导师项目资助制，充分调动研究生参与科学研究和社会实践的积极性。高等学校要加大基本科研业务费对研究生培养的支持力度，支持符合条件的研究生特别是博士生开展自主研究，并对人文社科、基础学科等科研经费较少的学科给予倾斜支持。研究生"三助"津贴标准由高等学校依据国家有关规定，结合当地物价水平等因素合理确定。

（四）建立研究生国家奖学金制度。从2012年秋季学期起，设立研究生国家奖学金，用于奖励学业成绩特别优秀、科学研究成果显著、社会公益活动表现突出的研究生。每年奖励4.5万名，其中：博士生1万名，奖励标准为每生每年30000元；硕士生3.5万名，奖励标准为每生每年20000元。研究生国家奖学金所需资金由中央财政全额承担。研究生国家奖学金向基础学科和国家亟需的学科（专业、方向）倾斜。

（五）建立研究生学业奖学金制度。从2014年秋季学期起，设立研究生学业奖学金，用于奖励支持研究生更好地完成学业。高等学校根据研究生学业成绩、科研成果、社会服务以及家庭经济状况等因素，确定研究生学业奖学金的覆盖面、等级、具体标准和评定办法，并负责组织实施。研究生学业奖学金向基础学科和国家亟需的学科（专业、方向）倾斜。中央财政和地方财政根据高等学校隶属关系，对研究生学业奖学金所需资金给予支持，具体办法另行制定。高等学校按规定统筹利用财政资金、学费收入、社会捐助等资金，加大奖助力度。

（六）完善研究生国家助学贷款政策。确保符合条件的研究生都可以申请并及时获得国家助学贷款。提高研究生国家助学贷款年度最高限额，原则上不超过年度学费和住宿费标准总和。国家助学贷款贴息和风险补偿金按照现行办法由各级财政承担。落实到基层和艰苦边远地区工作以及应征入伍服义务兵役研究生的学费补偿和国家助学贷款代偿政策。

（七）完善配套政策措施。高等学校要综合采取减免学费、发放特殊困难补助、开辟入学"绿色通道"等方式，加大对家庭经济困难研究生的资助力度。进一步落实和完善鼓励捐资助学的优惠政策，积极引导和鼓励企业、社会团体和个人面向高等学校设立研究生奖助学金、专题研究项目，或提供实践实习岗位、就职锻炼机会等。鼓励有条件的高等学校设立留学生奖学金，吸引国外优秀学生来华攻读研究生学位。

四、建立健全研究生教育收费制度

（一）全面实行研究生教育收费制度。从 2014 年秋季学期起，按照"新生新办法、老生老办法"的原则，向所有纳入全国研究生招生计划的新入学研究生收取学费。

（二）合理确定研究生教育收费标准。研究生学费标准应综合考虑不同专业研究生培养成本、当地经济发展水平、办学条件、居民经济承受能力等因素确定，并与本专科生学费标准及已收费研究生学费标准相衔接。原则上，现阶段全日制学术学位研究生学费标准，硕士生每生每年不超过 8000 元，博士生每生每年不超过 10000 元。全日制专业学位研究生以及目前已按规定实行收费政策的研究生，暂执行原收费政策。

（三）加强研究生教育收费管理。研究生教育收费实行属地管理，具体标准由高等学校所在地省级教育行政部门提出，经省级价格、财政部门审核并报省级人民政府批准后执行，同时报国家发展改革委、财政部、教育部备案。研究生学费按学年收取，不得提前预收。研究生学费收入按规定纳入财政专户管理，实行"收支两条线"，由高等学校统筹用于研究生教学、科研、改善待遇等支出。

（四）研究生教育收费的具体办法另行制定。

五、有关工作要求

（一）加强组织领导。各地区、各有关部门要充分认识完善研究生教育投入机制的重大意义，建立相应的工作机制，制定具体的实施办法，抓好贯彻落实。高等学校等研究生培养机构要实行主要领导负责制，加强统筹协调和资源整合，确保各项政策落实到位。

（二）确保资金落实。地方财政部门要制定行政区域内有关资金的具体落实办法，确保应承担的资金落实到位。高等学校等研究生培养机构要积极拓宽研究生教育经费来源渠道，通过多种形式增加经费投入。各地区、各有关部门和各研究生培养机构要切实加强经费管理，确保资金使用规范、安全、有效。

（三）加强宣传引导。完善研究生教育投入机制是进一步改善研究生待遇、提高研究生培养质量的重大举措。各地区、各有关部门和各研究生培养机构要全面准确地领会有关精神，深入细致地做好宣传工作，为政策顺利实施营造良好的舆论环境。

（四）深化研究生教育改革。在完善研究生教育投入机制的同时，大力推进研究生教育综合改革。坚持全面提高质量，加大研究生教育规模和结构调整力度，分类推进培养模式改革，统筹构建质量保障体系，突出创新和实践能力培养，强化科教结合、产学结合，加快建设高层次人才培养体系。深化研究生教育改革的具体意见另行制定。

（五）完善科研机构等其他研究生培养机构研究生教育投入机制的工作，由各地区、各有关部门参照本意见，采取相应措施予以推进。硕博连读研究生、医学教育长学制学生，分别参照执行相应学习阶段的有关政策。

教育部直属高等学校国有资产
管理暂行办法

教财〔2012〕6 号

（教育部 2012 年 11 月 21 日发布）

第一章 总 则

第一条 为加强教育部直属高等学校（以下简称高校）国有资产管理，规范国有资产管理行为，合理配置和有效使用国有资产，防止国有资产流失，确保国有资产安全与完整，保障和促进高校各项事业发展，根据财政部《事业单位国有资产管理暂行办法》（财政部令第 36 号）和《中央级事业单位国有资产管理暂行办法》（财教〔2008〕13 号）等有关规定，制定本办法。

第二条 本办法适用于教育部直属高等学校。

第三条 本办法所称国有资产，是指高校占有、使用的，依法确认为国家所有，能以货币计量的各种经济资源的总称。

高校国有资产包括用国家财政资金形成的资产、国家无偿调拨给高校的资产、按照国家政策规定运用国有资产组织收入形成的资产、接受捐赠等经法律确认为国家所有的其他资产，其表现形式为流动资产、固定资产、在建工程、无形资产和对外投资等。

第四条 高校国有资产管理活动，应当坚持以下原则：

（一）资产管理与预算管理相结合的原则；

（二）资产管理与财务管理、实物管理与价值管理相结合的原则；

（三）安全完整与注重绩效相结合的原则。

第二章 管理机构及其职责

第五条 高校国有资产实行"国家统一所有，财政部综合管理，教育部监督管理，高校具体管理"的管理体制。

第六条 教育部负责对高校的国有资产实施监督管理。主要职责是：

（一）贯彻执行国家有关国有资产管理法律法规和政策。

（二）根据财政部国有资产管理有关规定，制定高校国有资产管理实施办法，并组织实施和监督检查。

（三）组织高校国有资产清查、登记、统计汇总及日常监督检查工作。

（四）健全高校国有资产管理信息系统，对高校国有资产实施动态管理。

（五）按规定权限审核、审批或报备高校有关资产配置、处置以及利用国有资产对外投资、出租、出借等事项；负责高校长期闲置、低效运转和超标准配置资产的调剂工作，优化高校国有资产配置，推动高校国有资产共享、共用。

（六）按规定权限审核、审批或报备高校出资企业改制上市、产权转让、资产重组等国有资产管理事项；组织编报高校出资企业国有资本经营预算建议草案，并督促高校按规定缴纳国有资本收益。

（七）组织实施高校国有资产管理的绩效考核，推进资产共享共用和公共平台建设工作。

第七条 高校应建立"统一领导、归口管理、分级负责、责任到人"的国有资产管理机制。

第八条 高校应建立健全国有资产管理机构，履行高校国有资产管理职责。

第九条 高校负责对本单位占有、使用的国有资产实施具体管理。

主要职责是：

（一）贯彻执行国家有关国有资产管理法律法规和政策。

（二）根据财政部、教育部国有资产管理有关规定，制定国有资产管理具体办法并组织实施。

（三）完善资产购置、验收、登记入账、使用维护、绩效考核等日常管理工作，做好资产的账务管理、清查登记、统计报告及日常监督检查工作；负责国有资产信息管理及信息化建设等工作，对国有资产实施动态管理。

（四）按照规定权限，办理国有资产配置、处置和对外投资、出租、出借等事项的审核、审批或报备手续。

（五）负责用于对外投资、出租、出借等国有资产的保值增值，承担出资企业国有资产保值增值责任。

（六）负责办理国有资产产权占有、变更及注销登记等相关工作；负责国有资产清查、清产核资、资产评估及资产划转工作；负责出资企业国有资产管理工作，做好出资企业国有资本经营预算和国有资本收益的缴纳工作。

（七）负责存量资产的有效利用，推动大型仪器、设备等资产的共享、共用和公共平台建设工作，建立国有资产共享共用机制。

（八）负责国有资产管理体系建设，建立思想素质和业务素质较高的资产管理队伍。

（九）接受教育部、财政部的监督指导，定期报告国有资产管理工作。

第三章　资产配置

第十条　高校国有资产配置是指高校根据事业发展的需要，按照国家有关法律法规和规章制度规定的程序，通过购置、调剂及接受捐赠等方式为本单位配备资产的行为。

第十一条　高校国有资产配置应当符合以下条件：

（一）现有资产无法满足高校事业发展的需要；

（二）难以与其他单位共享、共用相关资产；

（三）难以通过市场购买服务方式实现，或者采取市场购买服务方式成本过高。

第十二条　高校国有资产配置应当符合国家规定的配置标准；国家没有规定配置标准的，应当加强论证，从严控制，合理配置。

第十三条　高校应当按照财政部、教育部的要求，根据本单位发展需求，以资产存量为依据，对纳入财政部新增资产配置预算范围的资产，分别编制基本支出年度资产购置计划和项目支出年度资产购置计划，并按照财政部批复的年度部门预算组织实施。新增资产配置预算一经批复，除无法预见的临时性或特殊增支事项外，不得调整。确需调整的，应当由高校提出申请，报教育部审核并报财政部审批。没有履行相关程序的，一律不得购置。

高校购置纳入政府采购范围的资产，应当按照政府采购管理的有关规定执行。

第十四条　高校接受捐赠等方式形成的各类资产属国有资产，由高校依法占有、使用，应及时办理入账手续，加强管理。高校自建资产应及时办理工程竣工验收、竣工财务决算编报以及按照规定办理资产移交，并根据资产的相关凭证或文件及时进行账务处理。

第十五条　高校对校内长期闲置、低效运转的资产，应进行调剂，提高资产使用效益；对于长期闲置的大型仪器设备，高校应报告教育部，由教育部负责调剂。

第四章　资产使用

第十六条　高校国有资产的使用包括单位自用和对外投资、出租、出借等方式。高校国有资产使用应首先保证高等教育事业发展的需要。

第十七条　高校应当建立健全国有资产购置、验收、入账、保管、领用、使用、维护等相互制约的管理制度，加强国有资产日常管理。

第十八条　高校应当坚持安全完整与注重绩效相结合的原则，建立国有资产有偿使用制度，积极推进国有资产整合与共享共用，提高国有资产使用效益。

第十九条　高校应当对实物资产进行定期清查，完善资产管理账表和相关资料，做到账账、账卡、账实相符；对清查盘点中发现的问题，应当查明原因，并在资产统计信息报告中反映。

第二十条　高校应当加强对本单位专利权、商标权、著作权、土地使用权、非专利技术、校名校誉、商誉等无形资产的管理，依法保护，合理利用，并按照国家有关规定及时办理入账手续，加强管理。

第二十一条　高校利用国有资产对外投资、出租、出借等事项，应当符合国家有关法律法规的规定，加强可行性论证、法律审核和监管，做好风险控制和跟踪管理，确保国有资产保值增值。

第二十二条　高校利用国有资产对外投资、出租、出借等事项，按以下规定权限履行审批手续：

高校利用货币资金对外投资 50 万元（人民币，下同）以下的，由高校审批后 10 个工作日内将审批文件及相关资料报教育部备案，教育部审核汇总后报财政部备案；50 万元以上（含 50 万元）至 800 万元以下的，由高校审核后报教育部审批，教育部审批后报财政部备案；800 万元以上（含 800 万元）的，由高校审核后报教育部审核，教育部审核后报财政部审批。

高校利用固定资产、无形资产对外投资、出租、出借，单项或批量价值（账面原值，下同）在 500 万元以下的，由高校审批后 10 个工作日内将审批文件及相关资料报教育部备案，教育部审核汇总后报财政部备案；单项或批量价值在 500 万元以上（含 500 万元）至 800 万元以下的，由高校审核后报教育部审批，教育部审批后报财政部备案；单项或批量价值在 800 万元以上（含 800 万元）的，由高校审核后报教育部审核，教育部审核后报财政部审批。

第二十三条 高校向教育部申报国有资产使用事项，应对提交材料的真实性、有效性、准确性负责。

第二十四条 高校经批准利用非货币性资产进行对外投资，应当聘请具有相应资质的中介机构，对拟投资资产进行评估，资产评估事项按规定履行备案或者核准手续；高校国有资产出租，原则上应采取公开招租的形式确定出租的价格，必要时可采取评审或者资产评估的办法确定出租的价格。高校国有资产出租、出借，期限一般不得超过5年。

第二十五条 高校不得使用财政拨款及其结余进行对外投资；凡有银行贷款的高校，原则上不得新增货币资金投资；高校不得买卖期货、股票；不得购买企业债券、基金和其他任何形式的金融衍生品或进行其他任何形式的金融风险投资；利用国外贷款的高校，不得在国外债务尚未清偿前利用该贷款形成的资产对外投资。国家另有规定的，从其规定。

第二十六条 高校不得将其占有、使用的国有资产作为抵押物对外抵押或担保，不得为任何单位或个人的经济活动提供担保。国家另有规定的，从其规定。

第二十七条 高校应发挥自身优势，积极鼓励利用科研成果等无形资产实施科技成果转化。按照国家法律法规和有关规定，制定促进科技成果转化实施办法。

第二十八条 高校应当对本单位对外投资、出租、出借的资产实行专项管理，并在单位财务报告中披露相关信息。

高校对外投资收益以及利用国有资产出租、出借和科研成果形成的无形资产等取得的收入应当纳入学校预算，统一核算，统一管理。

第五章 资产处置

第二十九条 高校国有资产处置是指高校对其占有、使用的国有资产进行产权转让或者注销产权的行为。

第三十条　高校国有资产处置的范围包括：报废、淘汰的资产，产权或使用权转移的资产，盘亏、呆账及非正常损失的资产，闲置、拟置换的资产，以及依照国家有关规定需要处置的其他资产。

处置方式包括：报废报损、出售、出让、转让（含股权减持）、无偿调拨（划转）、对外捐赠、置换、货币性资产损失核销等。

第三十一条　高校处置的资产应当权属清晰。权属关系不明确或者存在权属纠纷的资产，须待权属界定明确后方可处置。

第三十二条　高校处置国有资产，应按照规定权限进行审核、审批或报备。未按规定办理相关手续，不得擅自处置。

第三十三条　高校处置国有资产，应按以下权限履行审批手续：

核销货币性资产损失 50 万元以下的，由高校审批后 10 个工作日内将审批文件及相关资料报教育部备案，教育部审核汇总后报财政部备案；50 万元以上（含 50 万元）至 800 万元以下的，由高校审核后报教育部审批，教育部审批后报财政部备案；800 万元以上（含 800 万元）的，由高校审核后报教育部审核，教育部审核后报财政部审批。

货币性资产以外的其他资产处置事项，一次性处置单位价值或批量价值（账面原值，下同）在 500 万元以下的，由高校审批后 10 个工作日内将审批文件及相关资料报教育部备案，教育部审核汇总后报财政部备案；一次性处置单位价值或批量价值在 500 万元以上（含 500 万元）至 800 万元以下的，由高校审核后报教育部审批，教育部审批后报财政部备案；一次性处置单位价值或批量价值在 800 万元以上（含 800 万元）的，由高校审核后报教育部审核，教育部审核后报财政部审批。

其中，中关村国家自主创新示范区内高校对其拥有的科技成果进行产权转让或注销产权的行为，一次性处置单位价值或批量价值在 800 万元以下的，由高校按照有关规定自主进行处置，并于一个月内将处置结果报财政部备案；一次性处置单位价值或批量价值在 800 万元以上（含 800 万元）的，由高校审核后报教育部审核，教育部审核后报财政部审批。国家另有规定的，从其规定。

第三十四条 高校向教育部申报国有资产处置事项，应对提交材料的真实性、有效性、准确性负责。

第三十五条 高校国有资产处置应当遵循公开、公正、公平和竞争、择优的原则。高校出售、出让、转让资产数量较多或者价值较高的，应通过招标、拍卖等市场竞价方式公开处置。未达到使用年限的固定资产报废、报损，高校应从严控制。

高校直接持有出资企业国有股权转让，按照《企业国有产权转让管理暂行办法》（国资委 财政部令第 3 号）、《财政部关于企业国有资产办理无偿划转手续的规定》（财管字〔1999〕301 号）和《企业国有产权无偿划转管理暂行办法》（国资发产权〔2005〕239 号）等规定执行；涉及高校直接持有上市公司国有股权转让，按照《国有股东转让所持上市公司股份管理暂行办法》（国资委 证监会令第 19 号）和《财政部关于股份有限公司国有股权管理工作有关问题的通知》（财管字〔2000〕200 号）等规定执行。

第三十六条 高校应当加强对本单位专利权、商标权、著作权、土地使用权、非专利技术、校名校誉、商誉等无形资产处置行为的管理，规范操作，防止国有资产流失。

第三十七条 教育部、财政部对高校国有资产处置事项的批复，以及高校按规定权限处置国有资产并报备案的文件，是高校办理产权变动和进行账务处理的依据，是教育部、财政部安排高校资产配置预算的参考依据。

第三十八条 高校国有资产处置收入，在扣除相关税金、评估费、拍卖佣金等相关费用后，按照政府非税收入管理和财政国库收缴管理的规定上缴中央国库，实行"收支两条线"管理。

第六章 产权登记与产权纠纷处理

第三十九条 高校国有资产产权登记是指国家对高校占有、使用的国有资产进行登记，依法确认国家对国有资产的所有权和高校对国有资产的占有、使用权的行为。

第四十条　高校根据财政部《事业单位及事业单位所办企业国有资产产权登记管理办法》（财教〔2012〕242号）有关规定，组织申报国有资产产权登记。

第四十一条　产权纠纷是指由于国有资产所有权、经营权、使用权等产权归属不清而发生的争议。

第四十二条　高校与其他国有单位和国有企业之间发生国有资产产权纠纷的，由当事人双方协商解决；协商不能解决的，由高校向教育部申请调解，或者由教育部报财政部调解，调解不成的，可依法提起诉讼。

第四十三条　高校与非国有单位或者个人之间发生产权纠纷的，由高校提出拟处理意见，经教育部审核并报财政部同意后，与对方当事人协商解决；协商不能解决的，依照司法程序处理。

第七章　资产评估与资产清查

第四十四条　高校有下列情形之一的，应当对相关国有资产进行评估：

（一）整体或者部分改制为企业；

（二）以非货币性资产对外投资；

（三）合并、分立、清算；

（四）资产拍卖、转让、置换；

（五）整体或者部分资产租赁给非国有单位；

（六）确定涉讼资产价值；

（七）法律、行政法规规定的其他需要进行评估的事项。

第四十五条　高校有下列情形之一的，可以不进行资产评估：

（一）经批准部分资产无偿划转；

（二）下属事业单位之间的合并、资产划转、置换和转让；

（三）其他不影响国有资产权益的特殊产权变动行为，报经教育部和财政部确认可以不进行资产评估的。

第四十六条　高校国有资产评估工作应当依据国家国有资产评估有关规定，委托具有资产评估资质的评估机构进行。高校应当如实向资产评估机构提供有关情况和资料，并对所提供的情况和资料的客观性、真实性和合法性负责。

高校不得以任何形式干预资产评估机构独立执业。

第四十七条　高校国有资产评估项目实行核准制和备案制。核准和备案工作按照国家有关国有资产评估项目核准和备案管理的规定执行。

高校资产评估项目备案工作，应由高校审核后报教育部审核，教育部审核后报财政部备案。高校出资企业的资产评估项目备案工作，应由高校审核后报教育部备案。

第四十八条　高校进行资产清查，按照财政部《行政事业单位资产清查暂行办法》（财办〔2006〕52号）有关规定，应当向教育部提出申请，经教育部审核，财政部批准立项后组织实施。高校资产清查工作中的资产盘盈、资产损失和资金挂账认定和结果确认等，按照财政部《行政事业单位资产核实暂行办法》（财办〔2007〕19号）有关规定执行。国家另有规定的，从其规定。

高校资产清查中的固定资产损失，应按以下权限履行审批手续：

单项固定资产损失低于50万元的，根据中介机构的审计意见，经高校负责人批准后核销，并报教育部备案，教育部审核汇总后报财政部备案；单项固定资产损失超过50万元（含50万元），低于200万元的，由高校提出处理意见，报经教育部批准后核销，并报财政部备案；单项固定资产损失超过200万元（含200万元）的，由高校提出处理意见，经教育部审核，报财政部批准后核销。

高校资产清查中的货币资金损失、坏账损失、存货损失、有价证券损失、对外投资损失、无形资产损失等其他类资产损失，应按以下权限履行审批手续：

分类损失低于 50 万元的，由高校提出处理意见，经教育部批准后核销，并报财政部备案；分类损失超过 50 万元（含 50 万元）的，由高校提出处理意见，经教育部审核，报财政部批准后核销。

第四十九条　高校资产清查内容包括：基本情况清理、账务清理、财产清查、损溢认定、资产核实和完善制度等。高校有下列情形之一，应当进行资产清查：

（一）根据各级政府及其财政部门专项工作要求，纳入统一组织的资产清查范围的；

（二）进行重大改革或者改制的；

（三）遭受重大自然灾害等不可抗力造成资产严重损失的；

（四）会计信息严重失真或者国有资产出现重大流失的；

（五）会计政策发生重大变更，涉及资产核算方法发生重要变化的；

（六）财政部门认为应当进行资产清查的其他情形。

第八章　资产信息管理与报告

第五十条　高校应当按照国有资产管理信息化的要求，建立国有资产管理信息系统，及时录入相关数据信息，加强国有资产的动态监管，并在此基础上组织国有资产的统计和信息报告工作。

第五十一条　高校国有资产管理实行报告制度，包括年度决算报告、重大事项报告和专项工作报告等。国有资产信息报告是高校财务会计报告的重要组成部分。

第五十二条　高校应当按照财政部规定的年度部门决算报表的格式、内容及要求，对其占有、使用的国有资产状况做出报告。国有资产年度决算报告应当内容完整、信息真实、数据准确。

第五十三条　高校应当充分利用资产管理信息系统和资产信息报告，全面、动态地掌握本单位国有资产的占有、使用和处置状况，并作为编制本单位部门预算的重要依据。

第九章　资产管理绩效考核

第五十四条　高校国有资产管理绩效考核是指利用国有资产年度决算报告、资产专项报告、财务会计报告、资产统计信息、资产管理信息化数据库等资料，运用一定的方法、指标及标准，科学考核和评价高校国有资产管理效益的行为。

第五十五条　高校应当逐步建立和完善国有资产管理绩效考核制度和考核体系，按照社会效益和经济效益相结合的原则，通过科学合理、客观公正、规范可行的方法、标准和程序，真实地反映和评价本单位国有资产管理绩效。

第五十六条　高校国有资产管理绩效考核，应当包括国有资产管理的基础工作，国有资产管理制度建设，国有资产配置、使用和处置等主要内容。

第五十七条　高校国有资产管理绩效考核，应当坚持分类考核与综合考核相结合，日常考核与年终考核相结合，绩效考核与预算考评相结合，采用多元化的指标体系和科学的方式方法，不断提高高校国有资产的安全性、完整性和有效性。

第五十八条　高校应当充分利用国有资产管理绩效考核的结果，总结经验、推广应用，查漏补缺、完善制度，加强管理、提高效益。

第十章　监督检查

第五十九条　教育部建立科学合理的高校国有资产监督管理制度，并对高校国有资产管理情况进行监督检查。

第六十条　高校应建立国有资产管理检查制度，对本单位国有资产管理情况进行监督检查。

第六十一条　高校国有资产监督检查应当坚持单位内部监督与财政

监督、审计监督、社会监督相结合，事前监督与事中监督、事后监督相结合，日常监督与专项检查相结合。

第六十二条 高校应当建立健全科学合理的国有资产监督管理责任制，将资产监督管理责任落实到具体部门、单位和个人，加强对国有资产利用效率和效益的考核，依法维护国有资产的安全完整，提高国有资产使用效益。

第六十三条 高校和有关责任人违反本办法规定的，应依法追究其相应责任，并依据相关规定进行处罚、处分和处理。

第十一章 附 则

第六十四条 高校应当根据本办法和单位实际，制定本单位国有资产管理办法，并报教育部备案。

第六十五条 高校出资企业改制上市、产权转让、资产重组等国有资产管理事项，按照财政部有关规定执行。

第六十六条 教育部直属事业单位的国有资产管理依照本办法执行。

第六十七条 本办法由教育部负责解释。本办法未尽事项，按照国家国有资产管理的有关规定执行。

第六十八条 本办法自印发之日起施行。

教育部直属高校基本建设管理办法

教发〔2012〕1 号

（教育部 2012 年 2 月 29 日发布）

第一章 总 则

第一条 为进一步规范教育部直属高等学校（以下简称直属高校）基本建设管理，提高决策水平，保证投资效益，促进直属高校事业持续健康发展，根据有关法律法规和国家相关政策，结合实际情况，制定本办法。

第二条 直属高校校园建设总体规划（以下简称校园规划）的编制，新建、扩建、改建等基本建设项目（以下简称建设项目）的管理适用本办法。

第三条 教育部是直属高校基本建设的主管部门，负责指导编制校园规划、审批建设项目、申请国家投资和监督项目实施。

第四条 直属高校是基本建设的责任主体，负责校园规划的编制及报审，建设项目的申请报批、资金筹措和组织实施。

第五条 直属高校基本建设决策应当严格执行"三重一大"制度，遵守基本建设程序，坚持先规划论证、后设计施工。

第二章 校园规划编制

第六条 校园规划是学校开展基本建设、确定建设项目的重要依据，应当具有前瞻性、稳定性和权威性，不得随意变更。

第七条　编制校园规划（含新编和修订，下同）应当贯彻保护环境、节地、节水、节能、节材的基本方针，构建资源节约型、环境友好型校园，做到以人为本、统筹规划，实事求是、量力而行，尊重标准、勤俭办学，把握节奏、保证安全。

第八条　编制校园规划应当坚持适用、经济的原则，正确处理近期建设和远景发展的关系，新建、改扩建校园和既有校园的关系。校园建筑规划面积指标应当符合国家相关规定。

第九条　直属高校应当委托有相应资质的单位编制校园规划，进行政策、法律及技术咨询，组织专家评估论证，并按照有关规定公开相关信息，充分吸收师生员工和公众参与。有条件的应当制定相应的规划设计导则，设立校园规划委员会。

第十条　直属高校编制校园规划应当征求教育部意见，教育部根据需要组织专家进行咨询论证。直属高校应当根据论证意见修改完善校园规划。校园规划应当依照有关规定报地方规划部门批准后送教育部备案。

第十一条　直属高校应当根据经批准的校园规划，结合事业发展需要和财务能力，按照国家经济与社会发展规划周期，每5年编制一次基本建设规划（以下简称基建规划），确定5年内规划实施的建设项目和年度投资方案，并报教育部备案。未列入基建规划的建设项目原则上不予批准建设。

第三章　建设项目管理

第十二条　直属高校建设项目应当按照国家有关规定分别报送教育部或者国家发展和改革委员会审批，获得相关批准后方可实施。

第十三条　由国家发展和改革委员会审批的建设项目，应当报教育部初审后，由教育部报国家发展和改革委员会审批。

第十四条　直属高校报教育部审批的建设项目，其审批环节包括项目建议书、可行性研究报告、初步设计及概算。

第十五条 直属高校因规划设计、土地征用、争取投资等需要，报教育部审批建设项目的项目建议书。

直属高校申请审批项目建议书应当提供以下材料：

（一）请示文件；

（二）学校决策会议纪要；

（三）校园规划；

（四）项目建议书，主要包括项目概况、建设依据和必要性、投资估算、效益分析；

（五）其他相关材料。

第十六条 建设项目可行性研究报告应当委托有相应资质的单位编制，符合国家相关部门要求的前期工作质量和深度。

直属高校申请审批可行性研究报告应当提供以下材料：

（一）请示文件；

（二）学校决策会议纪要；

（三）校园规划；

（四）可行性研究报告及编制单位资质文件；

（五）城市规划部门出具的规划条件；

（六）国有土地管理部门出具的项目用地预审意见或土地使用权证；

（七）环保部门出具的环境影响评价批复文件；

（八）有关单位出具的节能评估材料；

（九）资金筹措证明；

（十）其他相关材料。

第十七条 编制建设项目可行性研究报告应当包括以下内容：

（一）总论；

（二）需求分析与建设规模；

（三）场址选择；

（四）建筑方案选择；

（五）节能节水措施；

（六）环境影响评价；

（七）劳动安全卫生消防；

（八）组织机构与人力资源配置；

（九）项目实施进度；

（十）投资估算与资金筹措；

（十一）招标方案及项目招标基本情况表；

（十二）财务评价；

（十三）社会评价；

（十四）研究结论与建议。

第十八条 按照国家预算管理要求，计划下一年度新开工的建设项目，应当于本年度5月底前一次性向教育部报送可行性研究报告及相关文件。经审查确认符合本办法相关要求的，于30个工作日内予以批复；不符合要求的，应当说明理由或提出修改意见，原则上本年度不再予以受理。

第十九条 建设项目可行性研究报告实行审批前投资咨询评估制度，咨询评估工作应当按照投资咨询评估管理的有关规定执行。需要委托投资咨询评估的建设项目，其评估时间原则上为30个工作日，此时间不计入批复时限。

第二十条 建设项目应当在可行性研究报告批复文件下达之日起5年内开工建设。逾期未开工的建设项目，须重新审核报批。

第二十一条 直属高校应当采取有效措施保证建设项目设计质量，有效控制项目变更。可行性研究报告批准后，委托有相应资质的单位编制初步设计及概算。建设项目初步设计及概算应当严格依照可行性研究报告批复文件所确定的内容编制。

第二十二条 直属高校申请审批初步设计及概算应当提供以下材料：

（一）请示文件；

（二）初步设计及概算，主要包括设计总说明、总平面图、各专业计算书及设计图纸、工程概算书等；

（三）可行性研究报告批复文件；

（四）其他相关材料。

第四章　年度投资计划编制

第二十三条　直属高校编制年度投资计划应当优先安排会影响正常教学科研工作的建设项目，保障急需的基本办学条件和校园基础设施的建设项目，支持服务国家重大战略的建设项目。

第二十四条　年度投资计划包括下一年度基本建设投资建议计划（以下简称建议计划）、本年度基本建设投资计划（以下简称年初计划）和本年度基本建设投资调整计划（以下简称调整计划）。

第二十五条　建议计划应当依据基建规划编制，并于本年度6月底前报教育部；教育部据此编制下一年度中央预算内投资申请方案，经国家发展和改革委员会审核确认后，于本年底前确认各直属高校建议计划。

编制建议计划应当遵循以下原则：

（一）投资计划总量应当根据学校资金财务能力和建设需要，综合平衡、统筹安排；

（二）投资计划应当首先保证用于续建项目，续建项目应根据项目实际执行情况，合理安排下一年度投资额度，对于收尾项目，应安排足额资金，确保项目及时竣工交付使用；

（三）中央预算内投资等政府投资建设项目的配套资金，应当按计划及时足额落实到位；

（四）新建项目原则上应当是可行性研究报告已经批复的建设项目；

（五）建设项目所需建设投资依据项目审批时确定的投资额度及筹资方案填报；

（六）中央预算内投资只安排可行性研究报告经评估的建设项目。

第二十六条　年初计划应当依据上一年度确认的建议计划，结合上一年度投资完成情况及财政部确认的当年预算进行编制，于本年度 3 月底前报教育部。

第二十七条　调整计划应当依据年初计划实际执行情况编制，于本年度 11 月底前报教育部。

编制调整计划应当遵循以下原则：

（一）建设项目的建筑面积和总投资原则上不得调整。如确须发生重大变化的，报教育部批准后方可调整；

（二）建设项目本年投资计划中的中央预算内投资不得调整；

（三）原则上不得增列建设项目。

第二十八条　直属高校应当加强计划管理，严格按计划实施建设项目。

第五章　建设项目实施

第二十九条　直属高校应当建立完善项目建设组织机构，实行法人责任制度。学校主要领导对项目建设负总责，分管领导对相关工作负领导责任，基建、财务、审计、纪检监察等相关部门负责建设项目的组织实施、资金管理、审计监督、廉政建设等工作。

建设项目实行代建制管理的直属高校应当依法选择有相应资质的代建单位。

第三十条　建设项目应当依法实行招标投标制度。勘察、设计、施工、监理、设备和材料的采购、工程咨询及社会审计、代建单位等均应当依法实行招标。

第三十一条　建设项目应当依法实行工程监理制度。项目建设监理应当依照有关法律、法规、技术标准、相关文件及合同实施。

第三十二条　直属高校应当严格按照批复文件实施建设项目，严禁擅自改变建设选址、建设用途、建筑面积、建设标准和项目投资；从严控制建设规模和标准，如有重大变化应当重新报批可行性研究报告。

第三十三条　直属高校应当对建设项目依法实行合同管理制，完善项目变更审批制度。

第三十四条　直属高校应当依法完善工程质量控制体系，建立健全工程质量责任追究制度，实行工程质量终身负责制度，保证建设项目工程质量。建设项目的合理工期不得随意压缩或拖延。

第三十五条　建设项目应当建立健全安全责任体系，明确各方的安全责任，确保施工现场和校园安全。

第三十六条　建设项目应当建立健全档案管理制度，由专人负责档案资料的收集、保管、整理和移交等相关工作。

第三十七条　建设项目建成后应当及时办理固定资产交付。

第六章　建设资金管理

第三十八条　建设项目资金应当多渠道筹集，严格管理，专人负责、专款专用；应当依据年初计划和调整计划，按照合同和工程进度拨付，未列入年度投资计划的一律不得拨付。

第三十九条　直属高校应当建立健全建设项目工程款支付管理办法和审批程序，建设项目管理与财务管理分离，实行工程款支付"两支笔"会签制度。建设项目预算纳入国库集中支付范围的，资金拨付按照国库集中支付的有关管理办法执行。

第四十条　基本建设年度财务决算报告应当严格按照调整计划和资金实际使用情况编制，并按规定于下一年度2月底前报教育部批复，由教育部报财政部备案。

第四十一条　建设项目应当按照基本建设项目竣工财务决算管理的有关规定，在竣工后3个月内完成竣工财务决算编制工作，并委托有相应资质的会计师事务所评审后，报教育部审核。

第七章　监督与评价

第四十二条　直属高校应当依照本办法和国家相关规定，建立健全建设项目的决策、管理、监督、制约机制和相关制度，加强对建设项目各个环节的监督管理，把廉政建设责任落实到位，把廉政风险防范工作融入建设项目的日常管理工作。

第四十三条 直属高校各级领导干部应当严格执行教育部关于严禁领导干部违反规定插手干预基本建设工程项目管理行为的规定。建设项目管理应当作为校务公开的重要内容，接受教职员工的监督。

第四十四条 直属高校应当根据相关规定加强对建设项目的内部审计工作，建立健全建设项目内审制度，规范审计工作程序。项目未经审计不得结算。要积极推进建设项目全过程跟踪审计，切实开展建设项目管理相关部门主要负责人经济责任审计工作，严格执行离任审计制度。

第四十五条 直属高校应当规范项目监督，加强对项目招标投标、建设监理、合同管理等关键环节的监督检查。项目责任人或代建机构、勘察设计、施工、监理等单位的名称和责任人姓名应当在施工现场的显著位置公示；学校纪检、监察等监督职能部门应当公布举报电话、设立信箱，受理对项目建设中违法违纪问题的举报。

第四十六条 直属高校建设项目实行项目后评价制度。根据有关规定要求，结合实际情况，对项目建成后所达到的实际效果进行绩效评价。

第四十七条 违反本办法要求，造成建设项目质量低劣、损失浪费或责任事故的直属高校，由教育部予以通报批评，情节严重的暂停资金拨付或者不予批准新的建设项目；对直接责任人员，视情节轻重依法追究其行政或者法律责任，构成犯罪的依法追究刑事责任。

第八章 附　　则

第四十八条 教育部直属事业单位基本建设管理参照本办法执行。

第四十九条 本办法自发布之日起实施。

高等学校总会计师管理办法

教人〔2011〕2 号

（教育部、财政部 2011 年 4 月 1 日发布）

第一章 总 则

第一条 为加强高等学校财经管理，完善高等学校治理结构，强化经济责任，规范财经行为，防范财务风险，提高财务管理水平，根据《中华人民共和国会计法》、《中华人民共和国高等教育法》、《中华人民共和国总会计师条例》和国家有关规定，制定本办法。

第二条 高等学校设置总会计师岗位。总会计师为学校副校级行政领导成员。

第三条 高等学校总会计师协助校（院）长管理学校财经工作，承担相应的领导和管理责任。

第四条 总会计师的职权受国家法律法规保护，高等学校和有关部门支持并保障总会计师依法行使职权。

第二章 总会计师的任免

第五条 总会计师应坚持原则，具有较高的政治素养；廉洁奉公，具有良好的职业操守；熟悉高等学校财务管理工作，具有较强的组织协调能力。

第六条 总会计师必须具有大学本科以上文化程度，同时应具备下列条件之一：

（一）具有经济、管理类高级专业技术职称；

（二）具有从事财政、财务、会计、审计、资产等管理工作经验，一般应担任正处级职务3年以上；

（三）在会计、审计等专业中介机构担任高级职位，具有15年以上从业经验。

第七条　总会计师由学校主管部门负责选聘、委派，可根据工作需要，实行异校或异地任职，依照干部管理权限任免。学校主管部门对总会计师实行统一管理。总会计师任免前，应征求同级财政部门和学校主要负责人意见。

第八条　总会计师实行任期制，任期年限与校（院）长任期年限一致。总会计师在同一学校任职不超过两届，任期届满，可调派其他高等学校任职或改任其他职务。

第九条　总会计师任期内，学校主管部门可根据工作需要，经征求同级财政部门和学校主要负责人意见后对总会计师进行调整。

第三章　总会计师的职责和权利

第十条　总会计师按国家有关法律、法规、规章和制度的要求组织领导学校的财经管理和会计核算工作；参与学校重大财务、经济事项的决策并对执行情况进行监督。主要职责如下：

（一）负责会计核算和财务报告，确保会计信息的真实和完整；

（二）负责财务管理，包括预算管理、筹资管理、资本管理（包括投资管理）、资金管理、成本控制、绩效评估等；

（三）参加学校重大财经管理活动和重要经济问题的研究与决策；

（四）加强会计监督，负责或参与财务风险管理、偿付能力管理，保护学校财产安全完整；

（五）结合学校实际情况，加强校内财务会计管理基础工作和基层建设，组织制定有关财务会计制度的实施细则和内部控制制度，并检查执行情况；

（六）组织清产核资，加强资产管理，保护国有资产完整和保值增值；

（七）组织落实审计意见，监督执行审计决定；

（八）学校主管部门、法律法规和学校章程规定的其他职责。

第十一条 总会计师具有以下履行职责的工作权利：

（一）参加重大经济事项决策；

（二）对重大决策和财经法规的执行情况进行监督，对内部控制制度实施监督检查；

（三）对学校财务部门负责人的任免、考核提出意见；

（四）学校按规定对大额资金的使用，建立由总会计师与学校主要负责人联签制度，总会计师拥有大额资金流动联签权；

（五）对违反国家法律、法规、方针、政策、制度和有可能在经济上造成损失、浪费的行为，有权制止或纠正，并报告学校主要负责人。制止或纠正无效时，应及时向学校主管部门报告。

第四章 监 管

第十二条 学校主管部门对总会计师履职情况进行监督、考评。

第十三条 总会计师参加校领导班子年度考核，并向学校主管部门提交述职报告。

总会计师年度述职报告应就学校重大经济活动、财务状况、资产质量、财务风险、内控机制等全面报告履职情况，并提出改进措施。

第十四条 学校主管部门对总会计师进行任期经济责任审计和离任审计，对总会计师任职期间的履职情况进行评估。审计事项包括：

（一）学校会计核算规范性、会计信息质量，以及学校财务预算、决算和财务动态编制工作质量情况；

（二）学校财务状况及结果，资金管理和成本费用控制情况；

（三）学校财会内部控制制度的完整性和有效性，学校财务风险控制情况；

（四）在学校重大经营决策中的监督制衡情况，有无重大经营决策失误；

（五）其他需考核的事项。

第十五条　总会计师对下列重大事项负有管理责任或直接责任：

（一）学校提供或公开的会计信息不真实、不完整；

（二）学校会计核算、财务管理不规范；

（三）学校内部财会控制机制不健全、财会制度执行不力；

（四）学校违反国家法律法规造成严重后果的财务会计事项；

（五）管理不当及决策失误造成经济损失；

（六）负责审批、联签、实施的事项造成经济损失。

第十六条　总会计师出现本办法第十五条情形的，应当依照国家法律法规和有关规定追究相应的责任。

第十七条　对造成重大经济损失或严重后果的事项，总会计师未参与决策或在集体决策过程中提出明确反对意见并记录在案的，总会计师可以免责。

第十八条　总会计师工作业绩突出的，由学校或学校主管部门给予表彰奖励。

第五章　附　　则

第十九条　本办法适用于公办高等学校。

第二十条　本办法由教育部、财政部负责解释。

第二十一条　各地、各有关部门可结合实际制定具体实施细则。

第二十二条　本办法自发布之日起施行。

关于严禁领导干部违反规定插手干预基本建设工程项目管理行为的若干规定

教发〔2010〕2号

（教育部 2010 年 3 月 8 日发布）

第一条 为了加强监督和管理，保证教育系统基本建设工程领域高效、安全、廉洁运行，严禁领导干部违规干预基本建设工程项目管理，根据《中共中央办公厅 国务院办公厅印发〈关于开展工程建设领域突出问题专项治理工作的意见〉的通知》（中办发〔2009〕27号）、《中共中央纪委 教育部 监察部关于加强高等学校反腐倡廉建设的意见》（教监〔2008〕15号）和《中华人民共和国招标投标法》等国家法律法规的有关精神，结合教育系统实际情况，特制定本规定。

第二条 本规定所称的基本建设工程项目，是指教育部系统，特别是教育部直属高等学校、教育部直属单位基本建设工程项目。

第三条 本规定所称领导干部是指教育部直属高等学校校级领导和基建、审计、财务、纪检、监察等部门有关负责人，教育部直属单位有关负责人，各级教育行政部门有关负责人，教育部公务员。

第四条 领导干部要严格遵守国家基本建设法律法规和廉洁自律的各项规定，严格按照基本建设工程项目管理程序，遵循基本建设科学规律，加强基本建设管理制度建设，严格禁止以下利用职权违规干预基本建设工程项目管理的行为：

（一）对工程项目建设中的违法违规行为表示默认，对有关纠正违法违规行为的决定不执行或不予落实，对群众或舆论反映的突出问题拖延不决、不予答复。

（二）以工期紧迫和保密等各种借口，明示或暗示相关单位不履行建设管理程序，未经审批、核准或备案，违规实施工程建设项目，以及违规插手干预工程建设项目决策。

（三）违反招标管理规定，同意、授意或默许依法必须招标的建设项目不招标或化整为零规避招标；随意提高或降低投标人入围条件，排斥潜在投标人。

（四）违反规定将应该纳入招标范围的分项工程，以直接分包等形式发包给其他承包商；擅自突破现行政策规定，以技术复杂或其他理由，随意变更招标方式。

（五）违反规定指定投标人，或制定有利于特定投标人入围条件的招标文件和评标办法；向投标人泄露或暗示标底、评标委员会成员及其他投标人等相关信息；向评标委员会成员打招呼，在评标过程中对特定的投标人进行关照等。

（六）违规干预、操纵招标投标活动中代理、代建、咨询机构的选择；支持、授意、默许、串通或放纵投标人、中介机构进行围标、串标、资质挂靠、弄虚作假等手段谋取中标；违反规定担任或指定评标专家，或通过诱导评标专家操控评标结果，或以监督为名干扰依法进行的评标活动；违规干预招标文件、评标办法、标底、合理价、投标报价限值的编制。

（七）以打招呼、说情、暗示等方式，要求或通过设置不合理的条件迫使中标候选人放弃中标；要求中标人分包、转包工程项目；指定物资设备、建筑材料及构配件的生产商、供应商或服务商；对依法应当实施政府采购的物资未实行政府采购。

（八）暗示、默许或同意背离招标文件和中标人投标文件的实质性条款与中标人签订项目承包合同；要求有关部门不履行合同或违反承包合同规定，影响工程建设实施。

（九）违反规定擅自扩大建设规模、改变建设内容、提高建设标准、变更设计图纸，增加施工现场签证，造成工程项目"低价中标高价结算"，增加工程投资。

（十）违规干预和插手建设工程结算活动，委托不具有相应资质的社会中介机构审核竣工结算；对工程结算审计工作施加不当影响，干扰独立审计或纵容、默许承包商和其他相关人员提供不真实、不完整的工程结算资料；以拖延竣工验收和结算为借口，采取不正当手段抬高工程造价。

（十一）违反财务管理规定和专项资金使用管理办法，对违规或者概算明显偏高的项目，分配下达项目预算；对不符合预算要求或者工程进度需要的工程项目拨付资金；截留、骗取建设资金，或者违规使用和挪用建设资金；随意扩大工程项目支出范围或在工程项目中开支、报销与建设项目无关的费用。

（十二）违规插手干预有关行政监管部门对工程建设实施和工程质量、安全生产进行监督管理，造成重大质量安全事故；违规插手干预工程建设环境保护工作，弄虚作假，造成环境影响评价结论严重失实。

（十三）利用职权或职务上的影响，通过说情、批示、打招呼、暗示或强迫命令等形式，干扰、妨碍有关部门对工程建设领域中的违法违规行为进行查处；对投标人、承包商、供货商的实名举报及反映的问题，压案不查或阻挠办案。

（十四）利用职权违规为自己、亲友、身边工作人员和特定关系人谋取不正当利益，接受投标当事人和承包商的礼品、礼金、有价证券、支付凭证及参与其他可能影响工程项目管理的活动。

（十五）有违反规定插手干预基本建设工程项目管理的其他行为。

第五条　各有关教育行政部门、教育部直属高等学校、教育部直属单位应当建立并严格执行回避制度。

第六条　领导干部违反本规定的，按照干部管理权限，视情节轻重依法依规给予批评教育、党纪政纪处分直至移送司法机关追究法律责任。

第七条　本规定自发布之日起施行。

教育部委托投资咨询评估管理办法

教发〔2008〕27 号

（教育部 2008 年 11 月 21 日发布）

第一条　为提高投资咨询评估的质量和效率，建立健全投资决策制度，加强投资决策的科学性和民主性，根据《国务院关于投资体制改革的决定》（国发〔2004〕20 号），参照《国家发展改革委委托投资咨询评估管理办法》（发改投资〔2004〕1973 号），结合教育部直属单位的实际情况，制定本办法。

第二条　本办法适用于教育部直属高校和直属事业单位以下事项的咨询评估：

（一）教育部审批的政府投资项目的项目建议书、可行性研究报告、初步设计及概算、工程预决算、项目后评价；

（二）教育部委托的其他事项。

第三条　经教育部确认的咨询机构（以下简称入选咨询机构），可以承担本办法第二条规定事项的咨询评估任务。入选咨询机构应当符合以下条件：

（一）具有教育部委托投资咨询评估项目所属专业的甲级咨询资格，连续 3 年年检合格；

（二）近 3 年承担总投资 5000 万元以上项目的评估和可行性研究报告编制任务不少于 10 个；

（三）具有高级专业技术职称的专职人员不少于 20 名；

（四）注册资金不少于 800 万元。

第四条　教育部按照公正、公平、公开和竞争的原则，组织有关机构和专家，对符合本办法第三条规定条件，熟悉教育基本建设项目并提出申请的咨询机构进行审查，依照委托投资咨询评估的任务量，确定入选咨询机构，并公布结果。入选咨询机构原则上三年核定一次。

第五条 委托评估工作按照公正、公平、合理和就近委托的原则，并根据项目特点，结合入选咨询机构的专业优势、技术质量水平和已承担的任务量，确定委托咨询评估单位。

第六条 教育部向接受该项任务的咨询机构出具《投资咨询评估委托书》，明确咨询评估的内容、重点和完成时限等。

第七条 承担咨询评估任务的咨询机构应按照客观、公正、科学的原则和《投资咨询评估委托书》的要求，按时完成咨询评估报告报送教育部。

第八条 对特别重要项目或特殊事项的咨询评估任务，教育部可以通过招标或指定方式确定咨询机构；也可以同时委托多家入选咨询机构进行评估，或委托另一入选咨询机构对已经完成的咨询评估报告进行评价。

第九条 承担编制项目建议书、可行性研究报告、项目申请报告、初步设计及概预算等业务的入选咨询机构，不得承担同一项目或事项的咨询评估任务。

第十条 隶属教育部直属高校的入选咨询评估机构不得承担所在学校建设项目的咨询评估任务。

第十一条 咨询评估费用由教育部依据国家有关规定确定并拨付，按年度结算。

第十二条 入选咨询机构及其工作人员，不得收取教育部委托咨询评估项目的项目单位支付的任何费用，不得向项目单位摊支成本。

第十三条 教育部可以组织专家对完成的咨询评估报告的质量进行评价，对咨询评估的过程进行检查。

第十四条 教育部受理举报、投诉，并组织或委托有关机构进行检查核实，对查实的问题进行处理。

第十五条　入选咨询机构有下列情形之一的，教育部可以对其提出警告或暂停后续委托任务；情节严重的，取消其承担教育部委托咨询评估任务的资格，并建议有关部门给予其降低工程咨询资质等级等处罚：

（一）咨询评估报告有重大失误或质量低劣；

（二）咨询评估过程中有违反本办法规定的行为；

（三）一年内两次拒绝接受委托咨询评估任务；

（四）其他违反国家法律法规规定的行为。

第十六条　教育部相关部门及其工作人员履行本办法规定的有关行为，接受监察机关的监督。

咨询评估费用的使用和支付，接受财政和审计部门的监督和审计。

第十七条　本办法自发布之日起执行。

附录：1. 教育部委托投资咨询评估入选咨询机构审查细则

　　　 2. 教育部委托投资咨询评估项目评估细则

附录 1：

教育部委托投资咨询评估
入选咨询机构审查细则

根据《国家发展改革委委托投资咨询评估管理办法》（发改投资〔2004〕1973 号）和《教育部委托投资咨询评估管理办法》的要求，为做好咨询机构的遴选工作，特制定本细则。

一、初选合格单位应提交以下申报材料

申报单位必须满足《国家发展改革委委托投资咨询评估管理办法》第三条中的四项要求，方可成为初选合格单位。初选合格单位应提交以下申报材料（一式三份，完整的工程咨询成果一份）：

（一）企业法人营业执照复印件；

（二）工程咨询资格证书复印件；

（三）不少于 20 人的高级专业技术人员名单，身份证复印件、职称证书复印件及注册证书复印件，其专业组成为建筑、结构、水、暖、电、建筑经济等；

（四）提供本单位全部注册咨询工程师名单及注册人员资格证书复印件；

（五）提供近三年不少于 10 项建筑工程的工程咨询合同或咨询成果批复意见书的复印件，其中必须提供一套自认为最优秀和完整的工程咨询成果的原件或复印件（工程设计不属本范围）；

（六）工程设计咨询获奖证书复印件。

二、审查内容

（一）审查初选合格单位的咨询资质

1. 是否有企业法人营业执照；

2. 注册资金是否不少于 800 万元；

3. 是否有工程咨询资格证书；

4. 咨询资格证书专业范围是否为"建筑"；

5. 咨询资格证书等级是否为"甲级"；

6. 资格证书是否有效。

（二）审查初选合格单位的专业优势

1. 高级专业技术职称的专职人员是否不少于 20 名；

2. 具有高级职称人员的专业范围是否为咨询评估建筑工程所需专业人员；

3. 专业人员是否齐全。

（三）审查初选合格单位近三年的咨询业绩

1. 5000 万元以上建筑咨询评估项目是否不少于 10 项；

2. 所提交建筑咨询项目是否为近三年的项目。

（四）审查初选合格单位的质量水平

1. 近三年建筑咨询评估项目的获奖情况；

2. 对提供的一项最优建筑工程咨询项目水平的评定意见。

三、审查办法

（一）教育部发展规划司为审查主管单位；

（二）由中国勘察设计协会高等院校勘察设计分会负责协办；

（三）审查专家组由 7 人组成，组长由专家选举产生；

（四）专家组按本细则进行审查，每位专家需填写并署名审查意见书（见附），由组长汇总后交教育部发展规划司审查。

四、参加审查工作的专家条件

（一）为非初选合格单位人员；

（二）公平、公正、作风正派，具有良好的职业道德；

（三）具有高级职称；

（四）有较丰富的建筑工程投资咨询业务或管理工作经验。

五、入选机构最终确定原则

（一）教育部发展规划司根据专家审查结果，结合咨询评估业务量，最终确定入选咨询评估机构，并在教育网站上公示 15 天，无异议后结果以教育部文件形式公布。

（二）教育部委托投资咨询评估机构每三年核定一次。

附录 2：

教育部委托投资咨询评估项目评估细则

为了进一步完善教育部委托投资咨询评估工作，提高咨询评估质量，根据《教育部委托投资咨询评估管理办法》，结合教育项目的实际情况，制定本评估细则。

一、评估主管部门

项目评估由教育部委托入选咨询机构实施。委托评估时，教育部下达《咨询评估委托书》，明确评估内容、评估重点和完成时限等要求；同时，提供项目建设单位报审文件（含项目建设学校决策校办公会会议纪要）、有资质单位编制的项目可行性研究报告（含项目招标方案）、建设项目用地预审意见、当地城市规划部门提供的建设项目规划意见、当地环保部门提供的建设项目环境影响评价意见等相关评估资料。

二、评估组织形式及专家要求

项目评估采用项目负责人制，由评估单位确定具有相应资格人员作为项目负责人，负责项目评估全过程的组织、协调及评估报告的编制。

项目负责人根据建设项目的性质和规模成立由技术专家和经济专家组成的项目评估小组承担评估工作。评估小组的人数应根据建设项目的规模和技术复杂程度确定，一般大型项目可行性研究报告评估应由 7~9 人组成，中小型项目由 5~7 人组成，初步设计评估由 5~11 人组成。

评估小组应当由了解国家和行业发展的相关政策法规，熟悉本行业的技术经济发展情况，并具备丰富的项目咨询和设计经验的专家组成，一般包括建筑、结构、给排水、暖通空调、电气、管理、建筑经济等。评估专家须具有与可行性研究报告编制或项目设计专业人员同等或以上的专业职称或执业资格。如有必要，可聘请外单位专家参加评估小组。

入选咨询机构应按上述要求建立项目评估专家库，并报教育部发展规划司备案，咨询机构接受项目评估任务后原则上应在专家库中随机筛选专家组成项目评估小组。评估项目负责人及小组成员名单报教育部发展规划司审定后方可开展评估工作。

三、评估原则

1. 评估工作应本着实事求是的精神，坚持独立、客观、公正、科学、民主的原则。

2. 评估必须按照国家法律法规、行业规范、标准以及相关规则、程序要求进行。

3. 评估工作应遵守主管部门制定的纪律和守则。

4. 评估结论应当科学、合理、真实、可靠。

5. 评估人员应充分认识工作的重要性，从国家和学校事业发展的高度提出评估意见。

四、评估程序

1. 由教育部向评估单位下达《咨询评估委托书》，由项目建设单位向评估单位提供相关评估资料。

2. 评估单位依据项目特点确定项目评估负责人，组织相关专业人员成立项目评估小组，并报教育部发展规划司审定。

3. 由评估项目负责人组织评估小组成员对所提交资料进行初审，审查评估所提交资料是否齐全、文件编制内容和深度是否符合国家有关文件的要求。对不满足要求的子项或缺项，咨询或设计文件编制单位对项目文本或资料应进行补充完善。对不具备评估条件的项目，应及时告知建设单位准备相关资料，并同时反馈给教育部发展规划司。

4. 对符合评审条件的项目，由评估小组按照工作计划形成初步评估报告，并送下述评估会议与会人员会前审阅。

5. 召开项目评估会议。

各专业评估工作基本完成后必须召开评估会议，评估会议地点在建设单位。会议由项目评估负责人主持，参加人员一般包括项目咨询评估小组全体成员、项目可行性研究报告或初步设计及概算编制单位各专业人员、建设单位主管基建工作校领导及基建管理部门成员、主管部门负责人等相关人员。评估会议程序如下：

① 建设单位介绍项目情况；

② 项目咨询或设计单位对项目内容进行全面汇报；

③ 评估小组成员根据评估意见质疑，编制单位答疑；

④ 由项目评估负责人组织总结汇总各专业专家意见，提交编制单位及建设单位。

6. 编制单位、建设单位两家协商，对专家提出的意见共同进行书面回复意见（均在意见上签章），并报送评估单位。

7. 项目评估负责人根据评估意见和回复意见，按照《建设项目可行性研究报告评估报告编制提纲》或《建设项目初步设计文件评审报告编制提纲》要求组织完成项目评估报告。评估报告必须由项目评估小组全体成员签字认可。

8. 评估报告经教育部发展规划司确认后，编制单位应根据评估报告意见修正委托评估的报告，作为项目批复及实施的最终版本。

教育部直属高校及事业单位
基本建设项目竣工财务决算管理办法

教发〔2008〕28 号

（教育部 2008 年 11 月 21 日发布）

第一条 根据财政部《基本建设财务管理规定》（财建〔2002〕394号）、《财政部关于加强中央级教科文部门基建竣工财务决算审批的通知》（财教〔2006〕11 号）、《关于进一步加强中央基本建设项目竣工财务决算工作的通知》（财办建〔2008〕91 号）等有关规定，为了规范项目管理，控制基本建设成本，提高投资效益，加强基本建设项目竣工财务决算管理，结合教育部直属高校及事业单位实际情况，制定本办法。

第二条 本办法适用于教育部直属高校及事业单位基本建设项目。

第三条 基本建设项目竣工财务决算是正确核定建设单位新增固定资产价值、反映竣工项目建设成果的文件，是办理固定资产交付使用手续的依据。

第四条 项目建设单位应加强组织领导，组织专门人员及时、准确地编制竣工财务决算。设计、施工、监理等单位应积极配合建设单位做好竣工财务决算编制工作。建设单位应在项目竣工后三个月内完成竣工财务决算编制工作。

第五条 各编制单位要认真执行有关的财务会计制度，严肃财经纪律，实事求是地编制基本建设项目竣工财务决算，做到编报及时，数字准确，内容完整。

第六条 竣工财务决算由项目建设单位编制，项目建设单位委托其他单位编制项目竣工财务决算，由项目建设单位确认后送中介机构进行评审。

第七条 项目在办理竣工验收、竣工财务决算和固定资产移交之前，原机构不得撤销，项目负责人和决算编报负责人不得调离。

第八条 在编制基本建设项目竣工财务决算前，建设单位要认真做好各项清理工作。清理工作主要包括基本建设项目档案资料的归集整理、账务处理、财产物资的盘点核实及债权债务的清偿，做到账账、账证、账实、账表相符。各种材料、设备、工具、器具等要逐项盘点核实，填列清单，妥善保管，或按照国家规定进行处理，不得任意侵占、挪用。

第九条 基本建设项目竣工财务决算的编制依据包括：项目可行性研究报告、初步设计及概算、概算调整等批准文件；招投标文件；历年投资计划和预算下达文件；勘察设计合同、工程承包合同、监理合同、材料及设备采购合同、工程签证单、监理报告、工程预决算审计报告、经监理机构等有关各方签字认可的竣工验收报告、项目工程价款结算清单和竣工决算报告，以及项目各种建筑物、设备、材料、工具、器具等实物清单、项目各类账表。

第十条 基本建设项目竣工财务决算报告内容包括基本建设项目竣工财务决算报表、竣工财务决算说明书及中介机构审核报告三部分：

（一）竣工财务决算报表

主要有以下报表（表式见附1）：

1. 封面；

2. 基本建设项目概况表（建竣决01表）；

3. 基本建设项目竣工财务决算表（建竣决02表）；

4. 基本建设项目交付使用资产总表（建竣决03表）；

5. 基本建设项目交付使用资产明细表（建竣决04表）。

（二）竣工财务决算说明书

主要包括以下内容：

1. 项目概况；

2. 会计账务的处理、财产物资清理及债权债务的清偿情况；

3. 基本建设支出预算、投资计划和资金到位情况；

4. 概算、项目预算执行情况及分析，主要分析决算与概算的差异及原因；

5. 基建结余资金形成等情况；

6. 转出投资及待核销基建支出处理情况；

7. 主要技术经济指标的分析、计算情况；

8. 收尾工程及其工程款和质保金情况说明；

9. 历次审计、核查、稽查及整改情况；

10. 预备费动用情况；

11. 基本建设项目管理经验、问题和建议；

12. 招标情况、工程政府采购情况、合同（协议）履行情况；

13. 需说明的其他事项；

14. 编表说明。

竣工财务决算报送时需附项目立项、可研及初步设计批复文件（复印件）、项目历年投资计划及中央财政预算文件（复印件）。

（三）竣工决算审核报告

竣工财务决算审核机构需附完整的审核报告，其主要内容应包括：

1. 竣工财务决算审核机构从业资质文件；

2. 项目基本情况，主要包括建设内容、建设地点、施工方式、实际建筑面积及实际投资等情况的审核说明；

3. 工程建设程序情况，主要包括对工程立项、可行性研究报告、初步设计批复及执行情况的审核说明；

4. 质量评定情况，主要包括在验收时勘查、设计、施工、监理和建设单位的验收意见及结论情况的审核说明；

5. 工程和物资设备招投标情况，主要包括工程招标方式、招标文件等合规性、合理性和准确性的审核说明；

6. 合同管理情况，主要包括合同签订、合同履行情况的审核说明；

7. 工程概预算情况，主要包括工程概预算执行情况及与工程造价相关的其他情况的审核说明；

8. 项目资金到位和使用情况主要包括项目资金管理是否执行国家有关规章制度、各项资金的使用、管理情况，以及配套资金的筹集情况及资金到位是否与工程建设进度相适应等情况的审核说明；

9. 工程实施过程中发生的重大设计变更及索赔情况的审核说明；

10. 对评审过程中发现的问题作说明并提出建议。

竣工决算审核报告中应附有项目竣工决（结）算审核汇总表（见附2）、待摊投资明细表（见附3）、转出投资明细表（见附4）、待摊投资分配明细表（见附5）及其他与项目决算相关的资料。

第十一条 竣工财务决算审批程序实行"先审核，后审批"的原则，即先委托有资质的中介机构对编制的竣工财务决算进行审核，再按规定报送有关部门审批。一般建设项目由项目建设单位委托评审，重要建设项目由教育部委托审核。

第十二条 基本建设项目竣工财务决算的按下列要求报批：

（一）投资额在1亿元以上（含1亿元）的项目、国家确定的重点项目及财政部认为需要审批的其他项目，由教育部审核后报财政部审批；

（二）投资额在3000万元以上（含3000万元）至1亿元以下的项目，由教育部审批，并报财政部备案；

（三）投资额在3000万元以下的项目，由教育部审批。

第十三条 教育部或项目单位委托中介机构进行竣工项目财务决算审核的费用，从项目投资中开支。

第十四条 审核费用按照财政部《财政性投资评审费用及委托代理业务补助费付费管理暂行办法》（财建〔2001〕512号）规定的委托竣工决算评审付费额标准执行。

第十五条 本办法自发布之日起施行。

关于加强高等学校
青年教师队伍建设的意见

教师〔2012〕10号

（教育部、中央组织部、中央宣传部、国家发展改革委
财政部、人力资源社会保障部2012年9月20日发布）

高等学校青年教师是高校教师队伍的重要力量，关系着高校发展的未来，关系着人才培养的未来，关系着教育事业的未来。为深入贯彻落实胡锦涛总书记在庆祝清华大学建校100周年大会上的重要讲话精神、《国家中长期教育改革和发展规划纲要（2010—2020年）》和《国务院关于加强教师队伍建设的意见》（国发〔2012〕41号），进一步加强高等学校青年教师队伍建设，现提出以下意见：

一、提高青年教师思想政治素质和师德水平

大力加强中国特色社会主义理论体系教育，确保青年教师自觉坚持正确的政治方向，践行社会主义核心价值体系，在重大政治问题上立场坚定、旗帜鲜明。建立完善党委统一领导、专门部门负责、有关部门协同配合的青年教师思想政治工作领导体制和工作机制。不断创新工作手段和载体，开辟思想政治教育新阵地，增强思想政治工作的针对性和实效性。组织青年教师广泛开展社会实践活动，帮助他们进一步了解国情、社情、民情。加强教师党支部建设，加大在优秀青年教师中发展党员工作的力度。完善选聘优秀青年教师兼任辅导员和班主任制度，鼓励青年教师参与学生思想政治工作。通过校风校纪建设、论坛活动、文化引领等，激发青年教师的职业追求、敬业精神和责任意识。开展各种形式的

师德教育和学术规范教育，完善青年教师师德考核和奖惩制度。青年教师要严格遵守宪法和有关法律法规，自觉践行高等学校教师职业道德规范，坚持学术研究无禁区、课堂讲授有纪律，不散布错误政治观点和有害言论信息。对有严重失德行为、影响恶劣者，按有关规定严肃予以处分或者撤销教师资格。

二、健全青年教师选聘和人才储备机制

高等学校在核定的编制和岗位总量内自主公开招聘教师，严格教师资格标准，注重品行要求，提高教师任职学历标准，探索新聘教师兼具教育类专门知识或学位的制度。进一步优化教师学缘结构，鼓励高等学校加大聘用具有外校学习工作经历教师的力度。发挥博士后流动站培养青年教师的作用，注重把具有博士后研究经历的优秀人才充实进高等学校教师队伍。以国家公派研究生出国留学项目为依托，探索建立高等学校青年教师遴选与研究生出国留学项目相结合的新机制，通过跟踪培养，吸引优秀学生学成后回国任教。高等职业学校要注重选聘既有丰富生产服务管理实践经验又有良好理论水平的优秀人才任教，鼓励高等学校聘用优秀专业技术人才和高技能人才担任专兼职教师。

三、提升青年教师专业发展能力

推动高等学校设立教师教学发展中心，开展教师培训、产学交流、教学研究、教学咨询、评估管理以及职业发展咨询等，帮助青年教师专业成长。各地各校要加强青年教师的教育教学能力培训，建立健全新教师岗前培训制度和每5年一周期的全员培训制度。鼓励青年教师到企事业单位挂职锻炼，到国内外高水平大学、科研院所访学以及在职研修等，促进青年教师在教学科研、社会实践中锻炼成长。

四、完善优秀教师传帮带团队协作机制

高等学校要建立健全基层教学组织，坚持集体备课，完善青年教师参与教学团队、创新团队的制度。建立完善青年教师职业导师制,对青年教师的教学理念、方法、技能以及职业规划等方面给予指导。健全老中青教师传帮带机制,充分发挥教学名师和优秀教师的示范引领作用,帮助青年教师提升教育教学水平。创新教师教学技能培训模式,组织开展教学观摩、教学能力竞赛等活动,激励和引导青年教师重视教育教学工作。

五、造就青年学术英才和学科带头人

实施好"青年千人计划"、"青年拔尖人才支持计划",大力引进和培养青年学术英才。在"长江学者奖励计划"中增设专门项目,支持自然科学 35 岁以下、人文社会科学 40 岁以下具有发展潜力的优秀青年教师。鼓励各地各校依托重点学科、研究基地、重大科研项目,培养一批创新思维活跃、学术视野宽阔、发展潜力大的青年骨干教师和学科带头人。充分发挥马克思主义理论研究和建设工程培养拔尖人才的平台作用,鼓励青年教师积极参与中国哲学社会科学学术话语体系建设,对表现优异者予以重点培养和扶持。扩大国家公派留学"高等学校青年骨干教师出国研修项目"(包括在站博士后研究人员)选派规模,名额分配向中西部地区高校倾斜。各地各校要积极拓宽渠道,支持青年教师赴海外进修深造,参加国际学术交流和合作研究。

六、优化青年教师成长发展的制度环境

各地各校要进一步完善符合青年教师特点的用人机制,完善重师德、重教学、重育人、重贡献的考核评价机制,促进优秀青年教师脱颖而出。积极吸纳青年教师参与重要学术活动、重大项目研究等,努力为青年教师搭建成长平台。鼓励青年教师在教学科研和社会服务实践中大胆探索、发挥所长,对于成就特别突出的青年教师予以破格任用。充分发挥青年教师在学校建设发展中的作用,鼓励其积极参与学校的民主决策和管理。

七、保障青年教师待遇和工作条件

进一步深化高等学校收入分配制度改革，完善体现岗位职责、工作能力和业绩的教师分配激励机制，保障青年教师合法权益，充分调动青年教师的积极性和创造性。规范教师校外兼职兼薪行为，激励青年教师将主要精力用于学校教学科研工作。关心青年教师生活，各地应采取有效措施帮助青年教师解决住房、子女入托入学等困难，让青年教师安居乐业。

八、加强青年教师队伍建设的组织领导

各地各校要把加强青年教师队伍建设作为全面提高高等教育质量、推动高等教育事业科学发展的重要举措，进一步加强领导、明确责任、分工负责，做到认识到位、组织到位、措施到位。要加强青年教师队伍建设工作的经费保障。各地要把青年教师队伍建设工作纳入高等学校教育质量评估的重要内容。要大力宣传优秀青年教师的先进事迹，引导社会各界关心支持青年教师，形成关爱青年教师成长的良好社会氛围。

普通高等学校辅导员队伍建设规定

（教育部令第 24 号　2006 年 7 月 23 日发布）

第一章　总　　则

第一条　为深入贯彻落实《中共中央国务院关于进一步加强和改进大学生思想政治教育的意见》精神，切实加强高等学校辅导员队伍建设，特制定本规定。

第二条　高等学校应当把辅导员队伍建设作为教师队伍和管理队伍建设的重要内容。加强辅导员队伍建设，应当坚持育人为本、德育为先，促进高等学校改革、发展和稳定，促进培养造就有理想、有道德、有文化、有纪律的社会主义建设者和接班人。

第三条　辅导员是高等学校教师队伍和管理队伍的重要组成部分，具有教师和干部的双重身份。辅导员是开展大学生思想政治教育的骨干力量，是高校学生日常思想政治教育和管理工作的组织者、实施者和指导者。辅导员应当努力成为学生的人生导师和健康成长的知心朋友。

第二章　要求与职责

第四条　辅导员工作的要求是：

（一）认真做好学生日常思想政治教育及服务育人工作，加强学生班级建设和管理；

（二）遵循大学生思想政治教育规律，坚持继承与创新相结合，创造性地开展工作，促进学生健康成长与成才；

（三）主动学习和掌握大学生思想政治教育方面的理论与方法，不断提高工作技能和水平；

（四）定期开展相关工作调查和研究，分析工作对象和工作条件的变化，及时调整工作思路和方法；

（五）注重运用各种新的工作载体，特别是网络等现代科学技术和手段，努力拓展工作途径，贴近实际、贴近生活、贴近学生，提高工作的针对性和实效性，增强工作的吸引力和感染力。

第五条 辅导员的主要工作职责是：

（一）帮助高校学生树立正确的世界观、人生观、价值观，确立在中国共产党领导下走中国特色社会主义道路、实现中华民族伟大复兴的共同理想和坚定信念。积极引导学生不断追求更高的目标，使他们中的先进分子树立共产主义的远大理想，确立马克思主义的坚定信念；

（二）帮助高校学生养成良好的道德品质，经常性地开展谈心活动，引导学生养成良好的心理品质和自尊、自爱、自律、自强的优良品格，增强学生克服困难、经受考验、承受挫折的能力，有针对性地帮助学生处理好学习成才、择业交友、健康生活等方面的具体问题，提高思想认识和精神境界；

（三）了解和掌握高校学生思想政治状况，针对学生关心的热点、焦点问题，及时进行教育和引导，化解矛盾冲突，参与处理有关突发事件，维护好校园安全和稳定；

（四）落实好对经济困难学生资助的有关工作，组织好高校学生勤工助学，积极帮助经济困难学生完成学业；

（五）积极开展就业指导和服务工作，为学生提供高效优质的就业指导和信息服务，帮助学生树立正确的就业观念；

（六）以班级为基础，以学生为主体，发挥学生班集体在大学生思想政治教育中的组织力量；

（七）组织、协调班主任、思想政治理论课教师和组织员等工作骨干共同做好经常性的思想政治工作，在学生中间开展形式多样的教育活动；

（八）指导学生党支部和班委会建设，做好学生骨干培养工作，激发学生的积极性、主动性。

第三章　配备与选聘

第六条　高等学校总体上要按师生比不低于 1∶200 的比例设置本、专科生一线专职辅导员岗位。辅导员的配备应专职为主、专兼结合，每个院（系）的每个年级应当设专职辅导员。每个班级都要配备一名兼职班主任。

第七条　高等学校可以根据实际情况按一定比例配备研究生辅导员，从事研究生思想政治教育工作。研究生专业导师在研究生思想政治教育工作方面要担负相应职责。

第八条　辅导员选聘应当坚持如下标准：

（一）政治强、业务精、纪律严、作风正；

（二）具备本科以上学历，德才兼备，乐于奉献，潜心教书育人，热爱大学生思想政治教育事业；

（三）具有相关的学科专业背景，具备较强的组织管理能力和语言、文字表达能力，接受过系统的上岗培训并取得合格证书。

第九条　辅导员选聘工作要在高等学校党委统一领导下，采取组织推荐和公开招聘相结合的方式进行。高等学校组织、人事、学生工作部门和院（系）等相关单位按辅导员任职条件及笔试、面试考核等相关程序具体负责选聘工作。

第十条　新聘任的青年专业教师，原则上要从事一定时间的辅导员、班主任工作。

专职辅导员可兼任学生党支部书记、院（系）团委（团总支）书记等相关职务，并可承担思想道德修养与法律基础、形势政策教育、心理健康教育、就业指导等相关课程的教学工作。

第四章　培养与发展

第十一条　高等学校应结合实际，按各校统一的教师职务岗位结构比例合理设置专职辅导员的相应教师职务岗位。专职辅导员可按助教、讲师、副教授、教授要求评聘思想政治教育学科或其他相关学科的专业技术职务。

第十二条　高等学校应根据辅导员岗位基本职责、任职条件等要求，结合各校实际，制定辅导员评聘教师职务的具体条件，突出其从事学生工作的特点。辅导员评聘教师职务应坚持工作实绩、科学研究能力和研究成果相结合的原则，对于中级以下职务应侧重考察工作实绩。

第十三条　高等学校应成立专职辅导员专业技术职务聘任委员会，具体负责本校专职辅导员专业技术职务聘任工作。

高等学校专职辅导员专业技术职务聘任委员会一般应由有关校领导、学生工作、组织人事、教学科研部门负责人等相关人员组成。

第十四条　高等学校可根据辅导员的任职年限及实际工作表现，确定相应级别的行政待遇，给予相应的倾斜政策。

第十五条　辅导员的培养应纳入高等学校师资培训规划和人才培养计划，享受专任教师培养同等待遇。

第十六条　高等学校应当鼓励、支持辅导员结合大学生思想政治教育的工作实践和思想政治教育学科的发展开展研究。

第十七条　省、自治区、直辖市教育行政部门应当建立辅导员培训和研修基地，承担所在区域内高等学校辅导员的岗前培训、日常培训和骨干培训，对辅导员进行思想政治教育、时事政策、管理学、教育学、社会学和心理学以及就业指导、学生事务管理等方面的专业化辅导与培训，开展与辅导员工作相关的科学研究。

各高校负责对本校辅导员的系统培训。

第十八条　高等学校要积极选拔优秀辅导员参加国内国际交流、考察和进修深造。支持辅导员在做好大学生思想政治教育工作的基础上攻读相关专业学位，鼓励和支持专职辅导员成为思想政治教育工作方面的专门人才。

第十九条 高等学校要积极为辅导员的工作和生活创造便利条件，应根据辅导员的工作特点，在岗位津贴、办公条件、通讯经费等方面制定相关政策，为辅导员的工作和生活提供必要保障。

第二十条 高等学校应把辅导员队伍作为后备干部培养和选拔的重要来源，根据工作需要，向校内管理工作岗位选派或向地方组织部门推荐。

第五章 管理与考核

第二十一条 高等学校辅导员实行学校和院（系）双重领导。高等学校要把辅导员队伍建设放在与学校教学、科研队伍建设同等重要位置，统筹规划，统一领导。

学生工作部门是学校管理辅导员队伍的职能部门，要与院（系）共同做好辅导员管理工作。院（系）要对辅导员进行直接领导和管理。

第二十二条 各高等学校要制定辅导员工作考核的具体办法，健全辅导员队伍的考核体系。对辅导员的考核应由组织人事部门、学生工作部门、院（系）和学生共同参与。考核结果要与辅导员的职务聘任、奖惩、晋级等挂钩。

第二十三条 教育部设立"全国高校优秀辅导员"称号，定期评选表彰优秀辅导员。各地教育部门和高等学校要将优秀辅导员表彰奖励纳入各级教师、教育工作者表彰奖励体系中，按一定比例评选，统一表彰。

第六章 附 则

第二十四条 本规定适用于普通高等学校辅导员队伍建设。其他类型高校的辅导员队伍建设或大学生思想政治教育其他工作队伍建设可参照本规定执行。

　　第二十五条　各高等学校应根据本规定，结合实际制定相关实施细则，并报相应教育行政部门备案。

　　第二十六条　本规定自 2006 年 9 月 1 日起施行。其他有关文件规定与本规定不一致的，以本规定为准。

关于进一步深化高校自主选拔
录取改革试点工作的指导意见

教学〔2012〕12号

（教育部 2012 年 12 月 4 日发布）

高校自主选拔录取改革试点自 2003 年启动以来，对于完善高校考试招生制度、促进基础教育阶段实施素质教育、选拔培养拔尖创新人才发挥了积极作用。为贯彻落实教育规划纲要，深入推进高校考试招生制度改革，现就进一步深化高校自主选拔录取改革试点工作提出如下指导意见：

一、明确深化改革试点工作总体要求

高校自主选拔录取改革试点是高校考试招生制度的有机组成部分，是我国高校招生多元录取的重要方式之一，招收的主要对象是具有学科特长和创新潜质的优秀学生。各地教育行政部门、招生考试机构、试点高校和有关中学，要按照明晰试点定位、提高选拔质量、鼓励探索创新、加强规范指导的总体要求，各尽其责，密切配合，不断深化高校自主选拔录取改革试点。要着力加强人才选拔综合评价体系建设，着力选拔具有学科特长和创新潜质的人才，推动逐步形成分类考试、综合评价、多元录取的高校考试招生制度，积极引导素质教育深入实施。在深化改革试点工作的同时，要进一步规范管理，严格程序，加强信息公开，确保公平公正和秩序。

二、建立健全高校招生综合评价体系

在统一高考基础上，要积极探索建立符合高校自身培养目标和要求的创新人才选拔标准，完善高考、试点高校考核和普通高中学业水平考试、综合素质评价等多位一体的高校人才选拔综合评价体系。试点高校考核要结合本校相关学科、专业特色及培养要求，针对不同学科特长的学生采取相应的考核办法，注重对考生学科特长、创新潜质的考查，注重以面试为主考查学生的素质和能力，注重为考生减轻备考负担。要充分发挥学科专家的作用，不断探索完善科学、有效、规范的面试考核方式，包括口试、现场演示等。确有必要进行相关学科笔试的高校，笔试科目原则上一门，不超过两门，主要考查考生学科特长基础。

三、细化自主选拔录取申请报名条件

试点高校应结合本校办学定位和学科特色，因校制宜，进一步细化与学科门类或领域相适应的申请报名条件。申请考生或所在中学应依据在校学生学籍档案，如实提供其在高中阶段学科特长、德智体美等各方面发展情况，包括高中阶段课程修习情况和相关成绩、学业水平考试和综合素质评价情况，以及获奖证明及参加社会公益性活动等写实性材料。中学推荐和自荐的考生均应提交个人申请报告。

四、合理确定高校考核规模及入选考生人数

试点高校要按照本校自主选拔录取申请报名条件，对考生提交的材料结合高中学生学业水平考试和综合素质评价等情况进行初步审核，合理确定参加本校考核的考生人数。确定本校考核名单时应在保证生源质量的基础上，向扎实推进素质教育的地区或中学，以及中西部地区、农村地区中学的申请考生适当倾斜。凡能证明确有某方面特长或潜质的考生，可直接进入学校考核面试环节。试点高校的自主选拔录取计划不超过本校年度本科招生计划总数的5%，纳入本校年度招生计划中。试点高校要按照本校考核合格标准和自主选拔录取计划数的适当比例（原则上不超过自主选拔录取计划数2倍的范围）择优提出候选考生，由本校招生领导机构在候选考生范围内审定入选考生名单以及每名入选考生的相

应录取要求。

五、严格执行有关考生资格公示和录取要求

中学应公开自主选拔录取申请考生推荐办法，尊重申请考生的自主选择，推荐名单及相关材料应在中学和班级公示，确保申请材料客观、真实。经高校考核的入选考生资格名单及相关材料分别在考生所在中学、有关高校、生源所在省级招办及教育部阳光高考信息发布平台上进行公示。入选考生须参加高校招生全国统一考试，并根据所在省级招办及有关高校的要求填报志愿。省级招办应单设自主选拔录取考生的志愿表或志愿栏，并将入选考生填报高校志愿时间安排在高考之前。入选考生高考成绩总分录取要求，不应低于考生所在省（区、市）有关高校同批次同科类录取控制分数线。对学科特长等表现特别突出的个别优秀入选考生，可由学校根据对其高考成绩要求及实考成绩，决定是否向生源所在省级招办提出破格投档申请，经省级招生委员会批准可予以录取并报我部备案。

六、认真制订年度招生简章

开展自主选拔录取改革试点的高校须制订本校年度自主选拔录取招生简章，内容包括领导机构、招生计划、招生专业、报名条件、报名方式、考核办法、工作程序、入选考生确定标准、录取要求、咨询方式、监督机制、申诉渠道等。简章报经教育部核准备案后，方可向社会公布。

试点高校考核时间须安排在春节全国放假日之后。具体考核方式由高校确定并公布。

七、严肃处理各类违规行为

高校自主选拔录取考核是国家教育考试的重要组成部分，各试点高校应根据国家教育考试有关规定制订、完善本校考务管理办法。考核命题工作参照国家教育考试保密规定及有关命题人员管理要求执行，保证试题安全。坚决纠正和查处暗箱操作、弄虚作假、徇私舞弊、失职渎职等行为，对违规的考生和考试工作人员，一经查实，依据《国家教育考试违规处理办法》（教育部令第33号），予以严肃处理。对于负有责任的有关中学，将责成相关省级教育行政部门严肃处理，对有关负责人予以责任追究，并视情节轻重在其所在省（区、市）中学及有关高校或全国范围内予以通报；对于负有责任的有关高校，特别是存在举办或参与组织辅导（培训）班、收取与录取挂钩的费用等行为的，或违规招生造成不良社会影响的，将一律取消其自主选拔录取改革试点资格，严肃处理有关责任人，并对高校有关负责人予以责任追究。

八、积极稳妥推进改革试点深入开展

各地教育行政部门、招生考试机构、试点高校和中学要协同配合，结合实际，积极探索，勇于创新，不断完善自主选拔录取办法和拔尖创新人才选拔机制。试点高校要及时总结经验、完善方案、精心实施，有关中学要改进和完善学生综合评价和成长记录管理，教育行政部门和招生考试机构要完善相关措施办法、优化服务，认真做好自主选拔录取各环节工作。要加强自主选拔录取工作的过程监管，坚持政策公开、过程透明、程序公正，纪检监察部门要加强执法监察，对自主选拔录取工作全程参与，开展全面监督，严格落实高校招生"阳光工程"各项要求。逐步开展对自主选拔录取试点工作的综合评估，建立动态管理机制和准入退出机制，确保改革试点平稳有序，营造良好的工作氛围。

普通高等学校学生管理规定

（教育部令第 21 号　2005 年 3 月 25 日发布）

第一章　总　　则

第一条　为维护普通高等学校正常的教育教学秩序和生活秩序，保障学生身心健康，促进学生德、智、体、美全面发展，依据《教育法》、《高等教育法》以及其他有关法律、法规，制定本规定。

第二条　本规定适用于普通高等学校、承担研究生教育任务的科学研究机构（以下称高等学校或学校）对接受普通高等学历教育的研究生和本科、专科（高职）学生的管理。

第三条　高等学校要以培养人才为中心，按照国家教育方针，遵循教育规律，不断提高教育质量；要依法治校，从严管理，健全和完善管理制度，规范管理行为；要将管理与加强教育相结合，不断提高管理水平，努力培养社会主义合格建设者和可靠接班人。

第四条　高等学校学生应当努力学习马克思列宁主义、毛泽东思想、邓小平理论和"三个代表"重要思想，确立在中国共产党领导下走中国特色社会主义道路、实现中华民族伟大复兴的共同理想和坚定信念；应当树立爱国主义思想，具有团结统一、爱好和平、勤劳勇敢、自强不息的精神；应当遵守宪法、法律、法规，遵守公民道德规范，遵守《高等学校学生行为准则》，遵守学校管理制度，具有良好的道德品质和行为习惯；应当刻苦学习，勇于探索，积极实践，努力掌握现代科学文化知识和专业技能；应当积极锻炼身体，具有健康体魄。

第二章 学生的权利与义务

第五条 学生在校期间依法享有下列权利：

（一）参加学校教育教学计划安排的各项活动，使用学校提供的教育教学资源；

（二）参加社会服务、勤工助学，在校内组织、参加学生团体及文娱体育等活动；

（三）申请奖学金、助学金及助学贷款；

（四）在思想品德、学业成绩等方面获得公正评价，完成学校规定学业后获得相应的学历证书、学位证书；

（五）对学校给予的处分或者处理有异议，向学校、教育行政部门提出申诉；对学校、教职员工侵犯其人身权、财产权等合法权益，提出申诉或者依法提起诉讼；

（六）法律、法规规定的其他权利。

第六条 学生在校期间依法履行下列义务：

（一）遵守宪法、法律、法规；

（二）遵守学校管理制度；

（三）努力学习，完成规定学业；

（四）按规定缴纳学费及有关费用，履行获得贷学金及助学金的相应义务；

（五）遵守学生行为规范，尊敬师长，养成良好的思想品德和行为习惯；

（六）法律、法规规定的其他义务。

第三章 学籍管理

第一节 入学与注册

第七条 按国家招生规定录取的新生，持录取通知书，按学校有关要求和规定的期限到校办理入学手续。因故不能按期入学者，应当向学校请假。未请假或者请假逾期者，除因不可抗力等正当事由以外，视为放弃入学资格。

第八条 新生入学后，学校在三个月内按照国家招生规定对其进行复查。复查合格者予以注册，取得学籍。复查不合格者，由学校区别情况，予以处理，直至取消入学资格。

凡属弄虚作假、徇私舞弊取得学籍者，一经查实，学校应当取消其学籍。情节恶劣的，应当请有关部门查究。

第九条 对患有疾病的新生，经学校指定的二级甲等以上医院（下同）诊断不宜在校学习的，可以保留入学资格一年。保留入学资格者不具有学籍。在保留入学资格期内经治疗康复，可以向学校申请入学，由学校指定医院诊断，符合体检要求，经学校复查合格后，重新办理入学手续。复查不合格或者逾期不办理入学手续者，取消入学资格。

第十条 每学期开学时，学生应当按学校规定办理注册手续。不能如期注册者，应当履行暂缓注册手续。未按学校规定缴纳学费或者其他不符合注册条件的不予注册。

家庭经济困难的学生可以申请贷款或者其他形式资助，办理有关手续后注册。

第二节 考核与成绩记载

第十一条 学生应当参加学校教育教学计划规定的课程和各种教育教学环节（以下统称课程）的考核，考核成绩记入成绩册，并归入本人档案。

第十二条 考核分为考试和考查两种。考核和成绩评定方式，以及考核不合格的课程是否重修或者补考，由学校规定。

第十三条 学生思想品德的考核、鉴定，要以《高等学校学生行为准则》为主要依据，采取个人小结，师生民主评议等形式进行。

学生体育课的成绩应当根据考勤、课内教学和课外锻炼活动的情况综合评定。

第十四条 学生学期或者学年所修课程或者应修学分数以及升级、跳级、留级、降级、重修等要求，由学校规定。

第十五条 学生可以根据学校有关规定，申请辅修其他专业或者选修其他专业课程。

学生可以根据校际间协议跨校修读课程。在他校修读的课程成绩（学分）由本校审核后予以承认。

第十六条 学生严重违反考核纪律或者作弊的，该课程考核成绩记为无效，并由学校视其违纪或者作弊情节，给予批评教育和相应的纪律处分。给予警告、严重警告、记过及留校察看处分的，经教育表现较好，在毕业前对该课程可以给予补考或者重修机会。

第十七条 学生不能按时参加教育教学计划规定的活动，应当事先请假并获得批准。未经批准而缺席者，根据学校有关规定给予批评教育，情节严重的给予纪律处分。

第三节　转专业与转学

第十八条 学生可以按学校的规定申请转专业。学生转专业由所在学校批准。

学校根据社会对人才需求情况的发展变化，经学生同意，必要时可以适当调整学生所学专业。

第十九条 学生一般应当在被录取学校完成学业。如患病或者确有特殊困难，无法继续在本校学习的，可以申请转学。

第二十条　学生有下列情形之一，不得转学：

（一）入学未满一学期的；

（二）由招生时所在地的下一批次录取学校转入上一批次学校、由低学历层次转为高学历层次的；

（三）招生时确定为定向、委托培养的；

（四）应予退学的；

（五）其他无正当理由的。

第二十一条　学生转学，经两校同意，由转出学校报所在地省级教育行政部门确认转学理由正当，可以办理转学手续；跨省转学者由转出地省级教育行政部门商转入地省级教育行政部门，按转学条件确认后办理转学手续。须转户口的由转入地省级教育行政部门将有关文件抄送转入校所在地公安部门。

第四节　休学与复学

第二十二条　学生可以分阶段完成学业。学生在校最长年限（含休学）由学校规定。

第二十三条　学生申请休学或者学校认为应当休学者，由学校批准，可以休学。休学次数和期限由学校规定。

第二十四条　学生应征参加中国人民解放军（含中国人民武装警察部队），学校应当保留其学籍至退役后一年。

第二十五条　休学学生应当办理休学手续离校，学校保留其学籍。学生休学期间，不享受在校学习学生待遇。休学学生患病，其医疗费按学校规定处理。

第二十六条　学生休学期满，应当于学期开学前向学校提出复学申请，经学校复查合格，方可复学。

第五节　退　　学

第二十七条　学生有下列情形之一，应予退学：

（一）学业成绩未达到学校要求或者在学校规定年限内（含休学）未完成学业的；

（二）休学期满，在学校规定期限内未提出复学申请或者申请复学经复查不合格的；

（三）经学校指定医院诊断，患有疾病或者意外伤残无法继续在校学习的；

（四）未请假离校连续两周未参加学校规定的教学活动的；

（五）超过学校规定期限未注册而又无正当事由的；

（六）本人申请退学的。

第二十八条 对学生的退学处理，由校长会议研究决定。

对退学的学生，由学校出具退学决定书并送交本人，同时报学校所在地省级教育行政部门备案。

第二十九条 退学的本专科学生，按学校规定期限办理退学手续离校，档案、户口退回其家庭户籍所在地。

退学的研究生，按已有毕业学历和就业政策可以就业的，由学校报所在地省级毕业生就业部门办理相关手续；在学校规定期限内没有聘用单位的，档案、户口退回其家庭户籍所在地。

第三十条 学生对退学处理有异议的，参照本规定第六十一条、第六十二条、第六十三条、第六十四条办理。

第六节　毕业、结业与肄业

第三十一条 学生在学校规定年限内，修完教育教学计划规定内容，德、智、体达到毕业要求，准予毕业，由学校发给毕业证书。

第三十二条 学生在学校规定年限内，修完教育教学计划规定内容，未达到毕业要求，准予结业，由学校发给结业证书。结业后是否可以补考、重修或者补作毕业设计、论文、答辩，以及是否颁发毕业证书，由学校规定。对合格后颁发的毕业证书，毕业时间按发证日期填写。

第三十三条 符合学位授予条件者，学位授予单位应当颁发学位证书。

第三十四条 学满一学年以上退学的学生，学校应当颁发肄业证书。

第三十五条 学校应当严格按照招生时确定的办学类型和学习形式，填写、颁发学历证书、学位证书。

第三十六条 学校应当执行高等教育学历证书电子注册管理制度，每年将颁发的毕（结）业证书信息报所在地省级教育行政部门注册，并由省级教育行政部门报国务院教育行政部门备案。

第三十七条 对完成本专业学业同时辅修其他专业并达到该专业辅修要求者，由学校发给辅修专业证书。

第三十八条 对违反国家招生规定入学者，学校不得发给学历证书、学位证书；已发的学历证书、学位证书，学校应当予以追回并报教育行政部门宣布证书无效。

第三十九条 毕业、结业、肄业证书和学位证书遗失或者损坏，经本人申请，学校核实后应当出具相应的证明书。证明书与原证书具有同等效力。

第四章　校园秩序与课外活动

第四十条 学校应当维护校园正常秩序，保障学生的正常学习和生活。

第四十一条 学校应当建立和完善学生参与民主管理的组织形式，支持和保障学生依法参与学校民主管理。

第四十二条 学生应当自觉遵守公民道德规范，自觉遵守学校管理制度，创造和维护文明、整洁、优美、安全的学习和生活环境。

学生不得有酗酒、打架斗殴、赌博、吸毒，传播、复制、贩卖非法书刊和音像制品等违反治安管理规定的行为；不得参与非法传销和进行邪教、封建迷信活动；不得从事或者参与有损大学生形象、有损社会公德的活动。

第四十三条　任何组织和个人不得在学校进行宗教活动。

第四十四条　学生可以在校内组织、参加学生团体。学生成立团体，应当按学校有关规定提出书面申请，报学校批准。

学生团体应当在宪法、法律、法规和学校管理制度范围内活动，接受学校的领导和管理。

第四十五条　学校提倡并支持学生及学生团体开展有益于身心健康的学术、科技、艺术、文娱、体育等活动。

学生进行课外活动不得影响学校正常的教育教学秩序和生活秩序。

第四十六条　学校应当鼓励、支持和指导学生参加社会实践、社会服务和开展勤工助学活动，并根据实际情况给予必要帮助。

学生参加勤工助学活动应当遵守法律、法规以及学校、用工单位的管理制度，履行勤工助学活动的有关协议。

第四十七条　学生举行大型集会、游行、示威等活动，应当按法律程序和有关规定获得批准。对未获批准的，学校应当依法劝阻或者制止。

第四十八条　学生使用计算机网络，应当遵循国家和学校关于网络使用的有关规定，不得登录非法网站、传播有害信息。

第四十九条　学校应当建立健全学生住宿管理制度。学生应当遵守学校关于学生住宿管理的规定。

第五章　奖励与处分

第五十条　学校、省（自治区、直辖市）和国家有关部门应当对在德、智、体、美等方面全面发展或者在思想品德、学业成绩、科技创造、锻炼身体及社会服务等方面表现突出的学生，给予表彰和奖励。

第五十一条　对学生的表彰和奖励可以采取授予"三好学生"称号或者其他荣誉称号、颁发奖学金等多种形式，给予相应的精神鼓励或者物质奖励。

第五十二条　对有违法、违规、违纪行为的学生，学校应当给予批评教育或者纪律处分。

学校给予学生的纪律处分，应当与学生违法、违规、违纪行为的性质和过错的严重程度相适应。

第五十三条 纪律处分的种类分为：

（一）警告；

（二）严重警告；

（三）记过；

（四）留校察看；

（五）开除学籍。

第五十四条 学生有下列情形之一，学校可以给予开除学籍处分：

（一）违反宪法，反对四项基本原则、破坏安定团结、扰乱社会秩序的；

（二）触犯国家法律，构成刑事犯罪的；

（三）违反治安管理规定受到处罚，性质恶劣的；

（四）由他人代替考试、替他人参加考试、组织作弊、使用通讯设备作弊及其他作弊行为严重的；

（五）剽窃、抄袭他人研究成果，情节严重的；

（六）违反学校规定，严重影响学校教育教学秩序、生活秩序以及公共场所管理秩序，侵害其他个人、组织合法权益，造成严重后果的；

（七）屡次违反学校规定受到纪律处分，经教育不改的。

第五十五条 学校对学生的处分，应当做到程序正当、证据充分、依据明确、定性准确、处分适当。

第五十六条 学校在对学生作出处分决定之前，应当听取学生或者其代理人的陈述和申辩。

第五十七条 学校对学生作出开除学籍处分决定，应当由校长会议研究决定。

第五十八条 学校对学生作出处分，应当出具处分决定书，送交本人。开除学籍的处分决定书报学校所在地省级教育行政部门备案。

第五十九条 学校对学生作出的处分决定书应当包括处分和处分事实、理由及依据，并告知学生可以提出申诉及申诉的期限。

第六十条 学校应当成立学生申诉处理委员会，受理学生对取消入学资格、退学处理或者违规、违纪处分的申诉。

学生申诉处理委员会应当由学校负责人、职能部门负责人、教师代表、学生代表组成。

第六十一条 学生对处分决定有异议的，在接到学校处分决定书之日起 5 个工作日内，可以向学校学生申诉处理委员会提出书面申诉。

第六十二条 学生申诉处理委员会对学生提出的申诉进行复查，并在接到书面申诉之日起 15 个工作日内，作出复查结论并告知申诉人。需要改变原处分决定的，由学生申诉处理委员会提交学校重新研究决定。

第六十三条 学生对复查决定有异议的，在接到学校复查决定书之日起 15 个工作日内，可以向学校所在地省级教育行政部门提出书面申诉。

省级教育行政部门在接到学生书面申诉之日起 30 个工作日内，应当对申诉人的问题给予处理并答复。

第六十四条 从处分决定或者复查决定送交之日起，学生在申诉期内未提出申诉的，学校或者省级教育行政部门不再受理其提出的申诉。

第六十五条 被开除学籍的学生，由学校发给学习证明。学生按学校规定期限离校，档案、户口退回其家庭户籍所在地。

第六十六条 对学生的奖励、处分材料，学校应当真实完整地归入学校文书档案和本人档案。

第六章 附　　则

第六十七条 对接受成人高等学历教育的学生、港澳台侨学生、留学生的管理参照本规定实施。

第六十八条 高等学校应当根据本规定制定或修改学校的学生管理

规定，报主管教育行政部门备案（中央部委属校同时抄报所在地省级教育行政部门），并及时向学生公布。

省级教育行政部门根据本规定，指导、检查和督促本地区高等学校实施学生管理。

第六十九条 本规定自 2005 年 9 月 1 日起施行。原国家教育委员会发布的《普通高等学校学生管理规定》（国家教育委员会令第 7 号）、《研究生学籍管理规定》（教学〔1995〕4 号）同时废止。其他有关文件规定与本规定不一致的，以本规定为准。

普通高等学校本科专业设置管理规定

教高〔2012〕9号

（教育部 2012 年 9 月 14 日发布）

第一章 总 则

第一条 为进一步规范普通高等学校（以下简称高校）本科专业（以下简称专业）的设置与管理，落实和扩大高校专业设置自主权，根据《中华人民共和国高等教育法》、《中华人民共和国行政许可法》和《国务院对确需保留的行政审批项目设定行政许可的决定》（国务院令第 412 号），制定本规定。

第二条 高校的专业设置和调整，以及相关的备案与审批等管理工作，适用本规定。

第三条 高校设置和调整专业，应主动适应国家和区域经济社会发展需要，适应知识创新、科技进步以及学科发展需要，更好地满足人民群众接受高质量高等教育需求；应遵循高等教育规律和人才成长规律，符合学校办学定位和办学条件，优化学科专业结构，促进学校办出特色，提高人才培养质量。

第二章 专业目录

第四条 教育部制定和发布《普通高等学校本科专业目录》（以下简称《专业目录》）。

《专业目录》规定专业划分、名称及所属门类，是设置和调整专业、实施人才培养、安排招生、授予学位、指导就业，进行教育统计和人才需求预测等工作的重要依据。

第五条 《专业目录》分为学科门类、专业类和专业三级，其代码分别用两位、四位和六位数字表示。

第六条 《专业目录》包含基本专业和特设专业。基本专业一般是指学科基础比较成熟、社会需求相对稳定、布点数量相对较多、继承性较好的专业。特设专业是满足经济社会发展特殊需求所设置的专业，在专业代码后加"T"表示。

第七条 《专业目录》中涉及国家安全、特殊行业等专业由国家控制布点，称为国家控制布点专业，在专业代码后加"K"表示。

第八条 《专业目录》实行分类管理。《专业目录》十年修订一次；基本专业五年调整一次，特设专业每年动态调整。

第三章 专业设置

第九条 高校设置专业须具备下列基本条件：

（一）符合学校办学定位和发展规划；

（二）有相关学科专业为依托；

（三）有稳定的社会人才需求；

（四）有科学、规范的专业人才培养方案；

（五）有完成专业人才培养方案所必需的专职教师队伍及教学辅助人员；

（六）具备开办专业所必需的经费、教学用房、图书资料、仪器设备、实习基地等办学条件，有保障专业可持续发展的相关制度。

第十条 专业设置和调整实行备案或审批制度。备案或审批工作每年集中进行一次。教育部设专门网站作为本项工作的公共信息服务与管理平台。

第十一条　高校根据《专业目录》设置专业（国家控制布点专业除外），经以下程序报教育部备案：

（一）高校经校内专业设置评议专家组织审议通过后，于每年7月31日前通过专门网站提交专业设置申请材料，内容包括：学校基本情况、人才培养方案、教师基本情况、办学条件等。

（二）高校专业设置申请材料在专门网站公示，公示期为一个月。

（三）公示期满后，高校将公示期间所提意见的研究处理情况及专业设置申请材料报高校主管部门（指省、自治区、直辖市教育行政部门，有关部门（单位）教育司（局），下同），教育部直属高校直接报教育部。

（四）高校主管部门对高校提供的专业备案材料、公示期间所提意见、高校研究处理情况等进行形式审核。审核后汇总，于当年9月30日前以文件形式报教育部。

（五）教育部于当年11月30日前公布备案结果。

第十二条　高校设置国家控制布点专业，按第十一条有关程序和要求将申报材料报送教育部，经"教育部学科发展与专业设置专家委员会"评审，于当年11月30日前公布审批结果。

第十三条　高校设置尚未列入《专业目录》的新专业（以下简称新专业），经下列程序报教育部审批：

（一）高校经校内专业设置评议专家组织审议通过后，于每年7月31日前通过专门网站提交专业设置申请材料，内容包括：学校基本情况、人才培养方案、教师基本情况、办学条件等，以及该专业与所属专业类中其他专业的区分情况和专业基本要求。

（二）高校专业设置申请材料在专门网站公示，公示期为一个月。

（三）在公示期间教育部委托相关教学指导委员会，对新专业的科学性、可行性以及专业名称规范性提出意见，并提交到教育部。

（四）公示期满后，高校将公示期间所提意见的研究处理情况及专业设置申请材料报高校主管部门，教育部直属高校直接报教育部。

（五）高校主管部门召开专业设置评议专家组织会议，进行审议。高校主管部门根据审议情况确定拟同意设置的专业并进行汇总，于当年9月30日前以文件形式（含专业设置申请材料）报教育部。

（六）教育部委托教育部学科发展与专业设置专家委员会对需审批的专业进行评审，于当年11月30日前公布审批结果。

第十四条　批准设置的新专业列为特设专业。

第四章　专业调整

第十五条　高校调整专业名称时，如调整为《专业目录》专业（除国家控制布点专业外），按备案程序办理；如调整为国家控制布点专业或新专业，按审批程序办理。被调整的专业按撤销专业处理。撤销专业需由高校主管部门报教育部备案。

第十六条　高校调整专业的学位授予门类或修业年限时，按审批程序办理。

第十七条　高校调整专业须在妥善安排拟调整专业在校学生培养工作前提下进行。

第十八条　高校现设专业连续五年不招生的，原则上按撤销专业处理。

第五章　专业设置评议专家组织

第十九条　高校、高校主管部门和教育部设立相应的专业设置评议专家组织，或在现有专家组织中增加专业设置评议职能。

第二十条　高校的专业设置评议专家组织根据社会人才需求、学校办学定位、办学条件等，对本校设置和调整的专业进行审议。

第二十一条　高校主管部门的专业设置评议专家组织根据国家以及本地区、本部门高等教育发展规划、社会人才需求、专业布点等情况，对高校设置新专业进行审核、审议。

第二十二条　教育部学科发展与专业设置专家委员会作为教育部的专业设置评议专家组织，根据国家和区域经济社会发展对人才的需求、专业布点、办学条件等情况，结合相关教学指导委员会所提意见，评审需由教育部审批的专业。

第六章　专业监督检查评估

第二十三条　高校应建立和完善专业建设保障机制，开展专业自评工作。鼓励高校引入专门机构或社会中介机构对学校专业办学水平和质量进行评估。

高校应高度重视新设专业的建设，保证新设专业的办学条件，在没有毕业生之前，对新设专业进行年度检查、发布专业建设质量年度报告，接受社会监督。

第二十四条　高校主管部门综合应用规划、信息服务、政策指导和资源配置等措施，促进所属高校加强专业内涵建设。

在新设专业首届学生进入毕业学年时，高校主管部门应组织实施专业评估。评估结论作为新设专业继续招生、暂停招生的依据。

第二十五条　教育部负责协调国务院有关部门定期发布国家经济社会发展和科技进步对人才的需求以及毕业生就业状况等信息，加强高校专业设置的宏观管理。

第二十六条　高校设置的专业在教育教学过程中出现办学条件严重不足、教学质量低下、就业率过低等情况，高校主管部门须责令有关高校限期整改、暂停招生。

第二十七条　未经备案或审批同意设置的专业，不得进行招生宣传和招生。对违反本规定擅自设置专业或经查实申请材料弄虚作假的高校，教育部或高校主管部门予以公开通报批评，所设专业视为无效；情节严重的，三年内不得增设专业。

第七章 附 则

第二十八条 高校主管部门可依据本规定制订实施细则。

第二十九条 本规定自发布之日起施行。教育部 1999 年发布的《高等学校本科专业设置规定》（教高〔1999〕7 号）同时废止。

学位授予和人才培养学科
目录设置与管理办法

学位〔2009〕10 号
（国务院学位委员会、教育部 2009 年 2 月 25 日发布）

第一章 总 则

第一条 为进一步发挥学科专业目录（以下简称学科目录）在人才培养和学科建设中的指导作用，规范学科专业的设置与管理，依据《中华人民共和国学位条例》和《中华人民共和国高等教育法》，制订本办法。

第二条 学科目录适用于学士、硕士、博士的学位授予与人才培养，并用于学科建设和教育统计分类等工作。

第三条 学科目录分为学科门类、一级学科（本科教育中称为"专业类"，下同）和二级学科（本科专业目录中为"专业"，下同）三级。学科门类和一级学科是国家进行学位授权审核与学科管理、学位授予单位开展学位授予与人才培养工作的基本依据，二级学科是学位授予单位实施人才培养的参考依据。

第四条 学科目录实行分层管理，采取规定性与自主性相结合、相对稳定与动态调整相结合的管理机制。

第二章 学科门类的设置与调整

第五条 学科门类是对具有一定关联学科的归类。其设置应符合学科发展和人才培养的需要，并兼顾教育统计分类的惯例。

第六条　学科门类的设置应保持相对稳定。如需调整（包括增设、更名、撤销，下同），按照以下程序进行：

（一）由国务院学位委员会办公室根据学科发展、人才培养和教育统计分类的要求提出调整方案；

（二）广泛征求学位授予单位和专家意见；

（三）报国务院学位委员会会同教育部批准后，编制成学科门类目录。

第三章　一级学科的设置与调整

第七条　一级学科是具有共同理论基础或研究领域相对一致的学科集合。一级学科原则上按学科属性进行设置，须符合以下基本条件：

（一）具有确定的研究对象，形成了相对独立、自成体系的理论、知识基础和研究方法；

（二）一般应有若干可归属的二级学科；

（三）已得到学术界的普遍认同。在构成本学科的领域或方向内，有一定数量的学位授予单位已开展了较长时间的科学研究和人才培养工作；

（四）社会对该学科人才有较稳定和一定规模的需求。

第八条　一级学科的调整每10年进行一次，调整程序为：

（一）一定数量学位授予单位或国家有关部门提出调整动议，并依据本办法第七条的规定提出论证报告；

（二）国务院学位委员会相关学科评议组对调整动议和论证报告进行评议，提出评审意见；

（三）国务院学位委员会办公室根据论证报告、专家评审意见提出调整方案；

（四）国务院学位委员会办公室将调整方案再次征求学位授予单位和专家意见；

（五）报国务院学位委员会会同教育部批准后，编制成一级学科目录。

第四章　二级学科的设置与调整

第九条　二级学科是组成一级学科的基本单元。二级学科设置应符合以下基本条件：

（一）与所属一级学科下的其他二级学科有相近的理论基础，或是所属一级学科研究对象的不同方面；

（二）具有相对独立的专业知识体系，已形成若干明确的研究方向；

（三）社会对该学科人才有一定规模的需求。

第十条　授予硕士、博士学位和培养研究生的二级学科，原则上由学位授予单位依据国务院学位委员会、教育部发布的学科目录，在一级学科学位授权权限内自主设置与调整。

（一）二级学科目录每5年编制一次。由教育部有关职能部门在对现有二级学科的招生、学位授予和毕业生就业等情况进行统计分析的基础上，将已有一定数量学位授予单位设置的、社会广泛认同的、且有较大培养规模的二级学科编制成二级学科目录。

（二）学位授予单位根据国家经济和社会发展对人才的需求，结合本单位学科建设目标和人才培养条件，按本一级学科学位授权权限，可在二级学科目录内，自主设置与调整本一级学科下的二级学科。

（三）学位授予单位按本一级学科学位授权权限，在二级学科目录外，自主增设（含更名，下同）二级学科，须符合本办法第九条的规定，并遵循以下基本程序：

1. 根据经济和社会发展的需要，学科发展和本单位人才培养条件，提出二级学科的增设方案，并进行必要性、可行性论证；

2. 聘请7人以上（含7人）的外单位（应为博士学位授予单位）的同行专家对增设方案进行评议；

3. 学位授予单位应在规定的时间内，将二级学科设置论证方案、参加评议的专家名单、评议意见等材料在指定的信息平台进行公示，接受同行专家及其他学位授予单位为期30天的质询；

4. 学位授予单位根据公示结果，经本单位学位评定委员会审核并表决通过后，做出增设二级学科的决定，并将增设的二级学科名单及公示材料、公示结果报教育部有关职能部门备案；

5. 学位授予单位撤销已增设的二级学科，须经本单位学位评定委员会审核，表决通过后，做出撤销二级学科的决定，报教育部有关职能部门备案。

学位授予单位在同一一级学科下，自主增设二级学科目录外二级学科的数量一般不超过2个。

（四）各学位授予单位在二级学科目录内和二级学科目录外自主设置的二级学科名单，须在指定的信息平台向社会公布。

（五）交叉学科须按照学位授予单位在二级学科目录外自主增设二级学科的程序进行设置，挂靠在所交叉的学科中基础理论相近的一级学科下进行教育统计。

第十一条 授予学士学位和培养本科生的二级学科目录由教育部有关职能部门依据国务院学位委员会、教育部发布的学科目录，每10年编制一次。高等学校依据高等学校本科专业设置的有关规定申请增设新专业，由教育部备案或审批后统一向社会公布。

第五章　管理与职责

第十二条 国务院学位委员会、教育部作为学科目录设置和管理的决策机构，其职责是：

（一）制定学科目录的设置与管理办法；

（二）统筹规划全国的学科目录设置与调整工作；

（三）批准学科门类、一级学科的设置与调整方案，定期发布学科目录。

第十三条　教育部有关职能部门作为学科目录设置和管理的执行机构，其职责是：

（一）按照发布的学科目录对学位授予单位的人才培养工作进行宏观管理；

（二）收集和发布学科相关信息，组织学科设置与调整的论证工作，引导和规范学科设置；

（三）负责二级学科自主设置（或设置）的备案审查（或审批），定期编制二级学科目录；

（四）承办国务院学位委员会、教育部涉及学科目录的其他相关工作。

第十四条　学位授予单位在学科目录设置与管理中的职责是：

（一）依据学科目录，实施学位授予和人才培养工作；

（二）依据本办法制订本单位二级学科、交叉学科设置的原则、要求和程序；

（三）按规定报送招生、学位授予和毕业生就业等信息；

（四）根据学科发展趋势，提出学科设置建议。

第六章　附　　则

第十五条　本办法由国务院学位委员会负责解释。

第十六条　专业学位的学位授予和人才培养学科目录设置与管理办法另行制订。

第十七条　教育部有关职能部门应依据本办法制订二级学科自主设置的实施细则。

第十八条　本办法自公布之日起施行。

附录

授予博士、硕士学位和培养研究生的
二级学科自主设置实施细则

教研厅〔2010〕1 号

（教育部办公厅 2010 年 11 月 24 日发布）

　　根据《学位授予和人才培养学科目录设置与管理办法》（学位〔2009〕10 号，以下简称《管理办法》）的规定，二级学科由学位授予单位依据国务院学位委员会、教育部发布的一级学科目录，在一级学科学位授权权限内自主设置与调整。为规范授予博士、硕士学位和培养研究生的二级学科（以下简称二级学科）自主设置，特制订本实施细则。

　　一、二级学科的自主设置与调整，应遵循学科发展规律，要有利于人才培养，有利于学科特色的形成，与国家经济建设和社会发展对高层次人才的需求相适应。

　　二、二级学科设置的基本条件：

　　（一）与所属一级学科下的其他二级学科有相近的理论基础，或是所属一级学科研究对象的不同方面。

　　（二）二级学科要具有相对独立的专业知识体系，已形成若干明确的研究方向。

　　（三）社会要对该二级学科有一定规模的人才需求。

　　（四）学位授予单位应具备设置该二级学科所必需的学科基础和人才培养条件，有一支知识结构、年龄结构和专业技术职务结构合理的教师队伍，能开设培养研究生所需的系列课程。

　　三、学位授予单位可在本单位具有博士学位授权的一级学科下，自主设置与调整授予博士学位的二级学科；在具有硕士学位授权的一级学科下，自主设置与调整授予硕士学位的二级学科。

四、学位授予单位自主设置与调整可分为目录内二级学科自主设置与调整和目录外二级学科自主设置与调整。

二级学科目录由教育部按照《管理办法》的要求定期编制。已列入该目录的二级学科称为目录内二级学科，未列入该目录的二级学科称为目录外二级学科。

五、目录内二级学科的自主设置与调整。

（一）学位授予单位在一级学科学位授权权限内，增设本一级学科下的目录内二级学科，须符合本细则第二条第四款的要求。

（二）学位授予单位应根据经济和社会发展对高层次人才的需求，适时调整学科设置；增设目录内二级学科，须结合本单位学科特色和人才培养所具备的条件，进行必要性、可行性论证。

（三）学位授予单位增设或撤销目录内二级学科，须经本单位学位评定委员会审核，表决通过后，做出增设或撤销目录内二级学科的决定。

（四）学位授予单位增设或撤销目录内二级学科的论证报告、专家评议意见、学位评定委员会表决意见等材料由本单位归档、备查。

六、目录外二级学科的自主设置与调整。

（一）学位授予单位在一级学科学位授权权限内，增设或更名目录外二级学科，须符合《管理办法》第四章之规定及本细则第二条所列基本条件。

（二）学位授予单位增设或更名目录外二级学科，须遵循以下程序：

1. 根据经济和社会发展对高层次人才的需求，国内外学科的最新发展，结合本单位人才培养条件，提出目录外二级学科的增设或更名方案，并进行必要性、可行性论证；

2. 聘请7人以上（含7人）外单位的同行专家（须是博士学位授予单位的博士生导师）对增设或更名方案进行评议；

3. 学位授予单位应在每年9月30日前，将目录外二级学科增设或更名方案、专家评议意见表等材料在教育部学位管理与研究生教育司指定的信息平台进行公示，接受同行专家及其他学位授予单位为期 30 天的评议和质询；

4. 学位授予单位根据公示结果，经本单位学位评定委员会审核并表决通过后，做出增设或更名目录外二级学科的决定。

（三）学位授予单位应根据国家人才需求和本单位人才培养条件的变化，经本单位学位评定委员会审核，表决通过后，及时撤销不满足本细则第二条之规定的目录外二级学科。

（四）目录外二级学科的学科代码为六位，前四位为该学科所在的一级学科代码，第五位为"Z"，第六位为顺序号（从"1"开始顺排）。

七、交叉学科的自主设置与调整。

（一）拟设交叉学科应是跨学科门类或多个一级学科的交叉学科，其基础理论、研究方法已经超出一级学科的范围，并且由于研究对象的不同，将促进新的理论形成和发展或产生新的研究方法。

（二）自主设置与调整授予博士学位的交叉学科，所涉及到的一级学科本单位均须已获得博士学位授权；自主设置与调整授予硕士学位的交叉学科，所涉及到的一级学科本单位均须已获得博士或硕士学位授权。

（三）学位授予单位增设或更名交叉学科须按照学位授予单位增设或更名目录外二级学科的程序进行论证。

（四）交叉学科按照目录外二级学科管理，挂靠在学生所授学位的一级学科下进行教育统计。

（五）学位授予单位应根据社会需求、学科发展和创新人才培养的变化，经本单位学位评定委员会审核，表决通过后，及时撤销不符合条件的交叉学科。

（六）交叉学科的学科代码为四位，前三位为"99J"，第四位为顺序号（从"1"开始顺排）。

八、学位授予单位自主设置的目录内二级学科、目录外二级学科、交叉学科，都应纳入本单位学科建设规划；其设置清单由教育部定期向社会公布。

九、学位授予单位应于每年 12 月 31 日前，将本年度增设或撤销的目录内二级学科名单；拟增设、更名或撤销的目录外二级学科和交叉学科的论证方案、专家评议意见表、公示结果和数据库文件；以及本单位各二级学科（含目录内二级学科、目录外二级学科和交叉学科）的招生人数、在学人数、授予学位人数和学生就业情况等数据，报教育部备案。

十、教育部将视各二级学科的人才培养、社会需求和学科发展情况，不定期地向有关单位提出调整（包括增设、更名和撤销）二级学科的建议。

十一、学位授予单位应依据本细则，制定本单位自主设置二级学科的规定及研究生培养质量保障措施。

十二、本细则自 2011 年 3 月 1 日起施行。

学位论文作假行为处理办法

（教育部令第 34 号 2012 年 11 月 13 日发布）

第一条 为规范学位论文管理，推进建立良好学风，提高人才培养质量，严肃处理学位论文作假行为，根据《中华人民共和国学位条例》、《中华人民共和国高等教育法》，制定本办法。

第二条 向学位授予单位申请博士、硕士、学士学位所提交的博士学位论文、硕士学位论文和本科学生毕业论文（毕业设计或其他毕业实践环节）（统称为学位论文），出现本办法所列作假情形的，依照本办法的规定处理。

第三条 本办法所称学位论文作假行为包括下列情形：

（一）购买、出售学位论文或者组织学位论文买卖的；

（二）由他人代写、为他人代写学位论文或者组织学位论文代写的；

（三）剽窃他人作品和学术成果的；

（四）伪造数据的；

（五）有其他严重学位论文作假行为的。

第四条 学位申请人员应当恪守学术道德和学术规范，在指导教师指导下独立完成学位论文。

第五条 指导教师应当对学位申请人员进行学术道德、学术规范教育，对其学位论文研究和撰写过程予以指导，对学位论文是否由其独立完成进行审查。

第六条 学位授予单位应当加强学术诚信建设，健全学位论文审查制度，明确责任、规范程序，审核学位论文的真实性、原创性。

第七条 学位申请人员的学位论文出现购买、由他人代写、剽窃或者伪造数据等作假情形的，学位授予单位可以取消其学位申请资格；已经获得学位的，学位授予单位可以依法撤销其学位，并注销学位证书。取消学位申请资格或者撤销学位的处理决定应当向社会公布。从做出处理决定之日起至少3年内，各学位授予单位不得再接受其学位申请。

前款规定的学位申请人员为在读学生的，其所在学校或者学位授予单位可以给予开除学籍处分；为在职人员的，学位授予单位除给予纪律处分外，还应当通报其所在单位。

第八条　为他人代写学位论文、出售学位论文或者组织学位论文买卖、代写的人员，属于在读学生的，其所在学校或者学位授予单位可以给予开除学籍处分；属于学校或者学位授予单位的教师和其他工作人员的，其所在学校或者学位授予单位可以给予开除处分或者解除聘任合同。

第九条　指导教师未履行学术道德和学术规范教育、论文指导和审查把关等职责，其指导的学位论文存在作假情形的，学位授予单位可以给予警告、记过处分；情节严重的，可以降低岗位等级直至给予开除处分或者解除聘任合同。

第十条　学位授予单位应当将学位论文审查情况纳入对学院（系）等学生培养部门的年度考核内容。多次出现学位论文作假或者学位论文作假行为影响恶劣的，学位授予单位应当对该学院（系）等学生培养部门予以通报批评，并可以给予该学院（系）负责人相应的处分。

第十一条　学位授予单位制度不健全、管理混乱，多次出现学位论文作假或者学位论文作假行为影响恶劣的，国务院学位委员会或者省、自治区、直辖市人民政府学位委员会可以暂停或者撤销其相应学科、专业授予学位的资格；国务院教育行政部门或者省、自治区、直辖市人民政府教育行政部门可以核减其招生计划；并由有关主管部门按照国家有关规定对负有直接管理责任的学位授予单位负责人进行问责。

第十二条　发现学位论文有作假嫌疑的，学位授予单位应当确定学术委员会或者其他负有相应职责的机构，必要时可以委托专家组成的专门机构，对其进行调查认定。

第十三条 对学位申请人员、指导教师及其他有关人员做出处理决定前，应当告知并听取当事人的陈述和申辩。

当事人对处理决定不服的，可以依法提出申诉、申请行政复议或者提起行政诉讼。

第十四条 社会中介组织、互联网站和个人，组织或者参与学位论文买卖、代写的，由有关主管机关依法查处。

学位论文作假行为违反有关法律法规规定的，依照有关法律法规的规定追究法律责任。

第十五条 学位授予单位应当依据本办法，制定、完善本单位的相关管理规定。

第十六条 本办法自 2013 年 1 月 1 日起施行。

关于在学位授予工作中加强
学术道德和学术规范建设的意见

学位〔2010〕9号

（国务院学位委员会 2010 年 2 月 9 日发布）

自 1981 年我国实施学位制度以来，各学位授予单位按照《中华人民共和国学位条例》及其暂行实施办法的规定，建立健全规章制度，树立良好学习风气，认真做好学位授予工作，保证了我国学位授予的质量，为我国高层次人才培养做出了重要贡献。近年来，在学位授予工作中出现了一些学术不端行为，损害了我国学位形象。为进一步加强学术道德和学术规范建设，特提出如下意见。

一、在学位授予工作中加强学术道德和学术规范建设，对树立良好学风，培养正直诚信、恪守科学道德、献身科学研究的拔尖创新人才具有重要作用，各学位授予单位必须高度重视学位授予工作中的学术道德和学术规范建设，保证学位授予质量，自觉维护我国学位授予的严肃性和权威性。

二、学位授予单位要建立健全学术道德标准和学术规范，通过各种有效途径，对学位申请者和指导教师进行学术道德和诚信教育。在整个培养过程中，都要安排必修环节，对学位申请者进行学术道德教育和学术规范训练，培养学位申请者严谨的治学态度和求实的科学精神。要进一步加强指导教师的师德教育，督促指导教师自觉维护学术尊严和学者声誉，加强学术自律，恪守学术诚信和学术道德。

三、学位授予单位要不断深化学术评价制度改革，改进学术评价方法，完善与学位授予相关的考核评价制度，建立有利于提高学位授予质量的、科学合理的学术评价体系。

四、学位授予单位应依据《中华人民共和国学位条例》及其暂行实施办法的规定，建立和完善对学位授予工作中舞弊作伪行为的惩处机制，制订切实可行的处理办法，惩治舞弊作伪行为，促进学术自律。

五、在学位授予工作中，学位授予单位对以下的舞弊作伪行为，必须严肃处理。

（一）在学位授予工作各环节中，通过不正当手段获取成绩；

（二）在学位论文或在学期间发表学术论文中存在学术不端行为；

（三）购买或由他人代写学位论文；

（四）其他学术舞弊作伪行为。

六、学位评定委员会是各学位授予单位负责处理学位授予工作中舞弊作伪行为的评决机构。学位授予单位在处理舞弊作伪行为时，要遵循客观、公正、合法的原则，根据舞弊作伪行为的性质和情节轻重，依据法律、法规和有关规章制度对相关人员做如下处理。

（一）对于学位申请者或学位获得者，可分别做出暂缓学位授予、不授予学位或撤销学位授予的处理；

（二）对于指导教师，可做出暂停招生、取消导师资格的处理；严重败坏学术道德的，由学位授予单位依据国家有关学术不端行为处理办法进行处理；

（三）对于参与舞弊作伪行为的相关人员，由学位授予单位按照有关规定进行处理。

处理结果应报省级学位委员会（军队系统报军队学位委员会）备案，并在一定范围内公开，接受社会监督。

七、学位授予单位调查和处理舞弊作伪行为，要规范程序，查清事实，掌握证据，正确把握政策界限；要对举报人提供必要的保护；要建立合理规范的复议程序，接受被调查者的复议申请，并在规定时间内做出复议决定；要维护被调查者的人格尊严和正当合法权益；对受到不当指控的单位和个人要及时予以澄清。

八、学位授予单位是国家授权从事学位工作的法人单位，对保证学位授予质量负有直接责任，要认真履行职责，加强领导，依据本《意见》精神，完善相关规章制度，制订实施细则，采取切实有效的措施，在学位授予工作中加强学术道德和学术规范建设，努力营造良好的学术环境。

九、各省级学位委员会和军队学位委员会应对本区域或本系统学位授予单位落实本《意见》情况进行监督，指导、协助学位授予单位在学位授予工作中做好学术道德和学术规范建设。

中华人民共和国中外合作
办学条例实施办法

（教育部令第 20 号　2004 年 6 月 2 日发布）

第一章　总　　则

第一条　为实施《中华人民共和国中外合作办学条例》（以下简称《中外合作办学条例》），制定本办法。

第二条　中外合作办学机构设立、活动及管理中的具体规范，以及依据《中外合作办学条例》举办实施学历教育和自学考试助学、文化补习、学前教育等的中外合作办学项目的审批与管理，适用本办法。

本办法所称中外合作办学项目是指中国教育机构与外国教育机构以不设立教育机构的方式，在学科、专业、课程等方面，合作开展的以中国公民为主要招生对象的教育教学活动。

根据《中外合作办学条例》的规定，举办实施职业技能培训的中外合作办学项目的具体审批和管理办法，由国务院劳动行政部门另行制定。

第三条　国家鼓励中国教育机构与学术水平和教育教学质量得到普遍认可的外国教育机构合作办学；鼓励在国内新兴和急需的学科专业领域开展合作办学。

国家鼓励在中国西部地区、边远贫困地区开展中外合作办学。

第四条　中外合作办学机构根据《中华人民共和国民办教育促进法实施条例》的规定，享受国家给予民办学校的扶持与奖励措施。

教育行政部门对发展中外合作办学做出突出贡献的社会组织或者个

人给予奖励和表彰。

第二章　中外合作办学机构的设立

第五条　中外合作办学者应当在平等协商的基础上签订合作协议。

合作协议应当包括拟设立的中外合作办学机构的名称、住所，中外合作办学者的名称、住所、法定代表人，办学宗旨和培养目标，合作内容和期限，各方投入数额、方式及资金缴纳期限，权利、义务，争议解决办法等内容。

合作协议应当有中文文本；有外文文本的，应当与中文文本的内容一致。

第六条　申请设立中外合作办学机构的中外合作办学者应当具有相应的办学资格和较高的办学质量。

已举办中外合作办学机构的中外合作办学者申请设立新的中外合作办学机构的，其已设立的中外合作办学机构应当通过原审批机关组织或者其委托的社会中介组织进行的评估。

第七条　中外合作办学机构不得设立分支机构，不得举办其他中外合作办学机构。

第八条　经评估，确系引进外国优质教育资源的，中外合作办学者一方可以与其他社会组织或者个人签订协议，引入办学资金。该社会组织或者个人可以作为与其签订协议的中外合作办学者一方的代表，参加拟设立的中外合作办学机构的理事会、董事会或者联合管理委员会，但不得担任理事长、董事长或者主任，不得参与中外合作办学机构的教育教学活动。

第九条　中外合作办学者投入的办学资金，应当与拟设立的中外合作办学机构的层次和规模相适应，并经依法验资。

中外合作办学者应当按照合作协议如期、足额投入办学资金。中外合作办学机构存续期间，中外合作办学者不得抽逃办学资金，不得挪用办学经费。

第十条 中外合作办学者作为办学投入的知识产权，其作价由中外合作办学者双方按照公平合理的原则协商确定或者聘请双方同意的社会中介组织依法进行评估，并依法办理有关手续。

中国教育机构以国有资产作为办学投入举办中外合作办学机构的，应当根据国家有关规定，聘请具有评估资格的社会中介组织依法进行评估，根据评估结果合理确定国有资产的数额，并依法履行国有资产的管理义务。

第十一条 中外合作办学者以知识产权作为办学投入的，应当提交该知识产权的有关资料，包括知识产权证书复印件、有效状况、实用价值、作价的计算根据、双方签订的作价协议等有关文件。

第十二条 根据与外国政府部门签订的协议或者应中国教育机构的请求，国务院教育行政部门和省、自治区、直辖市人民政府可以邀请外国教育机构与中国教育机构合作办学。

被邀请的外国教育机构应当是国际上或者所在国著名的高等教育机构或者职业教育机构。

第十三条 申请设立实施本科以上高等学历教育的中外合作办学机构，由拟设立机构所在地的省、自治区、直辖市人民政府提出意见后，报国务院教育行政部门审批。

申请举办颁发外国教育机构的学历、学位证书的中外合作办学机构的审批权限，参照《中外合作办学条例》第十二条和前款的规定执行。

第十四条 申请筹备设立或者直接申请正式设立中外合作办学机构，应当由中国教育机构提交《中外合作办学条例》规定的文件。其中，申办报告或者正式设立申请书应当按照国务院教育行政部门根据《中外合作办学条例》第十四条第（一）项和第十七条第（一）项，制定的《中外合作办学机构申请表》所规定的内容和格式填写。

第十五条 有下列情形之一的，审批机关不予批准筹备设立中外合作办学机构，并应当书面说明理由：

（一）违背社会公共利益、历史文化传统和教育的公益性质，不符合国家或者地方教育事业发展需要的；

（二）中外合作办学者有一方不符合条件的；

（三）合作协议不符合法定要求，经指出仍不改正的；

（四）申请文件有虚假内容的；

（五）法律、行政法规规定的其他不予批准情形的。

第十六条 中外合作办学机构的章程应当规定以下事项：

（一）中外合作办学机构的名称、住所；

（二）办学宗旨、规模、层次、类别等；

（三）资产数额、来源、性质以及财务制度；

（四）中外合作办学者是否要求取得合理回报；

（五）理事会、董事会或者联合管理委员会的产生方法、人员构成、权限、任期、议事规则等；

（六）法定代表人的产生和罢免程序；

（七）民主管理和监督的形式；

（八）机构终止事由、程序和清算办法；

（九）章程修改程序；

（十）其他需要由章程规定的事项。

第十七条 中外合作办学机构只能使用一个名称，其外文译名应当与中文名称相符。

中外合作办学机构的名称应当反映中外合作办学机构的性质、层次和类型，不得冠以"中国"、"中华"、"全国"等字样，不得违反中国法律、行政法规，不得损害社会公共利益。

不具有法人资格的中外合作办学机构的名称前应当冠以中国高等学校的名称。

第十八条 完成筹备，申请正式设立或者直接申请正式设立中外合作办学机构，除提交《中外合作办学条例》第十七条规定的相关材料外，还应当依据《中外合作办学条例》有关条款的规定，提交以下材料：

（一）首届理事会、董事会或者联合管理委员会组成人员名单及相关证明文件；

（二）聘任的外籍教师和外籍管理人员的相关资格证明文件。

第十九条 申请设立实施学历教育的中外合作办学机构，应当于每年 3 月或者 9 月提出申请，审批机关应当组织专家评议。

专家评议的时间不计算在审批期限内，但审批机关应当将专家评议所需时间书面告知申请人。

第二十条 完成筹备，申请正式设立中外合作办学机构，有下列情形之一的，审批机关应当不予批准，并书面说明理由：

（一）不具备相应办学条件、未达到相应设置标准的；

（二）理事会、董事会或者联合管理委员会的人员及其构成不符合法定要求，校长或者主要行政负责人、教师、财会人员不具备法定资格，经告知仍不改正的；

（三）章程不符合《中外合作办学条例》和本办法规定要求，经告知仍不修改的；

（四）在筹备设立期内有违反法律、法规行为的。

申请直接设立中外合作办学机构的，除前款规定的第（一）、（二）、（三）项外，有本办法第十五条规定情形之一的，审批机关不予批准。

第三章　中外合作办学机构的组织与活动

第二十一条 中外合作办学机构的理事会、董事会或者联合管理委员会的成员应当遵守中国法律、法规，热爱教育事业，品行良好，具有完全民事行为能力。

国家机关工作人员不得担任中外合作办学机构的理事会、董事会或者联合管理委员会的成员。

第二十二条 中外合作办学机构应当聘任专职的校长或者主要行政负责人。

中外合作办学机构的校长或者主要行政负责人依法独立行使教育教学和行政管理职权。

第二十三条 中外合作办学机构内部的组织机构设置方案由校长或者主要行政负责人提出，报理事会、董事会或者联合管理委员会批准。

第二十四条 中外合作办学机构应当建立教师培训制度，为受聘教师接受相应的业务培训提供条件。

第二十五条 中外合作办学机构应当按照招生简章或者招生广告的承诺，开设相应课程，开展教育教学活动，保证教育教学质量。

中外合作办学机构应当提供符合标准的校舍和教育教学设施、设备。

第二十六条 中外合作办学机构可以依法自主确定招生范围、标准和方式；但实施中国学历教育的，应当遵守国家有关规定。

第二十七条 实施高等学历教育的中外合作办学机构符合中国学位授予条件的，可以依照国家有关规定申请相应的学位授予资格。

第二十八条 中外合作办学机构依法自主管理和使用中外合作办学机构的资产，但不得改变按照公益事业获得的土地及校舍的用途。

中外合作办学机构不得从事营利性经营活动。

第二十九条 在每个会计年度结束时，中外合作办学者不要求取得合理回报的中外合作办学机构应当从年度净资产增加额中，中外合作办学者要求取得合理回报的中外合作办学机构应当从年度净收益中，按不低于年度净资产增加额或者净收益的25％的比例提取发展基金，用于中外合作办学机构的建设、维护和教学设备的添置、更新等。

第三十条 中外合作办学机构资产中的国有资产的监督、管理，按照国家有关规定执行。

中外合作办学机构接受的捐赠财产的使用和管理，依照《中华人民共和国公益事业捐赠法》的有关规定执行。

第三十一条 中外合作办学者要求取得合理回报的，应当按照《中华人民共和国民办教育促进法实施条例》的规定执行。

第三十二条 中外合作办学机构有下列情形之一的，中外合作办学者不得取得回报：

（一）发布虚假招生简章或者招生广告，骗取钱财的；

（二）擅自增加收费项目或者提高收费标准，情节严重的；

（三）非法颁发或者伪造学历、学位证书及其他学业证书的；

（四）骗取办学许可证或者伪造、变造、买卖、出租、出借办学许可证的；

（五）未依照《中华人民共和国会计法》和国家统一的会计制度进行会计核算、编制财务会计报告，财务、资产管理混乱的；

（六）违反国家税收征管法律、行政法规的规定，受到税务机关处罚的；

（七）校舍或者其他教育教学设施、设备存在重大安全隐患，未及时采取措施，致使发生重大伤亡事故的；

（八）教育教学质量低下，产生恶劣社会影响的。

中外合作办学者抽逃办学资金或者挪用办学经费的，不得取得回报。

第四章　中外合作办学项目的审批与活动

第三十三条　中外合作办学项目的办学层次和类别，应当与中国教育机构和外国教育机构的办学层次和类别相符合，并一般应当在中国教育机构中已有或者相近专业、课程举办。合作举办新的专业或者课程的，中国教育机构应当基本具备举办该专业或者课程的师资、设备、设施等条件。

第三十四条　中国教育机构可以采取与相应层次和类别的外国教育机构共同制定教育教学计划，颁发中国学历、学位证书或者外国学历、学位证书，在中国境外实施部分教育教学活动的方式，举办中外合作办学项目。

第三十五条　举办中外合作办学项目，中国教育机构和外国教育机构应当参照本办法第五条的规定签订合作协议。

第三十六条 申请举办实施本科以上高等学历教育的中外合作办学项目，由拟举办项目所在地的省、自治区、直辖市人民政府教育行政部门提出意见后，报国务院教育行政部门批准；申请举办实施高等专科教育、非学历高等教育和高级中等教育、自学考试助学、文化补习、学前教育的中外合作办学项目，报拟举办项目所在地的省、自治区、直辖市人民政府教育行政部门批准，并报国务院教育行政部门备案。

申请举办颁发外国教育机构的学历、学位证书以及引进外国教育机构的名称、标志或者教育服务商标的中外合作办学项目的审批，参照前款的规定执行。

第三十七条 申请举办中外合作办学项目，应当由中国教育机构提交下列文件：

（一）《中外合作办学项目申请表》；

（二）合作协议；

（三）中外合作办学者法人资格证明；

（四）验资证明（有资产、资金投入的）；

（五）捐赠资产协议及相关证明（有捐赠的）；

外国教育机构已在中国境内合作举办中外合作办学机构或者中外合作办学项目的，还应当提交原审批机关或者其委托的社会中介组织的评估报告。

第三十八条 申请设立实施学历教育的中外合作办学项目，应当于每年3月或者9月提出申请，审批机关应当组织专家评议。

专家评议的时间不计算在审批期限内，但审批机关应当将专家评议所需时间书面告知申请人。

第三十九条 申请设立中外合作办学项目的，审批机关应当按照《中华人民共和国行政许可法》规定的时限作出是否批准的决定。批准的，颁发统一格式、统一编号的中外合作办学项目批准书；不批准的，应当书面说明理由。

中外合作办学项目批准书由国务院教育行政部门制定式样并统一编

号；编号办法由国务院教育行政部门参照中外合作办学许可证的编号办法确定。

第四十条　中外合作办学项目是中国教育机构教育教学活动的组成部分，应当接受中国教育机构的管理。实施中国学历教育的中外合作办学项目，中国教育机构应当对外国教育机构提供的课程和教育质量进行评估。

第四十一条　中外合作办学项目可以依法自主确定招生范围、标准和方式；但实施中国学历教育的，应当遵守国家有关规定。

第四十二条　举办中外合作办学项目的中国教育机构应当依法对中外合作办学项目的财务进行管理，并在学校财务账户内设立中外合作办学项目专项，统一办理收支业务。

第四十三条　中外合作办学项目收费项目和标准的确定，按照国家有关规定执行，并在招生简章或者招生广告中载明。

中外合作办学项目的办学结余，应当继续用于项目的教育教学活动和改善办学条件。

第五章　管理与监督

第四十四条　中外合作办学机构和举办中外合作办学项目的中国教育机构应当根据国家有关规定，通过合法渠道引进教材。引进的教材应当具有先进性，内容不得与中国宪法和有关法律、法规相抵触。

中外合作办学机构和举办中外合作办学项目的中国教育机构应当对开设课程和引进教材的内容进行审核，并将课程和教材清单及说明及时报审批机关备案。

第四十五条　中外合作办学机构和举办中外合作办学项目的中国教育机构应当依法建立学籍管理制度，并报审批机关备案。

第四十六条　中外合作办学机构和项目教师和管理人员的聘任，应当遵循双方地位平等的原则，由中外合作办学机构和举办中外合作办学项目的中国教育机构与教师和管理人员签订聘任合同，明确规定双方的权利、义务和责任。

第四十七条 中外合作办学机构和项目的招生简章和招生广告的样本应当及时报审批机关备案。

第四十八条 举办颁发外国教育机构的学历、学位证书的中外合作办学机构和项目，中方合作办学者应当是实施相应层次和类别学历教育的中国教育机构。

中外合作办学机构和项目颁发外国教育机构的学历、学位证书的，其课程设置、教学内容应当不低于该外国教育机构在其所属国的标准和要求。

第四十九条 中外合作办学项目颁发的外国教育机构的学历、学位证书，应当与该外国教育机构在其所属国颁发的学历、学位证书相同，并在该国获得承认。

第五十条 实施学历教育的中外合作办学机构和项目应当通过网络、报刊等渠道，将该机构或者项目的办学层次和类别、专业设置、课程内容、招生规模、收费项目和标准等情况，每年向社会公布。

中外合作办学机构应当于每年4月1日前公布经社会审计机构对其年度财务会计报告的审计结果。

第五十一条 实施学历教育的中外合作办学机构和项目，应当按学年或者学期收费，不得跨学年或者学期预收。

第五十二条 中外合作办学机构和举办中外合作办学项目的中国教育机构应当于每年3月底前向审批机关提交办学报告，内容应当包括中外合作办学机构和项目的招收学生、课程设置、师资配备、教学质量、财务状况等基本情况。

第五十三条 审批机关应当组织或者委托社会中介组织本着公开、公正、公平的原则，对实施学历教育的中外合作办学项目进行办学质量评估，并将评估结果向社会公布。

第五十四条 中外合作办学项目审批机关及其工作人员，利用职务上的便利收取他人财物或者获取其他利益，滥用职权、玩忽职守，对不符合本办法规定条件者颁发中外合作办学项目批准书，或者发现违法行为不予以查处，造成严重后果，构成犯罪的，依法追究刑事责任；尚不构成犯罪的，依法给予行政处分。

第五十五条　违反本办法的规定，超越职权审批中外合作办学项目的，其批准文件无效，由上级机关责令改正；对负有责任的主管人员和其他直接责任人员，依法给予行政处分。

第五十六条　违反本办法的规定，未经批准擅自举办中外合作办学项目的，由教育行政部门责令限期改正，并责令退还向学生收取的费用；对负有责任的主管人员和其他直接责任人员，依法给予行政处分。

第五十七条　中外合作办学项目有下列情形之一的，由审批机关责令限期改正，并视情节轻重，处以警告或者3万元以下的罚款；对负有责任的主管人员和其他直接责任人员，依法给予行政处分。

（一）发布虚假招生简章或者招生广告，骗取钱财的；

（二）擅自增加收费项目或者提高收费标准的；

（三）管理混乱，教育教学质量低下的；

（四）未按照国家有关规定进行财务管理的；

（五）对办学结余进行分配的。

第五十八条　中外合作办学机构和项目违反《中华人民共和国教育法》的规定，颁发学历、学位证书或者其他学业证书的，依照《中华人民共和国教育法》的有关规定进行处罚。

第六章　附　　则

第五十九条　在工商行政管理部门登记注册的经营性的中国培训机构与外国经营性的教育培训公司合作举办教育培训的活动，不适用本办法。

第六十条　中国教育机构没有实质性引进外国教育资源，仅以互认学分的方式与外国教育机构开展学生交流的活动，不适用本办法。

第六十一条　香港特别行政区、澳门特别行政区和台湾地区的教育机构与内地教育机构举办合作办学项目的，参照本办法的规定执行，国家另有规定的除外。

第六十二条　《中外合作办学条例》实施前已经批准的中外合作办学项目，应当参照《中外合作办学条例》第六十三条规定的时限和程序，补办中外合作办学项目批准书。逾期未达到《中外合作办学条例》和本办法规定条件的，审批机关不予换发项目批准书。

第六十三条　本办法自 2004 年 7 月 1 日起施行。原中华人民共和国国家教育委员会 1995 年 1 月 26 日发布的《中外合作办学暂行规定》同时废止。

高等学校境外办学暂行管理办法

（教育部令第 15 号　2002 年 12 月 31 日发布）

第一条　为促进中国教育对外交流与合作，规范高等学校境外办学活动，制定本办法。

第二条　本办法所称高等学校境外办学，是指高等学校独立或者与境外具有法人资格并且为所在国家（地区）政府认可的教育机构及其他社会组织合作，在境外举办以境外公民为主要招生对象的教育机构或者采用其他形式开展教育教学活动，实施高等学历教育、学位教育或者非学历高等教育。

第三条　高等学校境外办学应当坚持积极探索，稳步发展，量力而行，保证质量，规范管理，依法办学的方针。

第四条　高等学校境外办学应当符合中国的相关规定，遵守所在国家（地区）的法律、法规，并取得相应的合法资格，独立承担相应的法律责任。

第五条　高等学校境外办学应当优先举办具有中国高等教育比较优势或者特色的学科，并充分考虑所在国家（地区）的需求及发展特点。国家鼓励高等学校在更为广泛的学科领域开展境外办学活动。

高等学校境外办学授予中国学历、学位的，其专业设置、学制应当符合中国有关规定，切实维护中国高等教育的质量标准和信誉。

第六条　高等学校境外办学实施本科或者本科以上学历教育的，按隶属关系由省、自治区、直辖市人民政府或者学校主管部门审核后，报教育部审批。教育部应当在接到申请之日起 30 日内作出批准或者不批准的决定。

第七条　高等学校境外办学实施专科教育或者非学历高等教育的，按隶属关系由省、自治区、直辖市人民政府或者学校主管部门审批，并在接到申请之日起30日内作出批准或者不批准的决定。审批机关应当自批准之日起15日内，将批准文件报送教育部备案。

第八条　高等学校申请境外办学，需要报送以下材料：

（一）申请书。申请书应当包括以下内容：境外办学的目的、办学条件、合作方式、修业年限及学位授予办法、师资和生源预测、财务运营状况预测等，并说明外方合作者的基本情况以及是否符合所在国家（地区）的相关法律规定。

（二）教学计划、人才培养目标及模式、课程设置等有关教学的基本文件。

（三）外方合作者有效的办学资格和资信证明。

（四）中外方合作者签署的合作协议。合作协议应当包括以下内容：

机构名称及性质、课程设置、入学标准、师资与教材、合作期限、各方的权利和义务、学位授予、管理方式、财务安排、争端解决办法、清算办法等。

合作协议在境外办学申请获得批准后方可执行。

（五）申请举办独立设置的教育机构的，应当报送机构章程。机构章程应当规定以下事项：

机构名称和地址、办学宗旨、办学规模、生源预测、学科门类的设置、教育形式、内部管理体制、经费来源、财务运营状况预测、财产和财务制度、举办者与教育机构之间的权利和义务、章程修改程序及其他必须由章程规定的事项。

第九条　高等学校境外办学可以由中外办学机构依照有关规定联合或者分别颁发相应的学业证书。

经批准实施高等学历教育或者学位教育的，可以依照有关规定颁发中国相应的学历文凭。对由中外双方联合授予学位或者由中方单独授予学位的，应当符合中国学位的有关规定。

实施非学历高等教育的，可以根据实际情况颁发写实性证书。

第十条 教育部和省、自治区、直辖市人民政府以及学校主管部门应当根据各自的审批权限，负责对高等学校境外办学活动的指导、监督和管理工作。

第十一条 高等学校赴香港、澳门特别行政区办学，适用本办法。

高等学校赴台湾地区办学的有关事宜，另行规定。

高等学校通过校际交流或者其他途径派遣教师赴境外教育机构的讲学活动，不适用本办法。

第十二条 本办法自 2003 年 2 月 1 日起施行。

高等学校接受外国留学生管理规定

（教育部、外交部、公安部令第 9 号　2000 年 1 月 31 日发布）

第一章　总　　则

第一条　为增进我国与世界各国人民之间的了解和友谊，促进高等学校的国际交流与合作，加强对接受和培养外国留学生工作的规范管理，根据《中华人民共和国教育法》、《中华人民共和国高等教育法》和《中华人民共和国外国人入境出境管理法》，制定本规定。

第二条　本规定所称高等学校，系指经教育部批准的实施全日制高等学历教育的普通高等学校；本规定所称外国留学生是指持外国护照在我国高等学校注册接受学历教育或非学历教育的外国公民。

第三条　高等学校接受和培养外国留学生的工作，应当遵循"深化改革，加强管理，保证质量，积极稳妥发展"的方针。

第四条　接受外国留学生的高等学校，应当具有必备的教学和生活条件，以及相应的教学科研水平和管理水平。

第五条　高等学校接受和培养外国留学生，应当遵循国家外交方针，维护国家主权、安全和社会公共利益。

第二章　管理体制

第六条　教育部统筹管理全国来华留学工作，负责制定接受外国留学生的方针、政策，归口管理"中国政府奖学金"，协调、指导各地区和学校接受外国留学生工作，并对各地区和学校的外国留学生管理工作和教育质量进行评估。

教育部委托国家留学基金管理委员会负责国家计划内外国留学生的招生及具体管理工作。

第七条　高等学校接受外国留学生，由省、自治区、直辖市教育行政部门会同同级外事和公安部门审批，并报教育部备案。高等学校接受享受中国政府奖学金的外国留学生，由教育部审批。

第八条　省、自治区、直辖市教育行政部门负责本地区高等学校接受外国留学生工作的协调管理。外事、公安等有关部门协助教育行政部门和高等学校做好外国留学生的管理工作。

第九条　高等学校具体负责外国留学生的招生、教育教学及日常管理工作。学校应当有校级领导分管本校的外国留学生工作；学校应当根据有关规定建立外国留学生管理制度，并设有外国留学生事务的归口管理机构或管理人员。

第三章　外国留学生的类别、招生和录取

第十条　高等学校可以为外国留学生提供学历教育和非学历教育。接受学历教育的类别为：专科生、本科生、硕士研究生和博士研究生；接受非学历教育的类别为：进修生和研究学者。

第十一条　高等学校应当制定外国留学生招生办法，公布招生章程，按规定招收外国留学生。

第十二条　高等学校招收外国留学生名额不受国家招生计划指标限制。

第十三条　高等学校应当按照国家有关规定确定并公布对外国留学生的收费项目及收费标准，并以人民币计价收费。

第十四条　高等学校接受外国留学生的专业应当是对外开放专业。为外国留学生单独设立新的学历教育专业，必须报教育部审批。

第十五条　申请到我国高等学校学习、进修的外国公民，应当具备相应的资格并符合入学条件，有可靠的经济保证和在华事务担保人。

第十六条　高等学校应当对申请来华学习者进行入学资格审查、考试或考核。录取标准由学校自行确定。对使用汉语接受学历教育者，应当进行汉语水平考试。

第十七条　外国留学生的录取由高等学校决定。高等学校应当优先录取国家计划内招收的外国留学生；高等学校可以自行招收校际交流外国留学生和自费外国留学生。

第十八条　高等学校可以接受由其他学校录取或转学的外国留学生，但应当事先征得原接受学校同意。

第四章　奖学金制度

第十九条　中国政府为外国留学生来华学习设立"中国政府奖学金"。

"中国政府奖学金"类别有：本科生奖学金、研究生奖学金和进修生奖学金等。

教育部根据需要，设立其他专项研究或培训等奖学金。

第二十条　教育部根据我国政府与外国政府签订的协议以及我国与外国交流的需要，制定享受中国政府奖学金外国留学生的招生计划。

第二十一条　享受中国政府奖学金来华学习的外国留学生应当接受享受奖学金资格的年度评审。评审工作由高等学校按照有关规定进行。对未通过评审的外国留学生，将根据规定中止或取消其享受中国政府奖学金的资格。

第二十二条　地方人民政府和高等学校可以根据需要单独或联合为外国留学生设立奖学金。中国和外国企业、事业组织、社会团体及其他社会组织和个人，经征得高等学校和省级教育主管部门同意，也可以为外国留学生设立奖学金，但不得附加不合理条件。

第五章　教学管理

第二十三条　高等学校应当根据学校统一的教学计划安排外国留学生的学习，并结合外国留学生的心理和文化特点开展教育教学活动。在确保教学质量的前提下，可以适当调整外国留学生的必修和选修课程。

第二十四条　汉语和中国概况应当作为接受学历教育的外国留学生的必修课；政治理论应当作为学习哲学、政治学和经济学类专业的外国留学生的必修课，其他专业的外国留学生可以申请免修。

第二十五条　汉语为高等学校培养外国留学生的基本教学语言。对汉语水平达不到专业学习要求的外国留学生，学校应当提供必要的汉语补习条件。

高等学校可以根据条件为外国留学生开设使用英语等其他外国语言进行教学的专业课程。使用外语接受学历教育的外国留学生，毕业论文摘要应当用汉语撰写。

第二十六条　高等学校组织外国留学生进行教学实习和社会实践，应当按教学计划与在校的中国学生一起进行；但在选择实习或实践地点时，应当遵守有关涉外规定。

第二十七条　高等学校应当根据教学需要，为外国留学生提供必要的学习条件。外国留学生在教学计划以外使用其他设备和获取其他资料，应当提出申请，由学校按照有关规定和程序审批。

第二十八条　高等学校根据国家有关规定对外国留学生进行学籍管理。高等学校对外国留学生作勒令退学或开除学籍处分时，应当报省级教育行政部门备案；如受到上述处分者为国家计划内招收的外国留学生，学校还应当书面通知国家留学基金管理委员会。

第二十九条　学校根据有关规定为外国留学生颁发毕业证书（结业证书、肄业证书）或写实性学业证明，为获得学位的外国留学生颁发学位证书。学校可以根据需要提供上述证书的外文翻译文本。

第六章　校内管理

第三十条　高等学校依照国家有关法律、法规和学校的规章制度对外国留学生进行教育和管理。学校应当教育外国留学生遵守我国的法律、法规及学校的规章制度和纪律，尊重我国的社会公德和风俗习惯。

第三十一条　高等学校一般不组织外国留学生参加政治性活动，但可以组织外国留学生自愿参加公益劳动等活动。

第三十二条　高等学校应当允许、鼓励外国留学生参加学校学生会组织举办的文体活动；外国留学生也可以自愿参加我国在重大节日举行的庆祝活动；在外国留学生比较集中的城市或地区，有关部门和学校应当为外国留学生举办有益于身心健康的文体活动。

经学校批准，外国留学生可以在校内成立联谊团体，并在我国法律、法规规定的范围内活动，服从学校的领导和管理。外国留学生成立跨校、跨地区的组织，应当向中国政府主管部门申请。

第三十三条　高等学校应当尊重外国留学生的民族习俗和宗教信仰，但不提供举行宗教仪式的场所。校内严禁进行传教及宗教聚会等活动。

第三十四条　外国留学生经高等学校批准，可以在校内指定的地点和范围，举行庆祝本国重要传统节日的活动，但不得有反对、攻击其他国家的内容或违反公共道德的言行。

第三十五条　高等学校应当为外国留学生提供食宿等必要的生活服务设施，并根据有关规定建立和公布服务设施的使用管理制度。

第三十六条　外国留学生在校学习期间不得就业、经商，或从事其他经营性活动，但可以按学校规定参加勤工助学活动。

第七章　社会管理

第三十七条　外国留学生的社会管理，由有关行政部门负责。高等学校应当配合有关行政部门，做好外国留学生的社会管理工作。

第三十八条　外国留学生可以在校外住宿，但应当按规定到居住地公安机关办理登记手续。

第三十九条　有关部门应当为外国留学生正常的学习和社会实践活动提供方便，收费标准应当与中国学生相同。

第四十条　外国留学生在我国境内进行出版、结社、集会、游行、示威等活动，应当遵守我国有关法律、法规的规定。外国留学生在我国境内进行宗教活动必须遵守《中华人民共和国境内外国人宗教活动的管理规定》。

第四十一条　外国留学生携带、邮寄物品入出境，应当符合我国有关管理规定。

第八章　入出境和居留手续

第四十二条　外国留学生一般应当持普通护照和"X"或"F"字签证办理学习注册手续。来华学习六个月以上者，凭《外国留学人员来华签证申请表》（JW201表或JW202表）、学校的《录取通知书》和《外国人体格检查记录》，向中国驻外签证机关申请"X"字签证；来华学习期限不满六个月者，凭《外国留学人员来华签证申请表》（JW201表或JW202表）和学校的《录取通知书》，向中国驻外签证机关申请"F"字签证；以团组形式来华的短期留学人员，也可以凭被授权单位的邀请函电，申请"F"字团体签证。

第四十三条　持外国外交、公务、官员或特别护照和中国外交、公务或礼遇签证来华者，如需到高等学校学习或进修，应当持本国外交机构出具的、声明在华学习期间放弃特权与豁免的照会，向中国省部级外事部门提出申请，经批准后凭外事部门的同意函到公安机关出入境管理部门改办"X"或"F"字签证；持外国外交、公务、官员或特别护照根据双边协议免签证来华者，如需到高等学校学习或进修，应当换持普通护照，到公安机关出入境管理部门办理"X"或"F"字签证；持普通护照但非"X"或"F"字签证来华者，如需到高等学校学习或进修，应当到公安机关出入境管理部门申请改办"X"或"F"字签证。外事和公安机关出入境管理部门受理上述人员的申请时，应当查验申请人的《外国留学人员来华签证申请表》（JW201表或JW202表）、学校的《录取通知书》和《外国人体格检查记录》。

第四十四条　外国留学生家属可以凭接受学校的邀请函，向我驻外使（领）馆申请"L"字签证来华陪读。公安机关出入境管理部门凭接受学校的公函，为外国留学生陪读家属办理签证延期，陪读家属在华停留期限不得超过外国留学生居留证的有效期限。

第四十五条　学习时间在6个月以上的外国留学生来华后，必须在规定期限内到卫生检疫部门办理《外国人体格检查记录》确认手续。无法提供《外国人体格检查记录》者，必须在当地卫生检疫部门进行体检。经检查确认患有我国法律规定不准入境疾病者，应当立即离境回国。

第四十六条　持"X"签证入境的外国留学生必须在自入境之日起30日内，向当地公安机关出入境管理部门申请办理《外国人居留证》。在学期间，如居留证上填写的项目有变更，必须在10日内到当地公安机关出入境管理部门办理变更手续。

第四十七条　外国留学生转学至另一城市时，应当先在原居留地公安机关出入境管理部门办理迁出手续。到达迁入地后，必须于10日内到迁入地公安机关出入境管理部门办理迁入手续。

第四十八条　外国留学生在学期间临时出境，必须在出境前办理再入境手续。签证或居留证有效期满后仍需在华学习或停留的，必须在签证或居留证有效期满之前办理延期手续。

第四十九条　外国留学生毕业、结业、肄业、退学后，必须在规定的时间内出境。对受到勒令退学或开除学籍处分的外国留学生，学校应当及时通知公安机关出入境管理部门。公安机关出入境管理部门依法收缴其所持外国人居留证或缩短其在华停留期。

第九章　附　　则

第五十条　实施全日制高等学历教育的普通高等学校以外的教育机构接受外国留学生，由教育部负责审批，有关管理办法另行制定。

■附　录

普通高等学校本科专业目录（2012 年）

（教育部 2012 年 9 月发布）

说　　明

一、《普通高等学校本科专业目录（2012 年）》是高等教育工作的基本指导性文件之一。它规定专业划分、名称及所属门类，是设置和调整专业、实施人才培养、安排招生、授予学位、指导就业，进行教育统计和人才需求预测等工作的重要依据。

二、本目录根据《教育部关于进行普通高等学校本科专业目录修订工作的通知》（教高〔2010〕11 号）要求，按照科学规范、主动适应、继承发展的修订原则，在 1998 年原《普通高等学校本科专业目录》及原设目录外专业的基础上，经分科类调查研究、专题论证、总体优化配置、广泛征求意见、专家审议、行政决策等过程形成的。

三、本目录的学科门类与国务院学位委员会、教育部 2011 年印发的《学位授予和人才培养学科目录（2011 年）》的学科门类基本一致，分设哲学、经济学、法学、教育学、文学、历史学、理学、工学、农学、医学、管理学、艺术学 12 个学科门类。新增了艺术学学科门类，未设军事学学科门类，其代码 11 预留。专业类由修订前的 73 个增加到 92 个；专业由修订前的 635 种调减到 506 种。本目录哲学门类下设专业类 1 个，4 种专业；经济学门类下设专业类 4 个，17 种专业；法学门类下设专业类 6 个，32 种专业；教育学门类下设专业类 2 个，16 种专业；文学门类下设专业类 3 个，76 种专业；历史学门类下设专业类 1 个，6 种专业；理学门类下设专业类 12 个，36 种专业；工学门类下设专业类 31 个，169 种专业；农学门类下设专业类 7 个，27 种专业；医学门类下设专业类 11 个，44 种专业；管理学门类下设专业类 9 个，46 种专业；艺术学门类下设专业类 5 个，33 种专业。

四、新目录分为基本专业（352 种）和特设专业（154 种），并确定了 62 种专业为国家控制布点专业。特设专业和国家控制布点专业分别在专业代码后加 "T" 和 "K" 表示，以示区分。

五、本目录所列专业，除已注明者外，均按所在学科门类授予相应的学位。对已注明了学位授予门类的专业，按照注明的学科门类授予相应的学位；可授两种（或以上）学位门类的专业，原则上由有关高等学校确定授予其中一种。

一、基本专业

01　　学科门类：哲学

0101　　哲学类

010101　　哲学

010102　　逻辑学

010103K　　宗教学

02　　学科门类：经济学

0201　　经济学类

020101　　经济学

020102　　经济统计学

0202	**财政学类**
020201K	财政学
020202	税收学

0203	**金融学类**
020301K	金融学
020302	金融工程
020303	保险学
020304	投资学

0204	**经济与贸易类**
020401	国际经济与贸易
020402	贸易经济

03	**学科门类：法学**
0301	**法学类**
030101K	法学

0302	**政治学类**
030201	政治学与行政学
030202	国际政治
030203	外交学

0303	**社会学类**
030301	社会学
030302	社会工作

0304	**民族学类**
030401	民族学

0305	**马克思主义理论类**
030501	科学社会主义
030502	中国共产党历史
030503	思想政治教育

0306	**公安学类**
030601K	治安学
030602K	侦查学
030603K	边防管理

04 学科门类：教育学

0401	**教育学类**
040101	教育学
040102	科学教育
040103	人文教育
040104	教育技术学（注：可授教育学或理学或工学学士学位）
040105	艺术教育（注：可授教育学或艺术学学士学位）
040106	学前教育
040107	小学教育
040108	特殊教育

0402	**体育学类**
040201	体育教育
040202K	运动训练
040203	社会体育指导与管理
040204K	武术与民族传统体育
040205	运动人体科学

05　　学科门类：文学

0501　　中国语言文学类

050101　　汉语言文学

050102　　汉语言

050103　　汉语国际教育

050104　　中国少数民族语言文学

050105　　古典文献学

0502　　外国语言文学类

050201　　英语

050202　　俄语

050203　　德语

050204　　法语

050205　　西班牙语

050206　　阿拉伯语

050207　　日语

050208　　波斯语

050209　　朝鲜语

050210　　菲律宾语

050211　　梵语巴利语

050212　　印度尼西亚语

050213　　印地语

050214　　柬埔寨语

050215　　老挝语

050216　　缅甸语

050217　　马来语

050218　　蒙古语

050219	僧伽罗语
050220	泰语
050221	乌尔都语
050222	希伯来语
050223	越南语
050224	豪萨语
050225	斯瓦希里语
050226	阿尔巴尼亚语
050227	保加利亚语
050228	波兰语
050229	捷克语
050230	斯洛伐克语
050231	罗马尼亚语
050232	葡萄牙语
050233	瑞典语
050234	塞尔维亚语
050235	土耳其语
050236	希腊语
050237	匈牙利语
050238	意大利语
050239	泰米尔语
050240	普什图语
050241	世界语
050242	孟加拉语
050243	尼泊尔语
050244	克罗地亚语
050245	荷兰语
050246	芬兰语

050247　　　乌克兰语

050248　　　挪威语

050249　　　丹麦语

050250　　　冰岛语

050251　　　爱尔兰语

050252　　　拉脱维亚语

050253　　　立陶宛语

050254　　　斯洛文尼亚语

050255　　　爱沙尼亚语

050256　　　马耳他语

050257　　　哈萨克语

050258　　　乌兹别克语

050259　　　祖鲁语

050260　　　拉丁语

050261　　　翻译

050262　　　商务英语

0503　　　**新闻传播学类**

050301　　　新闻学

050302　　　广播电视学

050303　　　广告学

050304　　　传播学

050305　　　编辑出版学

06　　　**学科门类：历史学**

0601　　　**历史学类**

060101　　　历史学

060102   世界史

060103   考古学

060104   文物与博物馆学

07   学科门类：理学

0701   数学类

070101   数学与应用数学

070102   信息与计算科学

0702   物理学类

070201   物理学

070202   应用物理学

070203   核物理

0703   化学类

070301   化学

070302   应用化学（注：可授理学或工学学士学位）

0704   天文学类

070401   天文学

0705   地理科学类

070501   地理科学

070502   自然地理与资源环境（注：可授理学或管理学学士学位）

070503   人文地理与城乡规划（注：可授理学或管理学学士学位）

070504   地理信息科学

0706　　　**大气科学类**

070601　　大气科学

070602　　应用气象学

0707　　　**海洋科学类**

070701　　海洋科学

070702　　海洋技术（注：可授理学或工学学士学位）

0708　　　**地球物理学类**

070801　　地球物理学

070802　　空间科学与技术（注：可授理学或工学学士学位）

0709　　　**地质学类**

070901　　地质学

070902　　地球化学

0710　　　**生物科学类**

071001　　生物科学

071002　　生物技术（注：可授理学或工学学士学位）

071003　　生物信息学（注：可授理学或工学学士学位）

071004　　生态学

0711　　　**心理学类**

071101　　心理学（注：可授理学或教育学学士学位）

071102　　应用心理学（注：可授理学或教育学学士学位）

0712　　　**统计学类**

071201　　统计学

071202   应用统计学

08   学科门类：工学

0801   力学类
080101   理论与应用力学（注：可授工学或理学学士学位）
080102   工程力学

0802   机械类
080201   机械工程
080202   机械设计制造及其自动化
080203   材料成型及控制工程
080204   机械电子工程
080205   工业设计
080206   过程装备与控制工程
080207   车辆工程
080208   汽车服务工程

0803   仪器类
080301   测控技术与仪器

0804   材料类
080401   材料科学与工程
080402   材料物理（注：可授工学或理学学士学位）
080403   材料化学（注：可授工学或理学学士学位）
080404   冶金工程
080405   金属材料工程
080406   无机非金属材料工程

080407	高分子材料与工程
080408	复合材料与工程

0805 能源动力类

080501　能源与动力工程

0806 电气类

080601　电气工程及其自动化

0807 电子信息类

080701　电子信息工程（注：可授工学或理学学士学位）

080702　电子科学与技术（注：可授工学或理学学士学位）

080703　通信工程

080704　微电子科学与工程（注：可授工学或理学学士学位）

080705　光电信息科学与工程（注：可授工学或理学学士学位）

080706　信息工程

0808 自动化类

080801　自动化

0809 计算机类

080901　计算机科学与技术（注：可授工学或理学学士学位）

080902　软件工程

080903　网络工程

080904K　信息安全（注：可授工学或理学或管理学学士学位）

080905　物联网工程

080906　数字媒体技术

0810　　土木类

081001　　土木工程

081002　　建筑环境与能源应用工程

081003　　给排水科学与工程

081004　　建筑电气与智能化

0811　　水利类

081101　　水利水电工程

081102　　水文与水资源工程

081103　　港口航道与海岸工程

0812　　测绘类

081201　　测绘工程

081202　　遥感科学与技术

0813　　化工与制药类

081301　　化学工程与工艺

081302　　制药工程

0814　　地质类

081401　　地质工程

081402　　勘查技术与工程

081403　　资源勘查工程

0815　　矿业类

081501　　采矿工程

081502　　石油工程

081503　　矿物加工工程

081504　　油气储运工程

0816　纺织类

081601　　纺织工程

081602　　服装设计与工程（注：可授工学或艺术学学士学位）

0817　轻工类

081701　　轻化工程

081702　　包装工程

081703　　印刷工程

0818　交通运输类

081801　　交通运输

081802　　交通工程

081803K　航海技术

081804K　轮机工程

081805K　飞行技术

0819　海洋工程类

081901　　船舶与海洋工程

0820　航空航天类

082001　　航空航天工程

082002　　飞行器设计与工程

082003　　飞行器制造工程

082004　　飞行器动力工程

082005　　飞行器环境与生命保障工程

0821　　　兵器类

082101　　武器系统与工程

082102　　武器发射工程

082103　　探测制导与控制技术

082104　　弹药工程与爆炸技术

082105　　特种能源技术与工程

082106　　装甲车辆工程

082107　　信息对抗技术

0822　　　核工程类

082201　　核工程与核技术

082202　　辐射防护与核安全

082203　　工程物理

082204　　核化工与核燃料工程

0823　　　农业工程类

082301　　农业工程

082302　　农业机械化及其自动化

082303　　农业电气化

082304　　农业建筑环境与能源工程

082305　　农业水利工程

0824　　　林业工程类

082401　　森林工程

082402　　木材科学与工程

082403　　林产化工

0825　　　环境科学与工程类

082501　　环境科学与工程

082502　　　环境工程

082503　　　环境科学（注：可授工学或理学学士学位）

082504　　　环境生态工程

0826　　生物医学工程类

082601　　　生物医学工程（注：可授工学或理学学士学位）

0827　　食品科学与工程类

082701　　　食品科学与工程（注：可授工学或农学学士学位）

082702　　　食品质量与安全

082703　　　粮食工程

082704　　　乳品工程

082705　　　酿酒工程

0828　　建筑类

082801　　　建筑学

082802　　　城乡规划

082803　　　风景园林（注：可授工学或艺术学学士学位）

0829　　安全科学与工程类

082901　　　安全工程

0830　　生物工程类

083001　　　生物工程

0831　　公安技术类

083101K　　刑事科学技术

083102K　　消防工程

09　　　学科门类：农学

0901　　　植物生产类
090101　　　农学
090102　　　园艺
090103　　　植物保护
090104　　　植物科学与技术
090105　　　种子科学与工程
090106　　　设施农业科学与工程（注：可授农学或工学学士学位）

0902　　　自然保护与环境生态类
090201　　　农业资源与环境
090202　　　野生动物与自然保护区管理
090203　　　水土保持与荒漠化防治

0903　　　动物生产类
090301　　　动物科学

0904　　　动物医学类
090401　　　动物医学
090402　　　动物药学

0905　　　林学类
090501　　　林学
090502　　　园林
090503　　　森林保护

0906　　　水产类
090601　　　水产养殖学

090602 海洋渔业科学与技术

0907 草学类
090701 草业科学

10 学科门类：医学

1001 基础医学类
100101K 基础医学

1002 临床医学类
100201K 临床医学

1003 口腔医学类
100301K 口腔医学

1004 公共卫生与预防医学类
100401K 预防医学
100402 食品卫生与营养学（注：授予理学学士学位）

1005 中医学类
100501K 中医学
100502K 针灸推拿学
100503K 藏医学
100504K 蒙医学
100505K 维医学
100506K 壮医学
100507K 哈医学

1006   **中西医结合类**

100601K   中西医临床医学

1007   **药学类**

100701   药学（注：授予理学学士学位）

100702   药物制剂（注：授予理学学士学位）

1008   **中药学类**

100801   中药学（注：授予理学学士学位）

100802   中药资源与开发（注：授予理学学士学位）

1009   **法医学类**

100901K   法医学

1010   **医学技术类**

101001   医学检验技术（注：授予理学学士学位）

101002   医学实验技术（注：授予理学学士学位）

101003   医学影像技术（注：授予理学学士学位）

101004   眼视光学（注：授予理学学士学位）

101005   康复治疗学（注：授予理学学士学位）

101006   口腔医学技术（注：授予理学学士学位）

101007   卫生检验与检疫（注：授予理学学士学位）

1011   **护理学类**

101101   护理学（注：授予理学学士学位）

12   **学科门类：管理学**

1201   **管理科学与工程类**

120101   管理科学（注：可授管理学或理学学士学位）

120102	信息管理与信息系统（注：可授管理学或工学学士学位）
120103	工程管理（注：可授管理学或工学学士学位）
120104	房地产开发与管理
120105	工程造价（注：可授管理学或工学学士学位）

1202　　工商管理类

120201K	工商管理
120202	市场营销
120203K	会计学
120204	财务管理
120205	国际商务
120206	人力资源管理
120207	审计学
120208	资产评估
120209	物业管理
120210	文化产业管理（注：可授管理学或艺术学学士学位）

1203　　农业经济管理类

| 120301 | 农林经济管理 |
| 120302 | 农村区域发展（注：可授管理学或农学学士学位） |

1204　　公共管理类

120401	公共事业管理
120402	行政管理
120403	劳动与社会保障
120404	土地资源管理（注：可授管理学或工学学士学位）
120405	城市管理

1205	**图书情报与档案管理类**
120501	图书馆学
120502	档案学
120503	信息资源管理

1206	**物流管理与工程类**
120601	物流管理
120602	物流工程（注：可授管理学或工学学士学位）

1207	**工业工程类**
120701	工业工程（注：可授管理学或工学学士学位）

1208	**电子商务类**
120801	电子商务（注：可授管理学或经济学或工学学士学位）

1209	**旅游管理类**
120901K	旅游管理
120902	酒店管理
120903	会展经济与管理

13	**学科门类：艺术学**

1301	**艺术学理论类**
130101	艺术史论

1302	**音乐与舞蹈学类**
130201	音乐表演
130202	音乐学

130203	作曲与作曲技术理论
130204	舞蹈表演
130205	舞蹈学
130206	舞蹈编导

1303   戏剧与影视学类

130301	表演
130302	戏剧学
130303	电影学
130304	戏剧影视文学
130305	广播电视编导
130306	戏剧影视导演
130307	戏剧影视美术设计
130308	录音艺术
130309	播音与主持艺术
130310	动画

1304   美术学类

130401	美术学
130402	绘画
130403	雕塑
130404	摄影

1305   设计学类

130501	艺术设计学
130502	视觉传达设计
130503	环境设计
130504	产品设计

130505	服装与服饰设计
130506	公共艺术
130507	工艺美术
130508	数字媒体艺术

二、特设专业

01　学科门类：哲学

0101　哲学类

010104T	伦理学

02　学科门类：经济学

0201　经济学类

020103T	国民经济管理
020104T	资源与环境经济学
020105T	商务经济学
020106T	能源经济

0202　财政学类

0203　金融学类

020305T	金融数学
020306T	信用管理（注：可授经济学或管理学学士学位）
020307T	经济与金融

0204　经济与贸易类

03　　学科门类：法学

0301　　法学类
030102T　　知识产权
030103T　　监狱学

0302　　政治学类
030204T　　国际事务与国际关系
030205T　　政治学、经济学与哲学

0303　　社会学类
030303T　　人类学
030304T　　女性学
030305T　　家政学

0304　　民族学类

0305　　马克思主义理论类

0306　　公安学类
030604TK　　禁毒学
030605TK　　警犬技术
030606TK　　经济犯罪侦查
030607TK　　边防指挥
030608TK　　消防指挥
030609TK　　警卫学
030610TK　　公安情报学
030611TK　　犯罪学

030612TK   公安管理学

030613TK   涉外警务

030614TK   国内安全保卫

030615TK   警务指挥与战术

04   学科门类：教育学

0401   教育学类

040109T   华文教育

0402   体育学类

040206T   运动康复（注：可授教育学或理学学士学位）

040207T   休闲体育

05   学科门类：文学

0501   中国语言文学类

050106T   应用语言学

050107T   秘书学

0502   外国语言文学类

0503   新闻传播学类

050306T   网络与新媒体

050307T   数字出版

06   学科门类：历史学

0601	**历史学类**
060105T	文物保护技术
060106T	外国语言与外国历史（注：可授历史学或文学学士学位）

| 07 | **学科门类：理学** |

| 0701 | **数学类** |
| 070103T | 数理基础科学 |

| 0702 | **物理学类** |
| 070204T | 声学 |

0703	**化学类**
070303T	化学生物学
070304T	分子科学与工程

| 0704 | **天文学类** |

| 0705 | **地理科学类** |

| 0706 | **大气科学类** |

0707	**海洋科学类**
070703T	海洋资源与环境
070704T	军事海洋学

| 0708 | **地球物理学类** |

0709　　　地质学类
070903T　　地球信息科学与技术（注：可授理学或工学学士学位）
070904T　　古生物学

0710　　　生物科学类

0711　　　心理学类

0712　　　统计学类

08　　学科门类：工学

0801　　　力学类

0802　　　机械类
080209T　　机械工艺技术
080210T　　微机电系统工程
080211T　　机电技术教育
080212T　　汽车维修工程教育

0803　　　仪器类

0804　　　材料类
080409T　　粉体材料科学与工程
080410T　　宝石及材料工艺学
080411T　　焊接技术与工程
080412T　　功能材料
080413T　　纳米材料与技术

080414T　　新能源材料与器件

0805　　能源动力类

080502T　　能源与环境系统工程

080503T　　新能源科学与工程

0806　　电气类

080602T　　智能电网信息工程

080603T　　光源与照明

080604T　　电气工程与智能控制

0807　　电子信息类

080707T　　广播电视工程

080708T　　水声工程

080709T　　电子封装技术

080710T　　集成电路设计与集成系统

080711T　　医学信息工程

080712T　　电磁场与无线技术

080713T　　电波传播与天线

080714T　　电子信息科学与技术（注：可授工学或理学学士学位）

080715T　　电信工程及管理

080716T　　应用电子技术教育

0808　　自动化类

080802T　　轨道交通信号与控制

0809　　计算机类

080907T　　智能科学与技术

080908T　　　空间信息与数字技术
080909T　　　电子与计算机工程

0810　　土木类
081005T　　　城市地下空间工程
081006T　　　道路桥梁与渡河工程

0811　　水利类
081104T　　　水务工程

0812　　测绘类
081203T　　　导航工程
081204T　　　地理国情监测

0813　　化工与制药类
081303T　　　资源循环科学与工程
081304T　　　能源化学工程
081305T　　　化学工程与工业生物工程

0814　　地质类
081404T　　　地下水科学与工程

0815　　矿业类
081505T　　　矿物资源工程
081506T　　　海洋油气工程

0816　　纺织类
081603T　　　非织造材料与工程

081604T　　服装设计与工艺教育

0817　　轻工类

0818　　交通运输类
081806T　　交通设备与控制工程
081807T　　救助与打捞工程
081808TK　船舶电子电气工程

0819　　海洋工程类
081902T　　海洋工程与技术
081903T　　海洋资源开发技术

0820　　航空航天类
082006T　　飞行器质量与可靠性
082007T　　飞行器适航技术

0821　　兵器类

0822　　核工程类

0823　　农业工程类

0824　　林业工程类

0825　　环境科学与工程类
082505T　　环保设备工程
082506T　　资源环境科学（注：可授工学或理学学士学位）

082507T   水质科学与技术

0826   生物医学工程类
082602T   假肢矫形工程

0827   食品科学与工程类
082706T   葡萄与葡萄酒工程
082707T   食品营养与检验教育
082708T   烹饪与营养教育

0828   建筑类
082804T   历史建筑保护工程

0829   安全科学与工程类

0830   生物工程类
083002T   生物制药

0831   公安技术类
083103TK   交通管理工程
083104TK   安全防范工程
083105TK   公安视听技术
083106TK   抢险救援指挥与技术
083107TK   火灾勘查
083108TK   网络安全与执法
083109TK   核生化消防

09   学科门类：农学

0901　　植物生产类

090107T　　茶学

090108T　　烟草

090109T　　应用生物科学（注：可授农学或理学学士学位）

090110T　　农艺教育

090111T　　园艺教育

0902　　自然保护与环境生态类

0903　　动物生产类

090302T　　蚕学

090303T　　蜂学

0904　　动物医学类

090403T　　动植物检疫（注：可授农学或理学学士学位）

0905　　林学类

0906　　水产类

090603T　　水族科学与技术

0907　　草学类

10　　学科门类：医学

1001　　基础医学类

1002　　临床医学类

100202TK　　麻醉学

100203TK　　医学影像学

100204TK　　眼视光医学

100205TK　　精神医学

100206TK　　放射医学

1003　　　口腔医学类

1004　　　公共卫生与预防医学类

100403TK　　妇幼保健医学

100404TK　　卫生监督

100405TK　　全球健康学（注：授予理学学士学位）

1005　　　中医学类

1006　　　中西医结合类

1007　　　药学类

100703TK　　临床药学（注：授予理学学士学位）

100704T　　药事管理（注：授予理学学士学位）

100705T　　药物分析（注：授予理学学士学位）

100706T　　药物化学（注：授予理学学士学位）

100707T　　海洋药学（注：授予理学学士学位）

1008　　　中药学类

100803T　　藏药学（注：授予理学学士学位）

100804T　　蒙药学（注：授予理学学士学位）

100805T　　中药制药（注：可授理学或工学学士学位）

100806T　　中草药栽培与鉴定（注：授予理学学士学位）

1009　　法医学类

1010　　医学技术类
101008T　　听力与言语康复学

1011　　护理学类

12　　学科门类：管理学

1201　　管理科学与工程类
120106TK　　保密管理

1202　　工商管理类
120211T　　劳动关系
120212T　　体育经济与管理
120213T　　财务会计教育
120214T　　市场营销教育

1203　　农业经济管理类

1204　　公共管理类
120406TK　　海关管理
120407T　　交通管理（注：可授管理学或工学学士学位）
120408T　　海事管理
120409T　　公共关系学

1205　　图书情报与档案管理类

1206　　物流管理与工程类
120603T　　采购管理

1207　　工业工程类
120702T　　标准化工程
120703T　　质量管理工程

1208　　电子商务类
120802T　　电子商务及法律

1209　　旅游管理类
120904T　　旅游管理与服务教育

13　　学科门类：艺术学

1301　　艺术学理论类

1302　　音乐与舞蹈学类

1303　　戏剧与影视学类
130311T　　影视摄影与制作

1304　　美术学类
130405T　　书法学
130406T　　中国画

1305　　设计学类
130509T　　艺术与科技

学位授予和人才培养学科目录（2011 年）

（国务院学位委员会、教育部 2011 年 3 月发布）

说　明

一、根据国务院学位委员会、教育部印发的《学位授予和人才培养学科目录设置与管理办法》（学位〔2009〕10 号）的规定，《学位授予和人才培养学科目录》分为学科门类和一级学科，是国家进行学位授权审核与学科管理、学位授予单位开展学位授予与人才培养工作的基本依据，适用于硕士、博士的学位授予、招生和培养，并用于学科建设和教育统计分类等工作。学士学位按本目录的学科门类授予。

二、本目录是在原《授予博士、硕士学位和培养研究生的学科、专业目录（1997 年颁布）》和《普通高等学校本科专业目录（1998 年颁布）》的基础上，经过专家反复论证后编制。

三、本目录中注明可授不同学科门类学位的一级学科，可分属不同学科门类，此类一级学科授予学位的学科门类由学位授予单位的学位评定委员会决定。

四、本目录中学科门类和一级学科的代码分别为二位和四位阿拉伯数字。

五、附《专业学位授予和人才培养目录》。

01　哲学

0101　　哲学

02　经济学

0201　　理论经济学

0202　　应用经济学

03　法学

0301　　法学

0302　　政治学

0303　　社会学

0304　　民族学

0305　　马克思主义理论

0306　　公安学

04　教育学

0401　　教育学

0402　　心理学（可授教育学、理学学位）

0403　　体育学

05　文学

0501　　中国语言文学

0502　　外国语言文学

0503　　新闻传播学

06　历史学

0601　　考古学

0602　　中国史

| 0603 | 世界史 |

07　理学

0701	数学
0702	物理学
0703	化学
0704	天文学
0705	地理学
0706	大气科学
0707	海洋科学
0708	地球物理学
0709	地质学
0710	生物学
0711	系统科学
0712	科学技术史（分学科，可授理学、工学、农学、医学学位）
0713	生态学
0714	统计学（可授理学、经济学学位）

08　工学

0801	力学（可授工学、理学学位）
0802	机械工程
0803	光学工程
0804	仪器科学与技术
0805	材料科学与工程（可授工学、理学学位）
0806	冶金工程
0807	动力工程及工程热物理
0808	电气工程
0809	电子科学与技术（可授工学、理学学位）

0810	信息与通信工程
0811	控制科学与工程
0812	计算机科学与技术（可授工学、理学学位）
0813	建筑学
0814	土木工程
0815	水利工程
0816	测绘科学与技术
0817	化学工程与技术
0818	地质资源与地质工程
0819	矿业工程
0820	石油与天然气工程
0821	纺织科学与工程
0822	轻工技术与工程
0823	交通运输工程
0824	船舶与海洋工程
0825	航空宇航科学与技术
0826	兵器科学与技术
0827	核科学与技术
0828	农业工程
0829	林业工程
0830	环境科学与工程（可授工学、理学、农学学位）
0831	生物医学工程（可授工学、理学、医学学位）
0832	食品科学与工程（可授工学、农学学位）
0833	城乡规划学
0834	风景园林学（可授工学、农学学位）
0835	软件工程
0836	生物工程
0837	安全科学与工程

0838　　公安技术

09　　农学

0901　　作物学

0902　　园艺学

0903　　农业资源与环境

0904　　植物保护

0905　　畜牧学

0906　　兽医学

0907　　林学

0908　　水产

0909　　草学

10　　医学

1001　　基础医学（可授医学、理学学位）

1002　　临床医学

1003　　口腔医学

1004　　公共卫生与预防医学（可授医学、理学学位）

1005　　中医学

1006　　中西医结合

1007　　药学（可授医学、理学学位）

1008　　中药学（可授医学、理学学位）

1009　　特种医学

1010　　医学技术（可授医学、理学学位）

1011　　护理学（可授医学、理学学位）

11　　军事学

1101　　军事思想及军事历史

1102　战略学

1103　战役学

1104　战术学

1105　军队指挥学

1106　军制学

1107　军队政治工作学

1108　军事后勤学

1109　军事装备学

1110　军事训练学

12　管理学

1201　管理科学与工程（可授管理学、工学学位）

1202　工商管理

1203　农林经济管理

1204　公共管理

1205　图书情报与档案管理

13　艺术学

1301　艺术学理论

1302　音乐与舞蹈学

1303　戏剧与影视学

1304　美术学

1305　设计学（可授艺术学、工学学位）

附录：

专业学位授予和人才培养目录

0251	金融	0853	城市规划
0252	应用统计	0951	农业推广
0253	税务	0952	*兽医
0254	国际商务	0953	风景园林
0255	保险	0954	林业
0256	资产评估	1051	*临床医学
0257	审计	1052	*口腔医学
0351	法律	1053	公共卫生
0352	社会工作	1054	护理
0353	警务	1055	药学
0451	*教育	1056	中药学
0452	体育	1151	军事
0453	汉语国际教育	1251	工商管理
0454	应用心理	1252	公共管理
0551	翻译	1253	会计
0552	新闻与传播	1254	旅游管理
0553	出版	1255	图书情报
0651	文物与博物馆	1256	工程管理
0851	建筑学	1351	艺术
0852	*工程		

注：名称前加"*"的可授予硕士、博士专业学位；"建筑学"可授予学士、硕士专业学位；其他授予硕士专业学位。

国务院近期决定取消、下放的与高等学校有关的教育行政审批项目

根据《国务院关于第六批取消和调整行政审批项目的决定》（国发〔2012〕52 号）和《国务院关于取消和下放一批行政审批项目等事项的决定》（国发〔2013〕19 号），下述与高等学校相关的教育行政审批项目已予取消或下放。

序号	项目名称	实施机关	批　次	备　注
1	高等学校设立、撤销、调整研究生院审批	教育部	第六批	取消
2	举办国际教育展览审批	教育部、省级人民政府教育行政部门	第六批	取消审批，实行告知性备案
3	自费出国留学中介服务机构资格认定	教育部	第六批	下放省级人民政府教育行政部门
4	高等学校副教授评审权审批	教育部	第六批	下放省级人民政府教育行政部门
5	"百千万人才工程"人选审批	人力资源社会保障部、科技部、教育部、财政部	第六批	减少审批机关，教育部不再审批
6	中外合作办学机构以及内地与香港特别行政区、澳门特别行政区、台湾地区合作办学机构聘任校长或者主要行政负责人核准	教育部	第七批	取消
7	高等学校部分特殊专业及特殊需要的应届毕业生就业计划审批	教育部	第七批	取消

所广一

祖晶

设计　孙欢欢

校对　贾静芳

责任印制　曲凤玲

图书在版编目（CIP）数据

中国特色现代大学制度文件辑要：2013 年版／教育部政策法规司，教育部高等教育司编 .—北京：教育科学出版社，2013.8（2013.12 重印）
ISBN 978-7-5041-7954-8

Ⅰ.①中… Ⅱ.①教… ②教… Ⅲ.①高等学校—教育制度—文件—汇编—中国 Ⅳ.①G649.22

中国版本图书馆 CIP 数据核字（2013）第 173884 号

中国特色现代大学制度文件辑要（2013 年版）
ZHONGGUO TESE XIANDAI DAXUE ZHIDU WENJIAN JIYAO

出版发行	**教育科学出版社**			
社　　址	北京·朝阳区安慧北里安园甲 9 号	市场部电话	010-64989009
邮　　编	100101	编辑部电话	010-64989438
传　　真	010-64891796	网　　址	http://www.esph.com.cn
经　　销	各地新华书店		
制　　作	北京大有图文信息有限公司		
印　　刷	保定市中画美凯印刷有限公司	版　　次	2013 年 8 月第 1 版
开　　本	169 毫米×239 毫米　16 开	印　　次	2013 年 12 月第 2 次印刷
印　　张	22.25	印　　数	3 001—5 000 册
字　　数	301 千	定　　价	45.00 元

如有印装质量问题，请到所购图书销售部门联系调换。